関係性の社会病理

Social Problems

日本社会病理学会
監修

高原正興
矢島正見
編著

学文社

[執筆者]

*高原　正興	京 都 橘 大 学	(序　章)
樋口くみ子	東 京 女 学 館 大 学	(第1章)
竹川　郁雄	愛　媛　大　学	(第2章)
岡邊　　健	山　口　大　学	(第3章)
三浦　恵子	東 京 保 護 観 察 所	(第4章)
魁生由美子	愛　媛　大　学	(第5章)
中村　　正	立　命　館　大　学	(第6章)
梅田　直美	奈 良 県 立 大 学	(第7章)
田島　博実	雇用職業研究センター	(第8章)
妻木　進吾	龍　谷　大　学	(第9章)
高梨　　薫	神 戸 学 院 大 学	(第10章)
*矢島　正見	中　央　大　学	(終　章)

（執筆順，＊印は編者）

はしがき

　日本社会病理学会は2003年12月から2004年2月にかけて『社会病理学講座全4巻』を刊行し,「現代の社会病理現象を解明するための方法論を提示し,社会病理の実相を具体的に解明するとともに,それに対する対応策を提示」(松下武志・講座出版企画委員会委員長　各巻とびらの言葉)しようと努めた。そのなかでも,第3巻『病める関係性―ミクロ社会の病理―』(高原正興・矢島正見・森田洋司・井出裕久編,学文社,2004)は,社会病理の実相を具体的に解明する目的で刊行したものであるが,それから既に11年が経過し,とくに統計データの数値にみられるように,各社会病理現象の実態には見逃せない変化が生じてきた。またこの間,「社会病理」「社会問題」をタイトルにした概説書などの出版もあまり目にしなくなっている。そこで,日本社会病理学会は2014年10月・12月の理事会において,上記の第3巻を改版することによってこの状況を克服することを協議し,本書の編集を企画することにしたのである。また,第3巻の編者で現理事の高原・矢島が編集代表を務めることを確認した。

　したがって,本書のタイトル『関係性の社会病理』は旧第3巻の『病める関係性』のスタンスを継続している。つまり,第1に,青少年問題として語られる社会病理現象は,「いじめ」や「少年非行」のように「関係性の希薄化・浮遊化」に関わる現象であり,第2に,家族や職場で望ましい人間関係を形成できない大人の社会病理現象は,「児童虐待」や「ドメスティック・バイオレンス」のように「関係性の濃密化・歪み」に関わる現象であるという基本的な理解にもとづいている。ただし,青少年＝希薄化・浮遊化,大人＝濃密化・歪みという括り方は今日では適切ではなくなっているだろう。とくに大人の「濃密化・歪み」は「希薄化＝孤独」の裏返しとしてあらわれているとみるべきかもしれない。

　ところで,旧第3巻は「マクロ社会の病理」からいったん切り離した「ミクロ社会の病理」を対象とするものではあったが,高原が執筆した第12章「病

める関係性とマクロ問題―自殺の分析から―」というタイトルに象徴されるように,「ミクロ社会の病理」としての「病める関係性」がさまざまな社会病理現象を通じてあらわれてくる社会的背景・原因は,まぎれもなく「マクロ社会の病理」であるだろう。そのために,本書の各章では下記の第4節にあたる叙述において,統一して「マクロ的な社会的背景・原因」に言及することとし,矢島が終章「時代の社会病理から関係の社会病理への基本認識」においてそれらを概括している。また,本書では旧第4巻の「援助・処遇・介入」という臨床・実践の領域にも少々踏み込むことにして,各章では下記の第5節にあたる叙述において,統一して「解決・予防の政策,臨床的対応」に言及することとした。

このように,本書の編集の特徴は,各章の構成(各節の内容)を通じて統一的な展開を心がけた点にある。それを整理して示すと,以下のとおりである。

冒頭…………キーワード
はじめに……読者へのアピールと現象の「関係性」の特徴づけ
第1節………主要な概念・定義,関係する理論の提示
第2節………統計データと研究動向
第3節………現実の現れ方(当現象の実態)と特徴づけた「関係性」の説明
第4節………マクロ的な社会的背景・原因
第5節………解決・予防の政策,臨床的対応
末尾…………お薦め文献

また,旧第3巻では社会病理現象などを12章に分けて展開したが,本書ではこの10年間に新たにマスメディアや世論の関心を高めたトピカルな現象を追加して,社会病理現象(または問題行動)を10章に分けて展開している。その新たな現象は,高齢者犯罪(三浦恵子),非正規雇用(田島博実),ホームレス(妻木進吾)である。また,旧第3巻の執筆者から新進気鋭の執筆者に変更した章は,不登校(樋口くみ子),少年非行(岡邊健),児童虐待(梅田直美),自殺(高梨薫)である。いずれも本学会の将来を支える会員であると考えている。

編集代表の2名は2015年5月5日に横浜にて編集方針と執筆者のリストアップをおよそ確定し，編集の力量をアップすることを心がけたが，それでもやはり学文社には多大なご迷惑をおかけしたことを，最後にこの場を借りてお詫びしたい。また，本書の出版を快諾していただき，遅れがちな原稿の執筆を案じられ，叱咤激励されながら，依然としてお元気にたびたび連絡をとっていただいた学文社社長田中千津子氏に，厚く御礼申し上げる次第である。当初の予定どおり，本書の採用を新年度のシラバスに記載できることを喜び合いたい。

2016年1月　　　　　　　　　　　　冬の京都山科の研究室にて
　　　　　　　　　　　　　　　　　　　編者代表　　高原正興

目　次

はしがき——————————————————————————i

序章　現代の社会病理の見方——————————————1
　はじめに………………………………………………………… 1
　第1節　「関係性の社会病理」とは何か………………………… 2
　第2節　何が「関係性の社会病理」をもたらすのか…………… 5
　第3節　日常性の病理と私事化の問題………………………… 8
　第4節　「関係性の社会病理」を解決する対策の始動………… 10

第1章　不　登　校————————————————————14
　はじめに………………………………………………………… 14
　第1節　不登校の定義…………………………………………… 15
　第2節　長期欠席・不登校率の推移と研究動向……………… 17
　第3節　不登校をめぐる関係性とその変化…………………… 20
　第4節　「不登校問題」の背景にある社会の変化……………… 24
　第5節　不登校支援をめぐる諸課題を超えて………………… 26

第2章　い　じ　め————————————————————32
　はじめに………………………………………………………… 32
　第1節　いじめの定義について………………………………… 33
　第2節　いじめの統計と現実…………………………………… 34
　第3節　いじめと集団形成……………………………………… 36
　第4節　子どもを取り巻く大人の意識や社会の状況………… 43
　第5節　いじめの予防・解決に向けて………………………… 46

第3章　少年非行 ─────────────── *50*

はじめに ………………………………………………………… *50*
第1節　少年非行とは何か ……………………………………… *51*
第2節　非行に関する主要な説明理論 …………………………… *55*
第3節　公式統計でみる少年非行の推移と現状 ………………… *59*
第4節　偏在する少年非行 ……………………………………… *63*
第5節　少年非行への対応策 …………………………………… *65*

第4章　高齢者犯罪 ─────────────── *69*

はじめに ………………………………………………………… *69*
第1節　高齢者の定義と刑事政策の展開 ………………………… *70*
第2節　高齢犯罪者〜
　　　　『平成20年版　犯罪白書』特集部分が示すもの ……… *71*
第3節　高齢者犯罪の現れ方と関係性 …………………………… *73*
第4節　高齢者犯罪　社会的背景と要因 ………………………… *79*
第5節　高齢犯罪者の社会復帰に向けた方策について ………… *80*

第5章　ストーカー ─────────────── *86*

はじめに ………………………………………………………… *86*
第1節　ストーカー行為の定義と罰則 …………………………… *87*
第2節　ストーカー事犯に関する統計データ …………………… *90*
第3節　ストーカー行為についての社会学的分析視角 ………… *92*
第4節　主要なストーカー殺人事件にみる抑止の困難 ………… *95*
第5節　ストーカー行為の処方箋
　　　　―加害者の孤独と悩む被害者に向けて― ……………… *99*

第6章　ドメスティック・バイオレンス ──────104

はじめに―親密さに潜む、すぐそこにある暴力― ……………… 104
第1節　親密な関係性における暴力のあらわれ方
　　　　―今から会いたい、稼ぎが少ないと聞こえる、
　　　　お前のためにという男性たち― ……………………… 105
第2節　対人関係・相互作用・コミュニケーションに潜む暴力
　　　　―日常生活と暴力のかかわりをみること― ………… 110
第3節　社会問題としてのDV ……………………………………… 115
第4節　どうすればよいのか
　　　　―暴力をなくすための介入と脱暴力支援・
　　　　加害者臨床について― ………………………………… 120
第5節　社会病理学とDV問題 …………………………………… 122

第7章　児童虐待 ──────127

はじめに …………………………………………………………… 127
第1節　児童虐待の定義と理論 ………………………………… 129
第2節　「母親による虐待」をめぐる言説 ……………………… 134
第3節　政策的対応における課題 ……………………………… 141

第8章　非正規雇用 ──────145

はじめに …………………………………………………………… 145
第1節　非正規雇用の概念と理論・考え方 …………………… 146
第2節　非正規雇用の拡大・多様化と要因・背景 …………… 150
第3節　非正規雇用をめぐる関係性と社会病理的現実 ……… 153
第4節　非正規雇用者の意向と展望、政策課題 ……………… 161

第9章 ホームレス ―― 166

はじめに ………………………………………………………… 166
第1節 ホームレスと寄せ場 …………………………………… 168
第2節 ホームレス人口と属性 ………………………………… 171
第3節 野宿状態への固定化と野宿生活 ……………………… 174
第4節 生育家族からホームレスへ至る析出過程 …………… 177
第5節 「健全な社会通念」と寄せ場化する日本社会 ……… 179

第10章 自　　殺 ―― 184

はじめに ………………………………………………………… 184
第1節 デュルケムとシュナイドマン ………………………… 185
第2節 わが国の自殺の現状と研究動向 ……………………… 188
第3節 人が人生を終わらせようと思うとき ………………… 191
第4節 ストレスとソーシャル・サポート，
　　　 メンタルヘルスとソーシャル・キャピタル ………… 197
第5節 遺族の気持ちに寄り添うならば ……………………… 202

終章　時代の社会病理から関係の社会病理への基本認識 ―― 205

はじめに ………………………………………………………… 205
第1節 社会化 …………………………………………………… 206
第2節 孤立化社会 ……………………………………………… 211
第3節 観の変容 ………………………………………………… 214
第4節 処方――関係の構築を求めて ………………………… 217

索　引 ――220

序章

現代の社会病理の見方

Keyword
関係性の希薄化・濃密化・浮遊化・歪み　日常性の病理
私事化　実証主義と構築主義　社会問題化

はじめに

　読者の方々は日頃からマスメディアの報道に接して，本書で取り上げているさまざまな社会問題に対して，驚いたり憤慨したり悲しんだりしたことがあるだろう。そして，なぜこのような問題や事件が起こるのかと考えてみたこともあるだろう。たとえば2015年には，2月に川崎市中1生殺害事件が起こり，5月に川崎市の簡易宿泊所2棟が全焼し，7月に岩手県中2生いじめ自殺事件が起こり，8月には寝屋川市中1生遺棄事件が起こっている。さらに，12月にはワタミをめぐる過労自殺訴訟が和解し，震災関連の自殺者が福島県で年間19人にのぼるという報道があった。

　また，この年の統計に関する新聞報道(朝日新聞大阪本社版)には，「街頭犯罪大阪が全国最悪15年連続」「自殺者2.5万人台に減」「ストーカー被害　最多の2万2823件」「児童虐待最多8万8900件」「『心の病』労災最多497人」「小中生不登校12万超」「小学生暴力行為1.1万件過去最多，中高生は減」「日本

の子どもの貧困率15.7%」「いじめ再調査3万件増」「検挙者戦後最少　高齢者18.8%最高更新」「ワーキングプア史上最多1139万人」「相対的貧困率16.1%最悪」などの見出しが並んでいる。どうやら「最悪」「最多」という表現が多いように思われるが，これらの数値は本当に現実を反映しているのだろうか。それとも，マスメディアが人びとを必要以上に煽っているのだろうか。

　ところで，かつて子どもたちに人気があったアニメ「巨人の星」では，主人公の父親が子どもに暴力を振るったり，「ちゃぶ台返し」を行うシーンが頻発していた。これは今なら立派な「児童虐待」にあたる。また，近くの公園や河川敷などでホームレスをみかけた方もいるだろうが，最近はあまりみかけなくなったのではないだろうか。大阪市西成区の通称「釜ヶ崎」地区に行っても，路上生活をしている人びとは急速に減ってきているし，世間が「そんな危ない地域に行ったらアカン」という一方で，同地区はますます「危なく」なくなっている。さらに，近年では多くの大学で若手研究者（大学院修了者）たちの就職難が深刻になり，彼らは非常勤講師や塾のアルバイトという「非正規雇用」をかけ持ちしながら，なんとか研究と生活を続けているのである。

　このように，私たちの身の回りには本書で取り上げているさまざまな社会問題が顕在化したり，時には潜在したりしていて，統計上は増減を繰り返したりしている。しかも，それらは決して他人事ではなく，私たちの日常生活のなかで起こりうることであるというのが本書の共通の見方である。そこで，本書はこのような現代の社会問題の現れ方を「関係性の社会病理」とよぶことにして，まずは本章において，その定義や社会的背景・原因および解決策の現状などを概説していくことにしたい。

第1節　「関係性の社会病理」とは何か

　社会病理学や社会問題論では，かねてより何を「社会病理（社会問題）」とみるかということについて多くの議論が展開されてきた。伝統的には，「個人や社会の生活機能の障害に関わる事柄」とか「社会的にみて望ましくないと判断

される社会現象」などがあげられるが，「生活機能の障害」や「社会的に望ましくない」ことについての判断基準は文化的にきわめて相対的である（高原，2011：2）。たとえば，歴史的経過によって，特定の国・地域・文化によって，特定の集団・人びと・世代によって，当該行為が行われる状況によって，その「病理性」の基準はさまざまに変化する。したがって，「一般的に社会病理といわれている現象が，…はたしてどのような価値基準において病理的というに値し，あるいは値しないかを決定し」なければならない（岩井，1973：3）。

そして，現代日本においては，日本国憲法に代表される現行の法体系を価値基準にしたうえで，人びとの共同生活が成立するための基本的条件を欠いていたり，人びとの諸権利を侵害するような現象が病理的と判断されることになる。たとえば，「生命，自由および幸福追求に対する国民の権利」（憲法第13条）や「健康で文化的な最低限度の生活を営む権利」（憲法第25条）を侵害するような現象である。このような価値基準を抽象化して整理すれば，次の3つの基準を考えることができる（以下は，宝月，1978：5を参照）。

  1) 利害による基準……自己や他者の生命・自由・財産にとって有害であると判断される場合
  2) 健康による基準……人びとの生活にとって不健康・不衛生であると判断される場合
  3) 道徳による基準……当該行為が人間性にとって不道徳であると判断される場合

ただし，利害の基準よりも健康の基準の方が，健康の基準よりも道徳の基準の方が，より相対的であることを確認しておかなければならない。

ところで，本書の各章が展開するさまざまな社会病理（社会問題）現象は，利害・健康・道徳による基準からみると，いずれも有害・不健康・不道徳と判断せざるをえないものである。唯一「不登校」はこれらの基準から外れるものではないが（今日では「教育問題行動」とされている），たとえば，高齢者犯罪・児童虐待・いじめ・少年非行・ストーカー・ドメスティック・バイオレンス（DV）などは，暴力などによる被害を他者に与えるために有害性が高いと判断され，

非正規雇用・ホームレスなどは人間らしい生活が成り立つ基本的条件を欠いているので不健康性が高いと判断され，自殺は自らの生命を絶ってしまうために不道徳性が高いと判断されがちである。

　それでは，本書はなぜ現代の社会病理を「関係性の社会病理」とみているのであろうか？「関係性の社会病理」とは，「現代社会における人びとの関わりの型・方法の喪失を意味し…，人びとのコミュニケーション能力，自己表現能力，人間関係の形成・維持能力などの弱化や欠如をあらわ」している（高原，2004：213）。ちなみに，戦後から1950年代にかけての社会病理は「貧困の社会病理」と特徴づけることができたであろうし，終章で矢島正見が主張しているように，現代でも「関係性の社会病理」をもたらす要因として「新たな貧困と格差社会」をあげることができるであろう。それは非正規雇用やホームレスの問題に明らかである。しかし，「新たな貧困と格差社会」の問題は，各章が展開する現代日本のさまざまな社会病理（社会問題）現象のすべてを規定しているとは限らない。なぜならば，それはとくに不登校やいじめなどの問題に明らかであるからである。したがって，「新たな貧困と格差社会」に規定されているか否かにかかわらず，そのようなマクロ的な原因以外のさまざまなメゾ・ミクロ的な原因によっても規定されている「関係性の社会病理」が，現代日本の社会病理（社会問題）現象を語る共通項であると考えることができる。そして，そのように病める関係性の質は，「希薄化」「濃密化」「浮遊化」「歪み」として括ることができるであろうし，なかでも「希薄化」がベースになっていることは確かであると考えられる。

　そして，「関係性の希薄化」は，学校との関係性を絶って自宅で孤立する「不登校」（第1章），家族との関係性を失って生活の支えを刑務所に求める「高齢者犯罪」（第4章），職場や近隣との関係性を築けない家族の孤立化に起因する「児童虐待」（第7章），解雇と生活苦の不安のなかで職場との関係性を築けない「非正規雇用」（第8章），家族との関係性を失って路上生活で希望を失いがちな「ホームレス」（第9章），失業や病気による生きがいの喪失のためにすべての関係性を絶とうとする「自殺」（第10章）などに顕著にみることができる。

また,「関係性の濃密化」は,教室内の過同調と閉鎖的な仲間関係に起因する「いじめ」(第2章)にみることができるし,「関係性の浮遊化」は,学校や家族から逃避して居場所を求めて漂流する「少年非行」(第3章)にみることができる。さらに「関係性の歪み」は,恋愛感情の過信・誤解や過剰な自意識に起因する「ストーカー」(第5章),残存するジェンダー意識のために対等な夫婦関係やパートナー関係を築くことができない「DV」(第6章)などにみることができるだろう。

第2節　何が「関係性の社会病理」をもたらすのか

　このように,希薄化したり濃密化したり,また,浮遊したり歪んだりもする現代社会の人びとの「関係性の社会病理」は,いうまでもなく,人びとを取り巻く社会のさまざまな仕組みや変動に起因しているのであり,既述のように,そのような「関係性の社会病理」にはマクロ・メゾ・ミクロの各レベルにおける社会的背景や原因が介在している。そこで,それが「マクロ的な原因以外のさまざまなメゾ・ミクロ的な原因によっても規定されている」と1節で既述したように,本節では「関係性の社会病理」をもたらすメゾ・ミクロ的な社会的背景や原因を概説的に展開することにして,マクロ的な原因は終章に譲ることにする(ただし,メゾ・ミクロ的な原因についても多少は終章と重複せざるをえない)。

　メゾレベルの社会的背景や原因として一般的にあげられるのは,家族・地域・学校・職場などである。このなかでも第1に,家族関係の弱まりや解体がますます「関係性の社会病理」をもたらすようになっている。まず,1970年代以降に顕著になった家族機能の縮小化によって,今日では家族の機能は「子どもの社会化」と「家族成員の情緒的安定」の機能を残すだけとなり,その他の機能は「外部社会化」されたといわれた。さらに,2000年代以降は「少子高齢化」が強調されるようになり,家族機能だけでなく,家族規模の縮小と高齢者世帯の増加が指摘されるようになった。その結果,家族が家族成員を経済的・

物理的・精神的に保護する力量が低下し，家族成員間のコミュニケーションや人間関係の形成も弱くなって，家族が「受け皿」としての役割を果たせなくなってきたのである。このように孤立しがちな家族成員は，3節で述べる「私事化」傾向にも影響されて，たとえば，自殺や少年非行のリスクを多く抱え込むようになる。

　第2に，地域社会の弱まりや解体も住民たちの「関係性の社会病理」を加速させている。地域の問題としては，既に1960年代から都市の過密化と地方の過疎化が進行していたが，「少なからぬ地域では今日地域連帯感の希薄化が指摘され，町内会の運営さえ困難になっている。地域の大人たちは職場における長い労働時間と合理化に拘束されて，地域活動に取り組む時間的・精神的余裕はない」(高原，2011：166)。その結果，大都市では「隣は何をする人ぞ」，地方では「お隣の空き家」という傾向が進んで，多くの住民たちが地域に対するアイデンティティを失って「私事化」傾向に向かえば，彼らは地域から孤立してしまい，たとえば，児童虐待やDVの発見がますます困難になってしまうのである。

　第3に，今日の学校のあり方も児童生徒たちの「関係性の社会病理」を強めることに加担している。学校の問題は，国の教育政策や格差社会などのマクロ領域の問題(受験競争社会化と学習意欲の格差)や家族・地域などの他のメゾ領域の問題(学校社会化と子どもの遊びの三間喪失)に影響されがちではあるが，いじめの原因として既述した教室内の過同調と閉鎖的な仲間関係は，学校や教育委員会のいじめの隠蔽体質や教師集団の同僚性の弱まりとも関連して(尾木，2013：85-97)，校内における児童生徒たちのコミュニケーションや人間関係の形成を歪めることにつながっていると考えられる。

　第4に，今日の職場のあり方が大人たちの「関係性の社会病理」を加速させている。学校の問題と同じように，職場の問題もとくに国の労働政策などのマクロ領域の問題(雇用の多様化・流動化と企業社会化)に影響されがちではあるが，非正規雇用やブラック企業の急増は働く人びとの経済的・社会的・精神的な安定やゆとりを奪い，時には身体の健康さえ損ねて，職場の同僚・家族成員・

地域住民などとのコミュニケーションや人間関係の形成を歪めることになりがちである。なかでも，少なからぬ非正規雇用の労働者は「関係性の希薄化」を余儀なくされるし（終章の秋葉原通り魔殺人犯の場合も），また，ブラック企業の労働者の場合は異常な「関係性の濃密化」を強いられることになり，過労死のリスクさえ抱え込むことになる。さらに，働き盛りの中高年層の失業が14年連続して3万人を超えた日本の自殺の原因であったことも，「関係性の希薄化」を物語っていると考えられる。

　一方で，ミクロレベルの社会的背景や原因としては，ジェンダー意識・社会的性格・個人主義化などをあげることができる（現代の社会的性格については終章が詳しい）。

　このなかでも第1に，ジェンダー意識のあり方が「関係性の社会病理」に影響を与えている場合が多い。「ジェンダー」とは，「社会的につくられた性差」，「女らしさ，男らしさ，女はこうすべき，男はこうすべきという違い」（坂本，2007：106）のことであり，ジェンダー意識とは一般的には性別役割分業意識を指している。つまり，「男は外で働き，女は内で家事と育児に従事する」という伝統的な男性優位社会の考え方である。そして，今日ではこのようなジェンダー意識は弱くなっているが，依然として特定の世代や人びととの間には根強く残存している。したがって，たとえばストーカーやDVにみられるように，男性優位という古くて歪んだ考え方は「関係性の歪み・濃密化」をもたらすことになる。また，ホームレスや自殺者に男性が多いことも，そのような「関係性の希薄化」を招いてしまうジェンダー意識の悲しい結末ということができるであろう。

　第2に，今日の個人主義化の傾向は「関係性の社会病理」を加速させ，とくに「関係性の希薄化」をもたらしている。終章で矢島も主張しているように，それは「個人の自由」から「孤立化」への跳躍でもある。かつてイエとムラに束縛されてさまざまな自由を奪われていた時代には，おそらく「関係性の濃密化」に関わる社会病理（社会問題）現象が数多く顕在・潜在していたであろうし，それらは社会的に「構築」されることも少なかったであろう（第4節を参照）。

しかし，現代社会は人びとをそのような束縛から解放したが，その一方で，他者とのコミュニケーションや人間関係の形成を困難にさせてしまったといえよう。

ところで，このようなメゾ・ミクロ的な社会的背景や原因によって「関係性の社会病理」に追いやられている人びとに対して，ともすれば「自己責任」を追及する論調が少なからず散見される。「特定の個人や家族に(社会病理の)発生の責任…を帰一させる考え方」(森田，2004：3)である。たとえば，児童虐待する親は鬼畜である，自殺する人は心が弱い，不登校の児童生徒は学校適応の能力が弱い，非正規雇用の労働者は努力が足りないなどである。このような「自己責任」論は，西欧では19世紀末までの「貧困怠惰説」に起源するものであり，当時の「自由主義」思想が影響したものである。そして今日では，社会病理学はもちろんのこと，多くの社会科学の分野において「関係性の社会病理」に追いやられている人びとを鞭打つようなスタンスはとられていない。それどころか，仮にそのような人びとに何らかの性格上の欠点があったとしても，それを社会的な産物とみて社会的にサポートしていこうという視点が私たちのスタンスであるし，本書もそのようなスタンスに立っているのである。既に時代は「加害者支援」の段階に進んでいて，それこそが「関係性の社会病理」を解決する道なのである。

第3節　日常性の病理と私事化の問題

現代社会における「関係性の社会病理」は，このように人びとの日常生活の領域に広がっていて，それは特別の異質の世界に起きているわけではない。「逸脱という現象が，日常生活世界から切り離された異なった世界や異次元の世界で発生するものではなく，むしろ，日常の生活世界のさまざまな営みや社会過程を基盤として生成されたり，これらと連続的な現象としてあらわれてくるという側面がある」(森田，2004：8)のである。つまり，「日常性の病理」は「今日の状況をもっともよく表現する」ものであり，「我々の日常生活そのものが

病んでいるのだという前提に」立つものである。現代の人びとは「いわば『豊かさ』のなかで『関係の病』を病み，…精神の『浮遊』を行うものが増加しつつある」（以上，佐々木，1998：76-77）のである。

　このように，私たちの日常生活のなかに「関係性の社会病理」が根強く潜んでいる例は枚挙にいとまがない。不登校（第1章）は「特定の子どもに起こる例外的な事柄ではなく，もはや『どの子にも起こりうる』こととして捉えようとする見方が旧文部省から示された（1991）」し，いじめ（第2章）の「基盤となる力のアンバランスは，どのような集団であっても，あるいは社会関係であっても常に存在している」。また，少年非行（第3章）は，統計上では既に1975年頃から「一般家庭化」（貧困家庭や単親家庭からの減少）の傾向が明らかになっているし，DV（第6章）は，「一見理想的な夫婦の関係ともみられるような『正常』な家族の関係性を基盤として生成されてくる」（以上，森田，2004：3-9）のである。さらに，児童虐待（第7章）については，多くの家庭の子育て不安が児童相談所の相談処理件数の急増の背景にあることが明らかになっているし，非正規雇用（第8章）の労働者は初めて全労働者の4割に達して，そのうち月収20万円未満が78.2％を占めている（厚生労働省，2015）。また，ホームレス（第9章）は寄せ場経由型から企業経由型に移行する傾向が明らかで，若年化も進んでいるといわれている。したがって，どのような家庭であっても，わが子が不登校やいじめや非行に遭遇するリスクを抱えているし，どのような親であっても，DVや児童虐待に関わるリスクを抱えているのである。また，どのような労働者であっても，正規雇用に就けずにワーキングプアになり，最悪の場合はホームレスに転落するリスクを抱えているということができる。これらは「リスクの個人化」の現代的な現れである。

　ところで，このような「日常性の病理」のもとでリスクが個人化していく過程には，2節で述べた個人主義化の一形態である「私事化（privatization）」が関係している。「私事化」とは，「共同体の呪縛から人々が解放されていく過程であり，…人々の関心の比重が公的領域よりも私生活領域と私性へと高まり，社会や組織・集団が求心力を弱める社会意識の傾向としてあらわれる」（森田，

2012：523）ものである。そして森田洋司によれば，現代社会における私事化の進行にはメリットとデメリットの両面がある。メリットとしては，「自分らしさを求めようとする価値やライフスタイル」の登場（「個人の幸福追求価値の浸透」），「人々の権利観念への関心」の高まりと潜在していた人権問題などの社会問題化があげられ，デメリットとしては，「人びとは社会や集団への関わりを弱め，私生活へと隠遁する傾向や他者への無関心を生み出す傾向」，「自己利害だけが突出する傾向」があげられている（以上，森田，2004：10-11）。そして，このような私事化のデメリットは日常的にますます「関係性の希薄化」を促進することになる。その結果，たとえば，人びとは「孤立の自由」を選択しやすくなり，「異質の排除」に加担しやすくなり，「マスメディアの支配と流言化」に巻き込まれやすくなる。このようにして，私事化の一側面も「関係性の社会病理」を強めることになるのである。

第4節　「関係性の社会病理」を解決する対策の始動

　本書を構成している各章の「関係性の社会病理」現象に対しては，今世紀に入る頃から急速にそれらを防止・規制する法律が制定され，対策が講じられてきた。現行の法体系を価値基準にして病理性が判断されるという1節の叙述からいえば，各種の法律や対策によって，当該現象が人びとの「関係性における社会病理」であるということが公式に定められたことになり，これらの諸現象を防止する責務が国や地方公共団体にあるということが宣言されたことになる。また，3節の叙述からいえば，このような動向は，私事化による人びとの権利意識の高まりによって，潜在していたさまざまな人権問題などが社会問題化されるようになってきたことを表しているということができる。

　ところで，「社会病理の定義」（当該現象を社会病理と判断すること）の移行過程は，「潜在的社会病理→部分的社会病理→全体的社会病理→公的社会病理という過程をたどることになる。つまり，その社会の誰もが社会病理と認識していない潜在的段階から，一部の人々によって社会病理と判断され始める部分

的段階を経て，多くの人々によって普遍的に社会病理と判断されるようになる全体的段階に至り，さらにその社会病理に対する統制が法的に規定されて成文化される公的段階に到達するわけである」(高原，2011：5)。そして，この移行過程は主に告発グループ(運動団体)とマスメディアと政治権力によって推進されるので，上記の動向にはこれらの推進力のいずれかが重要な役割を果たしているはずである。

そこで，各章が展開している法律の制定などを年代順にまとめると以下のようになる。

2000年　児童虐待の防止等に関する法律
2000年　ストーカー行為等の規制に関する法律
2001年　配偶者からの暴力の防止及び被害者の保護等に関する法律
2002年　ホームレスの自立の支援等に関する特別措置法
2006年　自殺対策基本法　　2007年　自殺総合対策大綱
2013年　いじめ防止対策推進法
2014年　「改正」少年法

また不登校については，フリースクールでも義務教育の修了を認める議員立法がまとめられており，高齢者犯罪については，高齢受刑者に対する医療的措置や更生保護の充実が図られ始めている。

これらの法律などの制定の経過は各章の展開にゆずるが，いずれも社会として見過ごせない深刻な事態が「社会問題化」したこと，また，関係する大きな事件が報道されたことによって，潜在的社会病理が公的社会病理に進展することになったのである。とくに，「ストーカー規制法」制定におけるマスメディア(たとえば鳥越俊太郎)の役割，「自殺対策基本法」制定におけるNPOライフリンク(清水康之代表)の役割などが典型的であるし，2014年に制定された「過労死等防止対策推進法」も「全国過労死を考える家族の会」(寺西笑子代表)の運動の成果であった。

このような「社会病理の定義」にかかわって，人びとが当該現象を社会病理とみなし，社会がそれを問題として措定する過程を研究する立場を「構築主義」

とよび，一方で，社会が当該現象の病理や問題を産出・発生・形成する因果連関を研究する立場を「実証主義」とよんでいる。つまり，本章第2節「何が『関係性の社会病理』をもたらすのか」は実証主義の立場に立った展開であり，第1節冒頭の「何を『社会病理(社会問題)』とみるか」と本節の「社会病理の定義」は構築主義の立場に立っている。そして，「関係性の社会病理」を解決するためのさまざまな対策がとられるようになっても，統計上はそれらの現象が減少するどころか，増加しているものが多い。それは児童虐待，ストーカー，DVなどであり，その統計が示しているのは発生件数ではなく，相談・届出・通報などの件数なのである。したがって，統計上の増加は，当該現象が「社会問題化」して公的社会病理になったために，より多くの人びとが関心を高めて当該現象の問題性を「認知」するようになったからであり，このような状況は「社会的に構築された」と表現される。その一方で，ホームレスや自殺の統計は人数という実態を示しているので，いずれも減少傾向にあることは各対策が功を奏しつつあることの証しであるといえる。

　最後に，本書が「社会問題」ではなく「社会病理」という概念を使用している理由を簡単に説明しておきたい。日本社会病理学会の編集であるからそれは当然のことではあるが，第1に，私たちのスタンスは上記の実証主義と構築主義をともに包含しているので，構築主義だけがイメージされやすい「社会問題」の概念をあえて避ける必要性を感じているからである。第2に，社会(病理)学の立場からいえば，「社会問題」の概念は多くの学問領域に拡散してしまう恐れがある。政治的・経済的・心理的・教育的なさまざまな社会問題がイメージされかねないからである。

引用・参考文献
宝月誠(1978)「社会病理とは何か」大橋薫他編『社会病理学入門』学文社
岩井弘融編(1973)『社会学講座16　社会病理学』東京大学出版会
厚生労働省(2015)「2014年就業形態の多様化に関する総合実態調査」
森田洋司(2004)「病める関係性の時代」高原正興他編『社会病理学講座第3巻　病める関係

性』学文社
森田洋司(2012)「私事化」大澤真幸他編『現代社会学事典』弘文堂
尾木直樹(2013)『いじめ問題をどう克服するか』岩波新書
坂本佳鶴惠(2007)「ジェンダー」友枝敏雄他『社会学のエッセンス　新版』有斐閣
佐々木嬉代三(1998)『社会病理学と社会的現実』学文社
高原正興(2004)「病める関係性とマクロ問題―自殺の分析から―」高原正興他編，前掲書
高原正興(2011)『新版　非行と社会病理学理論』三学出版

お薦め文献
土井隆義(2010)『人間失格？』日本図書センター
岩田正美(2008)『社会的排除』有斐閣
加野芳正(2011)『なぜ，人は平気で「いじめ」をするのか？』日本図書センター
下重暁子(2015)『家族という病』幻冬舎新書
湯浅　誠(2008)『反貧困』岩波新書

第1章

不 登 校

Keyword
私事化　登校拒否運動　当事者　貧困

はじめに

　あなたはどのような関心からこの章を読むのだろうか。実際に自分が過去に不登校を経験したことから、その経験を捉え直したい人もいるだろう。他方で、不登校の子どもたちはクラスに一人いるかいないかの状況であったため、あまりよく知らないが理解したいと考えて、このページを開いた人もいるかもしれない。本章を通して浮かび上がらせたいのは、不登校は決して不登校を経験している個人や保護者の問題には一元化されえないということである。それは、登校している子どもたちやその保護者も含めた諸経験や諸課題と切り離されるものではないし、学校内の限られた問題でもない。広くは学校をとりまく社会全体にみられる価値観や社会構造の問題なのである。

　本章は以下の構成になっている。まず、1節では不登校概念には何が含まれて何が含まれていないのか、その定義を理解する。2節1項では不登校率の経年変化を捉え、おおまかな時期区分を行う。2項では不登校研究の概要をつかむ。3節では「不登校問題」をめぐる個人や集団間の関係といったミクロ・メゾレベルでの関係性の変化を時期区分ごとにみていく。4節ではそれらの関係

性の変化の背景にあるマクロな社会の変化を時期区分ごとにみていく。5節では不登校をめぐり近年生じている諸課題にどのように対応していけばいいのかについて解釈案を示したい。

第1節　不登校の定義

　そもそも不登校とは，学校を長期間にわたり欠席する子どもたちのなかでも，どのような状態の人たちを指すのだろうか。また，不登校はかつて「学校ぎらい」や「登校拒否」などとよばれ，呼称が変わるごとに意味合いも少しずつ変化してきたが，その他の呼称と比べるとどのような特徴をもつ概念なのだろうか。ここでは不登校概念のもつ今日的意味合いについて，関連する諸概念との比較を通してより深く理解していくことにしたい。

(1)　長期欠席のなかの不登校

　1948年に学校に関する従来の諸統計が整備され，「学校基本調査」が開始された。この調査の1項目として，学校を長期間にわたり欠席している児童生徒を「長期欠席」というかたちで把握する営みが始まったのは，調査開始から約10年後の1959年のことである。

　ただし保坂亨が述べるように，すでに1950年から1958年度にかけて「学校基本調査」とは別枠の調査によって長期欠席の把握が行われてきており，長期欠席を問題視するまなざしや欠席の理由づけなどはこの時代に形作られた。まず，1950年に行われた調査では，70万人以上の長期欠席者の存在が明らかになり，それを問題視する声が翌年度以降の調査につながった。1951年度は半年間で50日以上欠席，1952年度以降は1年間で50日以上欠席した児童生徒が長期欠席者として把握されていった。そして1952-1958年度間の「公立小学校・中学校長期欠席児童生徒調査」では，欠席の理由や保護者の職業など詳細にわたる集計がなされた。欠席理由に関する記述には，1950年の調査の時点で「学校ぎらい」という言葉が登場していた(保坂，2000：16-18)。

この長期欠席の基準は「学校基本調査」にも引き継がれ，1959年度から1990年度までは年間50日以上学校を欠席した者が長期欠席の対象となった。そして，1991年度よりその基準が広がり，年間30日以上の欠席者が対象となった。

　長期欠席の下位区分については，1959年度から1962年度までの4年間はとくに設けられず，欠席者数だけが把握されていた。1963年度から「病気」「経済的理由」「その他」の区分が設定され，長期欠席の理由が把握されるようになった。この時期の「その他」の割合は40％以上を占めていた。これと関連してか，そのわずか3年後の1966年度には，これら3つの長期欠席理由に加えて，「学校ぎらい」の項目が追加された。その後，1998年度に「学校ぎらい」の名称が「不登校」に変更され，今日に至るまで「病気」「経済的理由」「不登校」「その他」の4区分が用いられている。

(2)　呼称の変化にみる特徴

　次に呼称の変化として，文部科学省(以下，文科省と表記する)が1997年度まで用いていた「学校ぎらい」は，「心理的な理由などから登校をきらって長期欠席をした者」を意味していた。これに対して，1998年度以降に登場した「不登校」という表現は，「何らかの心理的，情緒的，身体的，あるいは社会的要因・背景により，児童生徒が登校しないあるいはしたくともできない状況にあること(ただし，病気や経済的理由によるものを除く)」を意味する(文科省，2006)。なお，文科省は「学校ぎらい」と併用して「登校拒否」という表現も用いていたが，「不登校」への名称変更とともに後者の表現も姿を消していった。

　このように名称が変更されるなか，欠席の原因は個人の心理的な理由に限らない，より幅広い社会的要因をも含む概念となった。これは，不登校の子どもとその保護者を中心とした登校拒否運動が一貫して主張してきた「登校拒否は病気じゃない」という異議申し立てを考慮すると(朝倉，1995)，意義は大きいであろう。しかし，不登校の名称は登校を当然の前提としており，さらに「不」という否定的印象を伴う点に問題が残ると評価する者もいる(奥地，2015：

118-119)。なお，登校拒否運動では，「拒否」という表現に子どもたちの主体性が感じられるとして，現在でも「登校拒否」の名称を使っている(同上：118)。

第2節　長期欠席・不登校率の推移と研究動向

(1) 長期欠席・不登校率の推移

上述のように，不登校はその理由が問題視されるかたちで長期欠席概念から切り取られていったが，非常に込み入った概念であり，子どもたちを不登校に

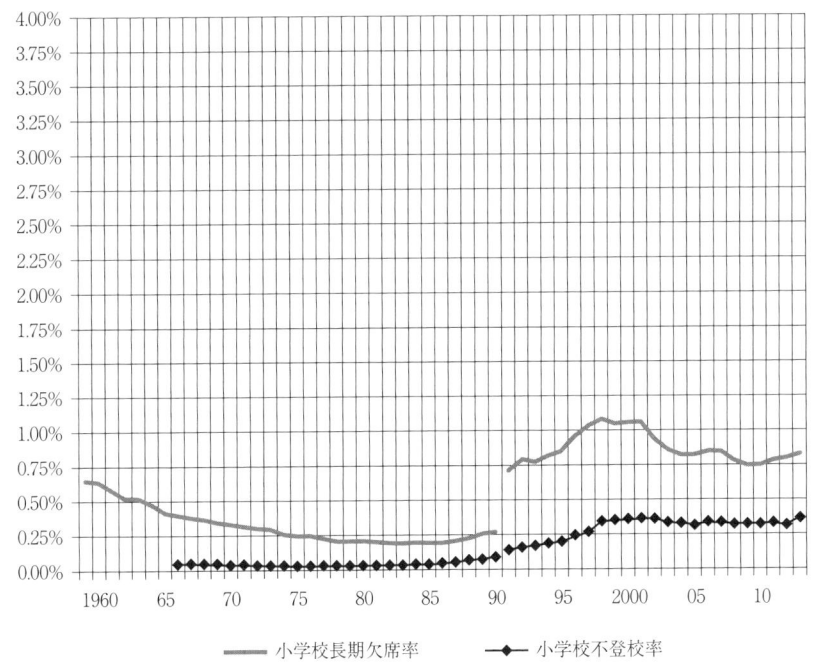

図1-1　小学校の長期欠席および不登校率の推移

出所）文部科学省の1960年度～2014年度「学校基本調査」および2007年度～2014年度「児童生徒の問題行動等生徒指導上の諸問題に関する調査」をもとに筆者作成

分類し把握することは必ずしも容易ではない。長期欠席と不登校の統計上の分類方法について詳しく検討した保坂(2000)は，次の2点を指摘している。まず，病欠者のなかに不登校者が含まれる場合がある(保坂，2000：43-59)。そして，都道府県別に長期欠席者の割合をみた場合，病欠者の割合が高い都道府県では「学校ぎらい」の割合が少なく，両者は相補関係にあるという(同上：58-59)。不登校は「児童生徒の問題行動等生徒指導上の諸問題に関する調査」で把握されるものであることからもわかるように，問題行動とされ，「不登校0」を目指す自治体があるなど，不登校数の多少が行政上問題とされることも少なくな

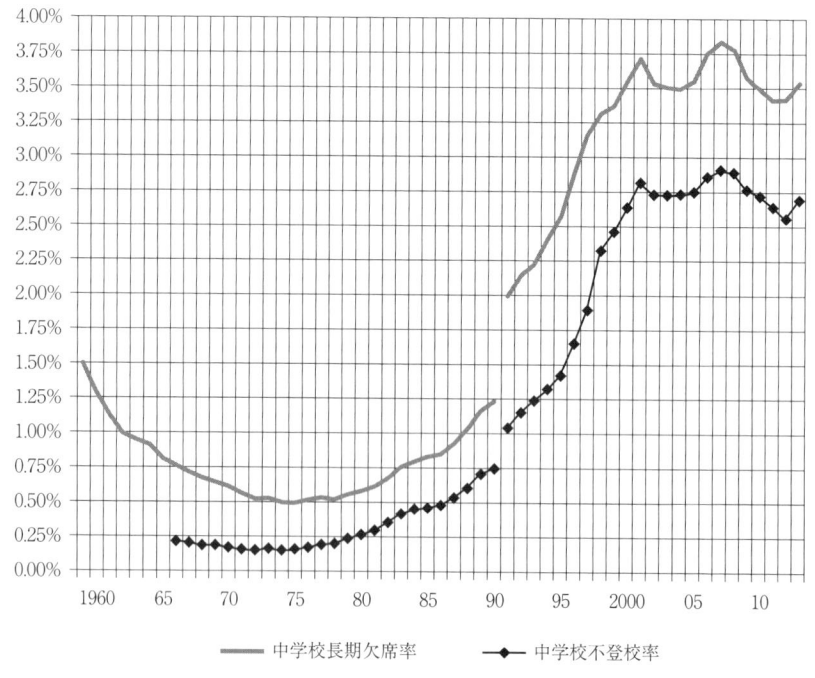

図1-2 中学校の長期欠席および不登校率の推移

注) 2006年度以降は，中等教育学校の前期も含む。
出所) 文部科学省の1960年度〜2014年度「学校基本調査」および2007年度〜2014年度「児童生徒の問題行動等生徒指導上の諸問題に関する調査」をもとに筆者作成

い。そのため実態を表す以上に地域社会のまなざしや政治的作為を反映した指標と化しているという主張もある（山本, 2008）。こうしたなか, 実際に統計データとして不登校を把握するうえでは, 長期欠席の統計を用いたほうがより適切であるという指摘がある（保坂, 2000）。ここでは正確さを期すため, 不登校率に加えて長期欠席率の推移も含めてみておく。

日本の長期欠席および不登校率の推移については, その基準が1991年度に50日以上欠席者から30日以上欠席者へと切り替わったために, 一概に比較はできないものの, 大まかには次の3つの時期に区切ることができよう。①戦後から1970年代半ばにかけて長期欠席・不登校率が減少していった時期, ②1970年代半ばから1990年代後半にかけて長期欠席・不登校率が増加していった時期, ③2000年代から現在に至るまでの微増減の時期である。

(2) **研究動向**

不登校および長期欠席に関する研究は, 長い間にわたり心理学や精神医学を中心になされてきた経緯がある。これらの研究はおもに個人の心に焦点をあて, 学校に行けない心理的要因について分析を行ってきた。しかし今日では, 不登校および長期欠席に関する研究は, さまざまな分野の研究者によって多様な側面からなされてきている。たとえば, 社会病理学, 教育社会学, 社会学関連のものだけを挙げても以下のようなものがある。不登校の原因について論じた森田洋司（1991）の研究や, 社会階層の文化的視点から考察を行ったものとして久冨善之ら（久冨編, 1993）の研究などがある。また, 不登校の子どもたちが通うフリースクールや適応指導教室といった学外施設に関する研究としては, 東京シューレの諸活動を対象とした朝倉景樹（1995）を筆頭に一定の蓄積がある。このうちフリースクールに関しては社会運動論から論じる者も少なくなく, その活動を「新しい社会運動」として取り上げた研究もあれば（荻野, 2006）, フリースクールが拡大した背景を考察する研究（佐川, 2009）, 当事者の運動が拡大するなかで捨象されてきた諸要素を考察する研究（樋口, 2013）もある。また, フリースクールと関連して不登校の子どもたちの親の会に着目した山田哲也の

研究(山田, 2002),不登校後の支援として,不登校経験者が多く通うチャレンジスクールを対象とした伊藤秀樹の研究(伊藤, 2009)もある。さらにジェンダーの視点から不登校を分析した加藤美帆の研究(加藤, 2012)などもある。

これらの知見も踏まえながら,以下では,不登校をめぐる関係性の変化と,その背景にある社会の変化について整理していきたい。

第3節　不登校をめぐる関係性とその変化

ここでは,不登校をめぐる個人または集団単位という,ミクロおよびメゾレベルでの関係性とその変化について,第2節1項で述べた3つの時期(①戦後〜1970年代半ば,②1970年代半ば〜1990年代後半,③2000年代〜現在)ごとにみていく。

(1) 戦後〜1970年代半ば——貧困から「親子の問題」へ

この時代は未就学児童と長期欠席率が減少していくなかで,学校と子どもたちの関係性が濃密化していく時期であった。そのなかで行政や専門家らの関心が徐々に子どもたちの欠席の理由へと向けられるようになり,第1節1項で述べたように不登校問題が「学校ぎらい」というかたちで長期欠席問題から切り離されて「社会問題」化していった。そしてこの過程において「学校ぎらい」という言葉に示されるように,不登校問題はもっぱら親子関係の「歪み」の問題とみなされるようになっていく。以下,その具体的な経緯についてみていこう。

この時期を中心的に扱った工藤宏司の一連の言説研究によれば,戦後まもない時期に人びとの関心を集めたのは,長期欠席者を含む130万人を超えるともいわれる未就学児童の存在であった。これらの子どもたちの欠席・未就学理由として着目されたのは貧困問題であった。そのため,行政としては(旧)文部省以外にも(旧)労働省と(旧)厚生省が乗り出した。このうち(旧)労働省は女子児童の人身売買の疑いから,(旧)厚生省は結核などの病気の観点から問題視して

いった。彼らは子どもたちの教育をうける権利という観点から，2つのクレイムを生み出した。ひとつは，広く社会の問題として社会保障の充実を求めるクレイムである。いまひとつは(旧)文部省が作り出したもので，「食べるための長欠」が転じて「子どもを食い物にする」「親の教育に対する無理解」という個人の問題に還元するクレイムである(工藤，1994：84-89)。

　貧困問題は親子に同情のまなざしを向けるものであったが，他方で1950年代後半より，臨床の場を中心に，心理学者やケースワーカーなどが「非行」では説明できない長期欠席者の子どもたちを「発見」し，「自我」が未熟なために生じた「学校ぎらい」などという一種の「病気」として捉えるようになっていく(同上：90)。

　このように，長期欠席は子どもたちの学習権の保障の観点から問題視されていった。長期欠席の理由のなかでも貧困といった経済的理由に人びとが関心を抱いていたときは，社会的問題として引き取る可能性があった。しかしながら，「親の無理解」や子どもたちのパーソナリティ，親の子育てのあり方に原因を求めるなかで，親子の個人的問題へと還元されていったのである(同上：85-90)。

(2) 1970年代半ば～1990年代後半――登校拒否運動の台頭

　この時代は，行政や専門家たちによって親子関係の「歪み」の問題とされた不登校問題に対し，不登校の子どもたちと保護者が異議申し立てをしていく時期であった。具体的には以下で述べるように，不登校の子どもたちと保護者に対する社会的抑圧が強いなか，子どもたちを外部から守るための不登校支援施設がつくられていった。そして，これと時を同じくして不登校の保護者・子どもたち・支援者たちと学校・(旧)文部省との間にしばしば対立がみられるようになっていった。

　当時は，不登校の問題を子どもたちと保護者に還元するような言説が支配的となっていた。そのため，不登校の子どもたちは「わがままで，こらえ性のない怠け者のすること」と周囲から否定され，その保護者は「甘やかして過保護に育てたから」と批判され，家族全員が村八分を受けてしまうことも少なくな

かった(渡辺，1983：2)。1970年代後半は，これらの子どもたちを受け入れる専用の居場所はまだ確立されておらず，たとえば院内学級や私塾などで受け入れられていた。こうしたなか，教育経験をもつ不登校の保護者などにより，東京シューレをはじめとしたフリースクールがつくられていった。同施設のエスノグラフィーを行った朝倉によると，フリースクールには，外部から遮断された空間で，子どもたちが自らの否定的な不登校体験を学校に行かなくていいという肯定的な物語へと作り替えていく機能があったことが明らかになっている(朝倉，1995)。また，これらの居場所では親の会が同時に開かれることもあり，山田哲也によれば，親の会という場においても，保護者たちが不登校の物語を再文脈化していくような機能があったという(山田，2002)。なお，不登校の子どもたちを受け入れる場所を求める声は，民間施設に対してだけでなく公的施設にまで向けられ，1990年には不登校の子どもたちを受け入れる施設として教育委員会による適応指導教室がつくられた(石田，1997)。

そして，民間施設における監禁死亡事件である「風の子学園事件」(1991年)などを契機に，民間の居場所や登校拒否ネットワークを基盤として，不登校の子どもたちや保護者が行政や世間に対して異議申し立てを行っていくようになる。そこでは，学校以外の場で元気に過ごす子どもたちの存在を主張の根拠として，「登校拒否は病気ではない」，そして，問題の所在は子どもたちを追い込む学校の管理教育にあるという異議申し立てがなされていった(朝倉，1995)。こうして不登校の保護者を中心につくられたネットワークは，「子どもの権利」概念と結びつくかたちで，弁護士・学者・医師など知識人をはじめとした多くの支持者を得るなかで拡大していった(佐川，2009)。その結果，行政も施設利用に関して出席日数扱いとする措置，通所に必要な通学定期券の発行措置などを出すかたちで，少しずつ柔軟化していった。

(3) **2000年代～現在——不登校支援の定着と新たな諸問題**

2000年代以降は，それまでの登校拒否運動の成果もあり，親子関係の「歪み」の問題という認識は薄れていくが，他方で学校と個人の関係性が希薄化し，

そのなかで集団・個人ごとに異なる問題が立ち現れるようになってきた。具体的には，政府・行政から不登校の支援者の存在が承認されていく一方で，不登校支援内部に新たな葛藤が生じてきた。他方で，1970年代半ばにかけて不登校の境界領域に位置づけられていった子どもたちに関する諸課題も顕在化してきている。

　1990年代に拡大した登校拒否運動の支持者は今日では国会議員にまで広がり，2008年には党派を超えてフリースクール環境整備推進議員連盟が発足し，学外施設の義務教育化に関する法案提出を図るなど，大きく政治に働きかける存在となった。また，民間施設と政府・文科省との関係も変容し，2000年代半ばの構造改革特区のもとでNPO法人立中学校も設立された。登校拒否運動の中心を担ってきた東京シューレの代表者は，2015年には文科省の「フリースクール等に関する検討会議」の委員に選任されるなど，不登校支援に関するオピニオンリーダーの1人としての地位を獲得している。

　ところが，今度はそうした不登校支援の内部で新たな葛藤がみられるようになってきた。その先駆けとなったのが貴戸理恵の研究であり，貴戸は自らが不登校を経験した「当事者」として，不登校行為を〈選択〉の物語へと読み替える不登校支援の効果は，とりわけ高学歴の不登校経験者に対して限界があると主張する。そして，支援者によってつくられた物語に代わり，不登校を経験した「当事者」が物語を語ろうとすることで問題の解決を図るべきだとする「当事者」学の必要性が主張される（貴戸，2004）。また，不登校支援を行うスタッフの葛藤を描いた佐川佳之（2010）の研究では，不登校の子どもたちのあらゆるわがままに対して支援者側が「障害」「病気」とみなすことで，「受容と共感」の不登校支援が成立していることを明らかにしている。

　次に，上記の諸課題とは別に，1970年代半ばにかけて不登校の境界領域へと位置づけられていった「非行」や，貧困問題を抱える子どもたちに関する諸課題が顕在化してきた。「非行」系の子どもたちが不登校支援施設から排除されているという存在自体は1990年代より指摘されていた。これらの「非行」系の子どもたちは，非行グループから離脱したいが怖い，または，学外施設に

行くようになってから「非行」化したといったように,不登校と非行の境界領域に位置する子どもたちであることが判明している。現在,これらの子どもへの対応においては支援者の苦悩や葛藤がみられ,それは,「非行」系の子どもたちの受け入れ先を求めて行う「たらいまわし」や,自らが離脱するようにする「自己離脱的排除」などにもうかがえる(樋口,2011)。このほかに,不登校支援の実践の場でたびたび耳にする,不登校の子どもたちと親の利用者層が変わったので対応が難しいという声もある。たとえば,適応指導教室は全国900以上の地方自治体内に1～2カ所ほど設置されているが,その通室にあたっては保護者の送り迎えなどが基本とされるところも少なくなかった。そのなかで,従来のように教室への送り迎えや弁当を手作りする家庭だけでなく,そうした送迎などが物理的に難しい母子・父子家庭や生活困難層の家庭が増加しているという声などが挙がるようになってきている。

第4節 「不登校問題」の背景にある社会の変化

前節では時代ごとにミクロおよびメゾレベルでの関係性とその変化を捉えてきた。本節ではそれらの関係性の背景にあるマクロな社会の変化をみていく。

(1) 戦後～1970年代半ば——貧困の縮小と学校化の進展

第3節1項で前述したように,戦後から1970年代にかけて,人びとの意識において長期欠席問題から貧困のリアリティが失われ,不登校問題が「学校ぎらい」として親子の「歪み」の問題へと還元されていった。このような意識の変容は,以下の社会の変化のもとで促進されていった。

この時期は戦後復興期の特需景気や高度経済成長期の度重なる好景気のもと,多くの人びとの生活が急速に豊かになっていく時代であった。この時代にも貧困は存在したが,貧しい人びとの住む場所が徐々に制限され,不可視化されていった(西澤,2010)。

他方で,産業構造の変化とともに「金の卵」とよばれる中卒の若者たちが地

方から都市部へと移動していったのもこの時期である。その際,「集団就職」という言葉に表されるように,若者たちを職業へとつなぐ重要な役割を担っていたのが学校であった。こうしたなか,第2節1項でみたように,長期欠席率も減少し,多くの児童生徒が学校に通うようになり,学校と個人の関係性も濃密化していった。これは同時に,学校化が進み,子どもたちが日中に過ごす学校以外の居場所が失われることも意味していた。

(2) 1970年代半ば～1990年代後半——私事化の拡大

　第3節2項で述べたように,1970年代半ばから1990年代の時期は,親子の関係性の「歪み」の問題へ還元された不登校問題に対して,不登校の子どもたちと保護者たちが異議申し立てをしていく時代であった。その背景には以下のような時代変化があった。

　この時代はオイルショックなど数々の景気の停滞がみられたものの,個人のスペースを重視したLDK住宅など,高度経済成長期の間に変容した人びとの生活様式のもとで,さまざまな局面において個人化と私事化が進展していく時代であった。そのなかで,森田洋司は実証研究に基づき,人びとが公的な領域からプライベートな領域へと撤退するという私事化現象が公教育においてもみられるとして,当該現象を不登校の原因として位置づけた(森田,1991)。

　また,この時代は校内暴力や体罰,いじめなどが「教育問題」化していくなかで,人びとの教育に対する不信感が増大していく時期でもあった。このような環境のもとで,登校拒否運動による公教育批判は一定のリアリティを人びとにもたらしたといえる。そして,フリースクールなどの民間施設が,都市部を中心に急増していった。

　当然ながらこの時代にも貧困はあり,派遣法の成立など水面下で事態は悪化の方向に進行しつつあった。しかしながら,人びとの多くが豊かになったという意識のもと,久冨善之らが明らかにしたような生活困難層の子どもたちの不登校という「豊かさのなかの底辺」はみえづらい時代であった(久冨編,1993)。

(3) 2000年代〜現在——私事化のさらなる進行と貧困の台頭

　第3節3項で述べたように，この時代は学校と個人の関係が希薄化するなかで不登校支援内部での新たな葛藤と，1970年代半ばにかけて不登校と非行やその他の長期欠席群の境界領域に位置づけられていった子どもたちに関する諸課題が顕在化してきた。こうした諸課題が顕在化するようになった背景には，以下のような時代変化を挙げることができる。

　まず，1998年のNPO法成立などの追い風もうけながら，不登校の子どもたちだけを対象とした施設が急増した。その結果，肯定的・否定的側面の両面において，その利用を評価するほどの経験の数々が蓄積された。

　次に，「子どもの貧困」問題が量・質ともに深刻化し，1990年代のように多くの者がその存在を「無視」できないほどに至っている。実際，中流家庭が減少し貧困層が増加するなかで，2000年代前半の格差論，2000年代半ばからの貧困論，さらに近年では，これらの諸問題のしわよせから生じた「子どもの貧困」（浅井・松本・湯澤，2008など）が次々と可視化されてきた。厚生労働省の「国民生活基礎調査」によれば，2012年時点で子どもの貧困率は16.3％と，実に6人に1人の子どもが「当たり前の生活」を送れていない状況にある（厚生労働省，2014）。そのなかで，不登校に関しても経済格差を考慮した調査や研究の必要性を指摘する声が増加し始めている（保坂，2009；酒井，2014など）。

第5節　不登校支援をめぐる諸課題を超えて

　それでは不登校支援内部の課題と不登校支援の境界領域の支援に関する課題に対して，私たちはどのように向き合っていけばいいのか。ここでは解釈のひとつとして，筆者の見解を述べておきたい。

(1) 不登校支援内部の課題

　不登校支援内部の課題が生じる諸要因のひとつとして，不登校を経験した者だけが「当事者」といえるほど，登校群と不登校群の分離が進んでいる点を挙

げることができる。

　少なくとも1990年代初頭までは，登校群と不登校群の子どもたちは地続きの存在であった。たとえば森田は，学校に登校する子どもたちのなかに登校忌避感情を示す者が広くみられることを明らかにし，その存在を不登校のグレーゾーンとして位置づけている(森田，1991)。また，1990年代の登校拒否運動を扱った樋口の研究では，学習塾を起点に不登校の子どもたちと不登校を経験したことのない子どもたちがともに登校拒否運動というかたちで広く異議申し立てをしていたことが明らかになっている(樋口，2013)。しかし，時代とともに登校群と不登校群の子どもたちが分離するような事態が進行し，前述した登校拒否運動では，不登校を経験していない子どもたちの声は拾い上げられず，不登校の子どもたちの声だけがマス・メディアに取り上げられていった(同上)。また，学習塾といった両者が集う居場所の代わりに，「不登校トラック」(山田，2010)とよばれる不登校の子どもたち専用の施設が次々とつくられていった。

　このような両者の分離の進展をふまえて現状を捉え直すと，不登校を経験した者だけが「当事者」であると主張する背景に，彼らが登校群と同じ子どもたちであったこと，または，同じ問題を抱える存在であったという意識の低下がうかがえる。そこにはいわば「不登校者」としてのスティグマ(Goffman, 1963)が経験者に付与されていることも推察される。

　もとをたどれば，登校／不登校に大きな違いがあるという人びとの根強い意識が，不登校の保護者や子どもたちを苦しめており，そうした抑圧から子どもたちを守ろうと保護者や支援者が専用の支援を構築していった経緯がある。しかし，そうした想いの積み重ねが，意図せざる結果として両者の分離の促進に寄与してしまった側面も否めない。つまり，この問題は当事者・支援者といったごく限られた範囲の課題ではなく，広く世間一般の「不登校問題」の捉えかたそのものが問われるような課題であるといえる。

　以上の点をふまえると，今後は登校／不登校の間に広がる分離を狭めるような試みが必要になるであろう。そのためにも，たとえば不登校に関連する諸研究や実践を，登校群の子どもたちにもかかわる広い範囲の諸研究・実践のなか

へと位置づけていくことが重要だといえる。たとえば最新の不登校研究においては，酒井明が指摘するように，就学を前提とした不登校概念から不就学状態にある外国籍の子どもたちが排除されていることが浮かび上がっている(酒井，2014)。この主張は重要であるものの，彼が不登校概念の代わりに提唱する「学校に行かない子ども」概念で問題群を捉え直してしまうと，登校／不登校をはじめとした出席・欠席者間の分離がいっそう進んでしまう危険性がある。これに対して，すでに学校をフィールドに一定の研究蓄積がある外国籍の子どもたちの研究(志水・清水，2001など)のなかに，不就学の子どもたちに関する研究を位置づけなおすことで，両者を地続きの問題として捉えることができよう。その意味でも，たとえば長期欠席研究の成果を学校づくりに活かそうとする保坂の研究(保坂，2000)などは意義があるといえる。

(2) 従来の不登校支援の境界領域に関する課題

　従来の不登校支援の境界領域に位置づけられた子どもたちの支援に対するひとつの打開策としては，(旧)文部省だけでなく(旧)労働省・(旧)厚生省が中心となって不登校に向き合い非行や貧困に対応していた時代を参考に，教育以外の部局との連携を模索する方向性が挙げられる。これを考えるうえで，一例として，筆者のフィールドである「適応指導教室」の実践を挙げておこう。

　「適応指導教室」は基本的に無償で小規模な市や町にまで設置され，高額な利用料がかかって大都市部に設置が集中する民間施設に代わり，経済的・地理的にも幅広い層の子どもたちの受け皿となってきた。しかし，貧困問題を抱える家庭の子どもたちへの支援に関して困難を挙げる自治体も少なくなく，指導員たちが時にはその役割を逸脱しながら支援を行う実態が浮かび上がってきている。そのなかで，学齢期を超え，さらに退学者も含めて子どもたちを受け入れており，なかには裁判判決前の子どもたちといった「非行」系の子どもたちを受け入れ，バスの乗り方の指導や親の就労支援まで行っている自治体がある。これが可能になる背景には，福祉部局のスタッフのなかでも保健師経験者の係長が支援の中核を担っている点がある。つまり，少なくとも支援の方針を定め

る際に，教育権の観点か生存権の観点かによって，大きな違いが生じているといえる。ここには，不登校を教育領域以外に再び開いていくことの重要性とともに，教育―福祉の連携可能性が示されているといえよう。

　本章では不登校を問題化するまなざしと，そのなかで構築されていった「不登校問題」をめぐる個人や集団間の関係性の変化，さらにはその背景にあるマクロな社会の変化を捉えてきた。近年，不登校をめぐり生じている諸課題は，まさにそうした問題化のまなざしと関係性の変化のしわよせのなかで生じているものであり，私たち自身に「不登校問題」を捉え直すことを強く問いかけるものである。登校／不登校に大きな違いがあるという人びとの根強い意識が，不登校の子どもたちや保護者を苦しめ，専用の支援施設づくりへとかりたてていく。登校／不登校は相反するというまなざしが，登校している子どもたちと不登校の子どもたちが問題を共有する試みを妨げていき，不登校問題を特有の社会問題へと作り上げていく。また，そうしたまなざしが登校／不登校の境界領域にいる子どもたちを支援の対象外としていくような行動へと結びついていく。不登校を教育だけの問題としてとらえるまなざしが，教育外の支援を補足的なものとして位置づけていく。このような学校をとりまく社会全体にみられる価値観や社会構造は私たちが作り上げたものであり，「不登校問題」を登校者も含めた大きな枠組みのなかに位置づけ直すといったように，それらを脱構築させる可能性をもつのも私たちである。

引用・参考文献
浅井春夫・松本伊智朗・湯澤直美編(2008)『子どもの貧困―子ども時代のしあわせ平等のために』明石書店
朝倉景樹(1995)『登校拒否のエスノグラフィー』彩流社
Goffman, Erving (1963) *Stigma: Notes on the Management of Spoiled Identity*, Prentice Hall, New Jersey. (石黒毅訳, 1970『スティグマの社会学―烙印を押されたアイデンティティー』せりか書房)
樋口くみ子(2011)「教育支援センター(適応指導教室)の排除過程―クレームが顕在化しないメカニズム」『ソシオロゴス』35：93-110
樋口くみ子(2013)「周縁化する『非行』系の不登校―風の子学園事件をめぐるメディアフレ

ーム分析」『現代の社会病理』28：95-110
保坂亨(2000)『学校を欠席する子どもたち―長期欠席・不登校から学校教育を考える』東京大学出版会
保坂亨(2009)『"学校を休む"児童生徒の欠席と教員の休職』学事出版
石田美清(1997)「市教育委員会における教育相談事業と不登校対策」『鳴門教育大学研究紀要 教育科学編』第12巻：117-124
伊藤秀樹(2009)「不登校経験者への登校支援とその課題―チャレンジスクール，高等専修学校の事例から」『教育社会学研究』第84集：207-226
加藤美帆(2012)『不登校のポリティクス―社会統制と国家・学校・家族』勁草書房
貴戸理恵(2004)『不登校は終わらない―「選択」の物語から〈当事者〉の語りへ』新曜社
久冨善之編(1993)『豊かさの底辺に生きる―学校システムと弱者の再生産』青木書店
工藤宏司(1994)「「不登校」の社会的構築―モノグラフの試み(上)」『大阪教育大学教育実践研究』第3号：79-94
厚生労働省(2014)「平成25年国民生活基礎調査」
森田洋司(1991)『「不登校」現象の社会学』学文社
文部科学省「学校基本調査」各年版
文部科学省「児童生徒の問題行動等生徒指導上の諸問題に関する調査」文部科学省初等中等教育局児童生徒課, 各年版
文部科学省(2006)「資料1-4 これまでの不登校への対応等について」「初等中等教育分科会」配布資料
西澤晃彦(2010)『貧者の領域―誰が排除されているのか』河出ブックス
荻野達史(2006)「新たな社会問題群と社会運動―不登校，ひきこもり，ニートをめぐる民間運動」『社会学評論』第57巻第2号：311-329
奥地圭子(2015)『フリースクールが「教育」を変える』東京シューレ出版
酒井明(2014)『教育臨床社会学の可能性』勁草書房
佐川佳之(2009)「フリースクール運動のフレーム分析-1980〜1990年代に着目して」『〈教育と社会〉研究』第19号：46-54
佐川佳之(2010)「フリースクール運動における不登校支援の再構成―支援者の感情経験に関する社会学的分析」『教育社会学研究』第87集：47-67
志水宏吉・清水睦美(2001)『ニューカマーと教育―学校文化とエスニシティの葛藤をめぐって』明石書店
山田哲也(2002)「不登校の親の会が有する〈教育〉の特質と機能―不登校言説の生成過程に関する一考察」『教育社会学研究』第71集：25-45
山田哲也(2010)「学校に行くことの意味を問い直す―『不登校』という現象」『教育社会学への招待』大阪大学出版会
山本宏樹(2008)「不登校公式統計をめぐる問題―五数要約法による都道府県較差の検討と代替案の吟味」『教育社会学研究』第83集：129-148
渡辺位(1983)『登校拒否―学校に行かないで生きる』太郎次郎社

お薦め文献
森田洋司(1997)『「不登校」現象の社会学　第二版』学文社
保坂亨(2009)『"学校を休む"児童生徒の欠席と教員の休職』学事出版
奥地圭子(2015)『フリースクールが「教育」を変える』東京シューレ出版
不登校生徒に関する追跡調査研究会(2014)「不登校に関する実態調査――平成18年度不登校生徒に関する追跡調査報告書」文部科学省HP(http://www.mext.go.jp/a_menu/shotou/seitoshidou/1349956.htm)

第2章

いじめ

Keyword

仲間集団　集合的感情　傍観者　私事化

はじめに

　学校におけるいじめ問題は1980年代半ばより社会問題化し，その都度さまざまに論じられて対策もされてきたが，いじめが原因とされる自殺事件はいっこうになくならず，まさにいじめは現代日本における社会病理現象だといえる。社会の問題現象を対象とする社会病理学は，現象を理論的に究明するとともに，解決すべき懸案事項に対して解決策を提示していくことを目的としている。その意味で学校のいじめ問題は，社会病理学の重要な研究対象といえるだろう。

　本章では，いじめ問題について，まずいじめをどのように定義すればよいのか考え，次いでいじめの統計について検討し，その後，児童生徒におけるいじめの発生が集団形成と密接に関係していることを論じる。そして，いじめを考える際の重要論点である，いじめを見て見ぬふりをする傍観者の問題と，ネットを通じて起こるいじめについて言及する。さらに子どもを取り巻くマクロ的要因について論究し，最後にいじめの予防・解決の方策を考える。

第1節 いじめの定義について

　現代日本の学校では，発生した事件ないしは問題事象がいじめによるものかどうかについて，文部科学省が定めたいじめの定義に合致しているかどうかで判断される。文部科学省は，2005年度まで「いじめ」を，「自分より弱い者に対して一方的に，身体的・心理的な攻撃を継続的に加え，相手が深刻な苦痛を感じているもの。なお，起こった場所は学校の内外を問わない」と定義していた。この文部科学省の定義は，いじめの実態を調査するためのものとされていたが，実際には学校で自殺や傷害事件などが発生した際にいじめを確定する基準となっており，継続性がないのでいじめには該当しないとか，弱い者に対して一方的に攻撃を加えた状態ではなかったのでいじめではないという理由で，発生した事件をいじめと認めない場合があった。学校側がいじめを放置したことの責任を回避するために，当該事件が定義に当てはまらないことを理由に，いじめであることを否定したわけである。

　このようなことを勘案して，2006年度から改められた定義では，最初に「本調査において個々の行為が『いじめ』に当たるか否かの判断は，表面的・形式的に行うことなく，いじめられた児童生徒の立場に立って行うものとする」と説明したうえで，「いじめ」とは，「当該児童生徒が，一定の人間関係のある者から，心理的・物理的な攻撃をうけたことにより，精神的な苦痛を感じているものとする。なお，起こった場所は学校の内外を問わない」とし，補足として以下の(注)がつけられている。(注1)「いじめられた児童生徒の立場に立って」とは，いじめられたとする児童生徒の気持ちを重視することである。(注2)「一定の人間関係のある者」とは，学校の内外を問わず，たとえば，同じ学校・学級や部活動の者，当該児童生徒が関わっている仲間や集団(グループ)など，当該児童生徒と何らかの人間関係のある者を指す。(注3)「攻撃」とは，「仲間はずれ」や「集団による無視」など直接的にかかわるものではないが，心理的な圧迫などで相手に苦痛を与えるものも含む。(注4)「物理的な攻撃」とは，身体的な攻撃のほか，金品をたかられたり，隠されたりすることなどを意味する。

(注5)けんかなどを除く。

　これらの(注)によって，定義本文の意図するところを詳しく説明しようとしている。しかしながら，いじめられたとする児童生徒の気持ちを重視することや，攻撃が心理的な圧迫などで相手に苦痛を与えるものを含むという，みただけで確定できない状況規定的な説明内容となっており，いじめとそうでない現象との区別に迷うこともある。また，(注5)はけんかなどを除くとしているが，この定義本文では，けんかである場合も該当するということを示しており，改めてこのように注を入れなければならないことからわかるように，新しいいじめの定義はけんかとの区別がつかない表現となっている。言外に「自分より弱い者に対して一方的に」ということが含まれていると理解しなければ，児童生徒の自殺事件が発生して，明らかにいじめであると推測される場合でも，「本件は定義によりけんかであると判断しましたのでいじめではありません」という言い逃れが学校関係者によってなされる可能性があるといえる。いじめという概念の内包的な要素には，「一方的な優劣関係のもとで行われる」ということが必要であり，2005年度の定義のように明記されるべきであろう。

　このように，いじめの定義は問題を含んだものといわざるを得ないが，厳密な定義を規定したとしても，それが現場では十分に理解されずに，いじめをとらえきれず責任回避の言い逃れに利用されるというジレンマを含んでいる。学校現場でのいじめ認定には学校側の責任問題が付着しているために，そのような事情を生じさせるのであるが，文部科学省の新しい定義を生かすという視点で考慮していくならば，現場でのいじめを含む児童生徒間のコンフリクト状況をとらえるものとして文部科学省のいじめ定義を解釈し，児童生徒間の人間関係の育成に生かしていくことが重要であろう。

第2節　いじめの統計と現実

　文部科学省によるいじめの調査は1985年以来毎年行われているが，いじめの認知件数の推移は，社会問題化することで調査の密度が濃くなったりいじめ

第 2 章　いじめ　　35

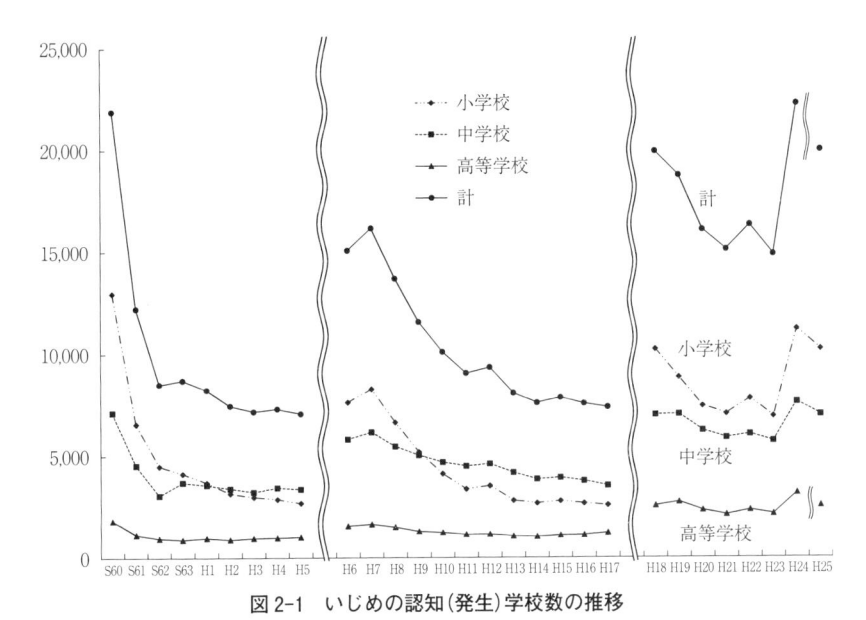

図 2-1　いじめの認知(発生)学校数の推移

出所）文部科学省　平成 25 年度「児童生徒の問題行動等生徒指導上の諸問題に関する調査」

の判断基準が変更されたりしたため，図 2-1 に示されるように，一気に急増してその後次第に減少するというパターンを繰り返している。ここには，いじめを報告する側の関心の強弱やいじめ定義の難しさが潜んでいる。

そのような要因を加味して実施した調査に，国立教育政策研究所の生徒指導・進路指導研究センターによる「いじめ追跡調査　2010-2012」がある。この調査は，記名式だが調査票の配布時にシール付きの封筒を配布して，回答後各自で速やかに封入できるように配慮することで，匿名性を維持しつつ個人を特定できるようにして，毎年同じ内容で実施されたものである。

この報告によると，典型的ないじめ行為である「仲間はずれ・無視・陰口」(小学校 4〜6 年)の発生率は，2004 年から 2012 年までの 9 年間の平均が，男子においては 45% で，各年は ± 7% の範囲で増減，女子においては平均が 51.5% で，各年は ± 9% の範囲で増減となっている。ある年に急増したり急減したり

することはなく，いじめは常に発生していることがわかる。同センターによれば，2006年秋のいじめの第3次社会問題化や2012年夏の第4次社会問題化の時期において，いじめの発生はとくに急変していないことが確認でき，いじめの社会問題化というのは，いじめ件数の増減とは関係なくいじめ自殺事案に対する学校や教育委員会の対応姿勢を問題視する世論によってもたらされるものであるとしている。

第3節　いじめと集団形成

　日々児童生徒が活動している学校には，教師が公的につくる学級集団があり，そのもとで児童生徒が気のあった者同士で自発的にやり取りをすることによってつくられる仲間集団がある。仲間集団は偶然的な出会いであり，たまたまその時その場で出会い，学校生活の経過とともに緊密な人間関係をつくっていく。そうしたなかで，もっとも力の弱い者を搾取する歪みとしてのいじめが生じることがある。一方で学級集団の圧倒的多数の者が，ごく少数の者を徹底的に排除攻撃する集団全体の歪みとしてのいじめが発生する場合がある。児童生徒の間で発生するいじめは，関係性の歪みによるものである。仲間集団と学級集団とでは発生するいじめの様相が異なってくるので，ここでは集団形成の視点から，仲間集団内のいじめと，学級集団全体のいじめに分けて考えてみよう。

(1)　**仲間集団内のいじめ**

　子どもは，小学校高学年頃より大人からの精神的自立に向けて，これまで依存してきた親から離れ，仲間集団をつくってさまざまな対面的相互作用を繰り返すことによって，社会性を身につけようとする。この時期の児童生徒は親や周囲の大人から距離を置いて行動する時期でもあるため，こうしたグループは大人の監視を逃れて秘密のグループとなる場合がある。仲良しグループとして楽しく活動する場合が多いだろうが，集団内ではメンバー間で力の差があるために，ボス，参謀，兵隊，ピエロ，使い走りといった序列化した役割に分かれ

ていくことがある。そのなかで，一番下の者に対して何かといやなことをさせたり暴力を振るったりする隷属的ないじめへと発展することがある。

1994年に大河内清輝君がいじめられて自殺したケースがその典型である。彼が書いた長文の遺書は，仲間集団内のいじめの様相を明確に示している。その一部を示す。

> あ，そーいえば，何で奴らのいいなりになったか？それは，川でのできごとがきっかけ。川につれていかれて，何をするかと思ったら，いきなり，顔をドボン。とても苦しいので，手をギュッとひねった。助けをあげたら，また，ドボン。こんなことが4回ぐらいあった。特にひどかったのが矢作川。深い所は水深五～六メートルぐらいありそう。図1みたいになっている。(図略)ここでAにつれていかれて，おぼれさせられて矢印の方向へ泳いで逃げたら，足をつかまれてまた，ドボン。しかも足がつかないから，とても恐怖をかんじた。それ以来，残念でしたが，いいなりになりました。あとちょっとひどいこととしては，授業中，てをあげるなとか　テストきかん中もあそんだとかそこらへんです。……
> どれだけ使い走りにさせられたかわかりますか。なんと，自転車で，しかも風の強い日に，上羽角から，エルエルまで，1時間でいってこいっていわれたときもありました。あの日はたしかじゅくがあったと思いました。あと，ちょくちょく夜でていったり，帰りがいつもより，おそいとき，そういう日はある二人のために，じゅくについていっているのです。そして，今では「パシリ一号」とか呼ばれています。あと，遠くへ遊びにいくとかいって，と中で僕が返ってきたってケースありませんでしたか，それはお金をもっととってこいっていわれたからです。あと，僕は，他にいじめられている人よりも不幸だと思います。それは，なぜかというと，まず，人数が4人でした。だから，一万円も四万円になってしまうのです。しかもその中の三人は，すぐ，なぐったりしてきます。

この事件は，恐喝や暴行など，いじめの手口が犯罪の領域に入っているいじめである。周囲の大人はいじめられているのではないかと気にかけていたが，仲間集団が大人の目を逃れて活動している時が多く，いじめの実態はこのような遺書によって初めてその悲惨さが事後的に明らかにされることとなる。

こうした学齢期仲間集団の特徴として，次のようなことがあげられる。
1) メンバーが学齢期という発達段階における一過程であること。

2) 集団の内部で結束が強く閉鎖的で濃密な関係となりやすいこと。
3) インフォーマル集団であるため集団を外部から管理・監督する者がいないこと。
4) 全体的視野にたって指揮できる内部リーダーができにくいこと。
5) メンバーにとって，仲間集団は生活圏全体のなかで大きな位置を占めるため，拘束度が非常に強いこと。
6) 忍耐力や他者への共感能力の不足など，メンバーの対人関係能力の未熟性。

このうち，1), 2), 3)項目はこの種の仲間集団が一般的に隷属的ないじめを生みやすい条件を示している。そして，4), 5), 6)項目は最近の子どもたちの仲間集団に顕著な特徴であると考えられる。

(2) 学級集団全体のいじめ

教室は児童生徒が日々学習して多くの時間を過ごす場であり，担任の教師の指導のもと，児童生徒がそれぞれの行動をするとともに，学級集団という大きなひとつの集合状態を作り出している。この集合状態について，いじめとの関わりで考えてみよう。

1. さまざまな態度や発話行為による集団内相互作用

新学期に組まれた学級集団においては，集団やメンバーについての情報はあまり共有されておらず，児童生徒は集団の「状況(situation)」に対して「定義づけ(definition)」を行い，個別的な内容を与えていかなければならない。状況の定義づけは，慣例的になされている常識的内容が適用されるが，それがうまく当てはまらない時は，自己の経験や知識を生かして新たに私的な定義がつくられることになる。

新学期より時間が経過するにつれて，メンバー間の全面的な対面的相互作用が頻繁になされるとともに相互の定義づけの相違を知り，私的な状況の定義づけは，多くのメンバーの間で共有された定義づけに変更されていく。そうした過程のなかで，その時々の状況を察知する能力に劣る者が状況を理解できなか

ったり，理解できてもうまくふるまえずに場違いなことをしでかしてしまう者が発生し，状況の視点からみたメンバー間の優劣性が生じる。集団内の対面的相互作用において，各メンバーがもっている「状況察知能力」や「状況適合能力」の差異は，集合的ないじめの発生に大きくかかわってくる。そうした能力を発揮することによって多くのメンバーに好印象をもたれることは，いじめられ役を回避するうまい戦略であり，逆にそれらの能力不足から状況にそわない場違いな行為をとることは，いじめの対象となりやすいであろう。

2. 集団内でのさまざまな役割形成

新しくつくられてお互いに未知の状態にある学級集団では，担任の教師により学校生活を円滑に進めるため保健委員や美化委員などの役割がメンバーに割り当てられ，当初はかなりぎこちない集団として活動していく。

この形式的に設定された役割の位置づけの変化と並行して，インフォーマルな役割とでもいうべきものが集団内の対面的相互作用を行う過程のなかで形成されていく。これは，自然発生的な場合と，フォーマルに規定された役割を補完する形で発生する場合とが考えられ，集団内の成員間関係をより密なものにしていく。時間の経過とともに，他者へのアピールを意図するパフォーマンス的行為を活発に行う者が集団全体を動かしていく場合があり，インフォーマルな役割ながら陰の黒幕として，気に入らない者を標的にしていじめを行っていく場合がある。

3. 集団内でつくられるルール

状況への定義づけがメンバー間で共有されることによって，集団が安定してくると，メンバーの行為様式を細部にわたって規定する圧力が発生し，集団規範としての「状況適合性ルール」が生じる。

こうした状況適合性ルールは，集団内の日々の相互作用の細部に関わっているので，その違反行為はメンバー間で敏感に判定され，なんらかの制裁的サンクションが他のメンバーによって実行されることとなる。その時なされる制裁は，集合的合意のもとに違反の程度に応じた量が科されるのだが，公然とは執行できず仲間外れや集合的暴力などの形をとるので，外部の人間がこの制裁行

為だけをみた場合には，大勢の者がごく少数の者をいじめていると判断することになる。

4. 集団内の集合的感情

集団内役割や状況適合性ルールが形成されて集団の状態が定着してくると，各メンバーはそれらを内面化して集団の一員としてふさわしいようにふるまおうという意識が働き，集団への同一化指向が生じてくる。

その際，児童生徒が多数集まって構成される学級集団では，その時流行している感覚的パフォーマンスや視覚的好感度が，常識や理屈よりも優先されて，遊びや対人関係の振るまいのなかに示される傾向がある。メンバーによるこの状況適合指向の内面状態は，自己の所属する集団を積極的に維持していこうとする防衛意識をメンバー間に発生させ，それを乱す者に対しては制裁や排除の意識が共通に発生して，集合的ないじめへと連なっていく。全体の空気，すなわち，集団から発生する集合的感情に適合しない者がいじめの対象となる。

いじめは，学級集団内で生じるインフォーマルな現象であり，集団がもつそれぞれの様態の特徴と関連して発生する。前述した仲間集団内のいじめが，次第に学級集団全体にまで及ぶこともあるだろう。その際，重要な役割を果たすのが，仲間集団の傍らにいていじめに気づいている人たちである。

(3) いじめを傍観することの問題

いじめの問題のなかで，いじめが自分の周辺で起こっていても見て見ぬふりをする，すなわち，いじめを傍観することがいじめを継続させる原因になっているといわれてきた。この傍観することについて考えてみよう。

傍観とは，「かたわらで見ること。そのことに関わらないで傍で見ていること」（広辞苑，第6版）であり，対象となっている現象をみてはいるが，何らかのはたらきかけをしないことである。現前する現象に対してそばでみているだけで関わらない場合，それがどのようなものかによって関わることが義務であったりなかったり，期待されたりされなかったりというように，事象に関与する行動の評価も異なってくる。したがって，関わることに価値が見出されない場合

も日常生活では多く存在し，その関与の仕方は時代とともに変化する。たとえば，「夫婦喧嘩は犬も食わぬ」というように，夫婦間のいさかいは関わる値打ちがないと長らく見なされてきた。しかし，最近はどちらか一方が深刻な苦痛を負わされている場合，「DV（ドメスティックバイオレンス）」問題として扱われるようになり，人権問題として周囲の者が介入するようになってきている。

　さまざまな場面のなかで関わる必要性がある場合に，関わることに危険を感じるとか，感情的に関わりたくないために，あたかもその場にふさわしいかのように装う「儀礼的無関心(civil inattention)」のような態度をとることもあるだろう。儀礼的無関心とは，相互行為の同じ場面に居合わす人たちが，互いに相手の存在に気づいていることを，相手を脅したり過度になれなれしい態度をとらずに相手に明示して，その場をやり過ごす対面的相互行為のことである(Goffman, E. 1963：84，邦訳 1980：94)。たとえば，一人の子どもが誰からも口をきいてもらえず悩んでいるにもかかわらず，そのことにまったく気づかないようなふりをして，何事もないかのような儀礼的無関心の態度は，傍観者行為によるものであり，ここで問題とすべき行動ということになるだろう。その意味で，社会生活を円滑に続けるうえで儀礼的無関心は必要であるが，時に傍観されてはならない事象があるということであり，その差はきわめて微妙である。

　現代のいじめ集団の構造を，森田洋司は「加害者」「被害者」「観衆」「傍観者」という4層からなると説明している(森田洋司，2010：134)。この4層のうち傍観者は，いじめの際，知らぬふりを装い，友人であっても救いの手を差しのべないため，いじめに荷担したつもりはなくとも，いじめという力の乱用に対する服従の構造を広げ，それが集団圧力となって「止めに入る子」をためらわせるという。その意味で傍観者も加害者ということになる。

　森田を代表研究者とする日本，イギリス，オランダ，ノルウェーの国際比較調査では，傍観者層は小学生時にはどの国でも徐々に増加しているのだが，中学生時にイギリスとオランダにおいては減少するのに対して，日本では増え続け，中学3年生で6割に達するという。この点に関して，森田は，いじめを止めたり仲裁したりするには，その場の雰囲気への同調志向や自己保身といった

意識を越える価値観を育成していくことが必要で，いじめ問題を個人化させず，学校社会にとっての問題として「公共化」させる力を子どもたちに育成し，自分たちの手で課題を解決するよう主体的に参画させていくことが必要であると述べている（森田，2010：141）。

(4) ネットいじめについて

インターネットやケータイが日常化したことによって問題化してきたネットいじめは，マスメディアのたび重なる報道によって一時大きく問題視されたが，大津市でのいじめ自殺事件などネットがあまり関連しない事件への注目により，関心が低下している。しかし，このことは，今後インターネットがかかわる事件が発生することによって再びネットいじめが大きな関心の的になることも意味しており，マスメディアの頻繁な取り上げにかかわらず，冷静にネットいじめをとらえて対応することが重要であろう。

ネットいじめには，荻山チキが指摘するように，「ネット上のいじめ」と「ネットを利用したいじめ」とが混同されており，区別することが必要である（荻山，2008：134-143）。ネット上のいじめはインターネットというネットワークを通すため，教室でのいじめのようにその場の現実的な力関係がかかわらないので，不特定多数の者がおもしろ半分にどんどん誹謗中傷を書き込んだり，炎上させたりする事態を指している。実際の人間関係のないネット上のみのいじめであれば，ネットワークから離れたりメールを着信拒否したりして逃れることが可能である。

しかし，日頃の人間関係を持ち込んだ「ネットを利用したいじめ」の場合，いじめの手段としてネットを利用しているだけで，現実生活における人間関係のトラブルとしてのいじめ問題に対応することが必要となる。これまでのいじめ自殺事件は，学校での人間関係のもつれからネット上へ誹謗中傷などを書き込む「ネットを利用したいじめ」がほとんどであった。2007年に神戸市で高校3年生の男子生徒がいじめを苦に自殺した事件では，学校裏サイトに裸の写真を載せられたり中傷行為をされていたことが報道されているが，それととも

に金銭の要求や使い走りをさせられていたことが事実認定されており、いじめの手段としてネットが利用されていたのである。

ネットを使用した子ども間のコミュニケーションは変化しており、ネットいじめも変化する。最近、スマートフォンの無料通話アプリ「LINE」を使う子どもが増え、LINEのコミュニケーション内で既読無視したためにいじめに発展するなど、コミュニケーション形態の変化とともにいじめの発生状態も変化しており、使用されるコミュニケーション形態の特徴を絶えず把握し、秘密裏に行われるコミュニケーションによる心理的いじめに対処していく必要がある。

このように、ネットいじめには、日頃人間関係のないネット上のトラブルと、日常生活で人間関係にあるいじめがネットに入り込んだものとがあり、前者はインターネット固有の問題であり、後者がここで検討を要するいじめ問題であるといえよう。

第4節　子どもを取り巻く大人の意識や社会の状況

(1) 児童生徒を取り巻く大人の意識

いじめの発生に影響を与える要因のうち、児童生徒を取り巻く大人の意識や態度はもっとも大きな影響を与える要因とみなすことができよう。なぜなら、家庭であれ学校であれ子どもの基本的な行動様式を規定しているのは、子どもを取り巻く大人のしつけや指導によるからである。いじめをたいしたことがないこととして放任すれば、いじめ加害側は責任を問われないためにますます加害行為がエスカレートしていくこととなる。実際、大津市で発生したいじめ自殺事件では、周囲の生徒がいじめだと訴えていたにもかかわらず、関係する教員は十分な対応ができていなかったことが第三者委員会の報告によって指摘されている。

こうした大人の態度の基底にある意識構造が、いじめがなくならない原因となっている場合がある。そのひとつが、いじめられる側にも責任があるととらえる考え方である。これは、そこで起こった問題状況の善し悪しでなく、対人

関係や集団への適応の次元からとらえて判断するためである。

　善悪のけじめをしっかりつけるという勧善懲悪型の思考は，欧米，とくにアメリカに強くみられる考え方であろう。ある国をならず者国家とかテロ支援国家と断定して，悪者だと決めつけるのがその例である。いじめに対する判断もそれと同じで，いじめは犯罪と同じく，加害者による一方的に悪い行為であるとみなす考え方である。しかし，日本ではそのようなとらえ方ではなく，タテマエ的にはいじめはいじめる側が悪いのであるが，実際のところではそれぞれの言い分を考慮してそのなかで判断する。したがって，対立する者どちら側にも応分の落ち度があり，いじめの場合，いじめる側だけが一方的に悪いのではなく，いじめられる側にもなにがしかの原因があるとみなすとらえ方がなされることが多い。もめ事の悪さはいじめる側が強いとしても，いじめられる側にも少しはあるのだから，仲良く握手してお互いの非を認め合えば解消できるだろうと，大勢の前でいじめっ子といじめられっ子が握手してそれで解決というような処置を教師がとったりするのは，そのような対人関係における相対的視点が入っているからだと考えられる。

　こうした対面的状況における対人関係の相対化視点が，いじめを悪と断定しないでいじめられる側にも責任があるととらえてしまうのである。浜口惠俊は日本人の対人関係観のひとつとして，対人関係の本質視をあげ，対人関係それ自体が値打ちをもつものとして重視されることをあげており（浜口，1977：79-80），そのような対人関係重視が関係の相対化視点を重視するあまり，一方に非があるとされずにどちらにも責任があるという発想になっていくのである。

　このような「いじめ被害者への有責性意識」が，子どもを取り巻く大人の意識・態度にあらわれるとすれば，子どもへの影響も大きいであろう。その影響として，いじめをしてはいけないということがタテマエ化して，いじめを内面から抑止する意識がはたらかなくなることがあげられる。大人の言動のふしぶしから，いじめは悪いという意識が弱まったり，いじめは悪いがそれはオモテ向きであってウラの部分もあるのだという意識ができてしまい，いじめはあんまり悪くないのだ，あるいは悪いけれども少しくらいならやってもかまわない

のだという，いじめを内面で抑止する意識がなくなってしまうことがあげられる。こうなると，いくら教師がいじめの悪さを訴えても児童生徒は本心で受け取ろうとはしないであろう。

次に，いじめを正当化する理由づけとなることが考えられる。大人がいじめられる側にも責任があると考えていることを敏感に察知すれば，被害側が悪いのだということを過大にとらえて，いじめを正当化してしまうであろう。

大人がいじめをしっかり制止することができずに，いじめが起こって長期に継続することが日常的な状態になれば，児童生徒は，いじめられる隙や弱みをつくってしまっているいじめられる側こそ問題だと思うようになり，いじめを見て見ぬふりをするばかりか，自分にいじめられっ子役が回ってくるのを避けるために，いじめに加わったりするであろう。

以上のように，大人がもついじめ被害側への有責性意識は，子ども間でいじめが発生するのを抑止できないように作用するため，いじめを解消する足かせとなっている。

(2) 私事化といじめ

ベック(Beck, U.)によると，現代社会において個々人は伝統的な結びつきや扶助関係から解き放たれるが，それと交換に，個々人は流行や社会関係や景気や市場にもてあそばれる存在になっているという(ベック，1986，邦訳1998：252-260)。ベックは，このことを伝統からの解放，伝統がもっていた確実性の喪失，再統合からなる「個人化」としてとらえている。個人化の視点は，伝統がもっていた確実性が失われ，再統合時にリスクを負ったものにならざるを得ないことを強調するものであり，現代社会を生きる者には誰もが多かれ少なかれ該当する。いじめの問題を考える場合，この個人化の視点よりも，いじめがインフォーマルな現象で個人の孤立化と関わる点を強調する「私事化」の視点の方が分析概念として適している。

ここでいう私事化とは，これまでの伝統的な通念や共同体的慣習などから解放され，より自由に個人個人の欲求や意志を表出する傾向のことをいう。それ

は，生活意識のプライベート化と，生活形態や生活スタイルの個別化のことをさす。これらは社会意識面での一潮流として，また生活形態の一面として，今日のわれわれの生活を特徴づけている。

　この私事化の傾向が日本の社会で生じている原因には，① 経済的発展と大衆消費社会による物的充足化，② 公的なものに対する反発としての私生活防衛指向，③ 住環境における私生活の不干渉モラルの強化，④ 企業による私生活の取り込みへの抵抗からのマイホーム主義，⑤ プライバシー意識の高まりがあると考えられ，私事化の傾向は現在も進んでいる。

　私事化がいじめに与える影響を考えてみると，次のような点があげられる。

　1）　自制心や忍耐力の欠如による加害意識の多発。いじめ行為のもととなる他者への加害意識が生じると，私事化の強まりによって個人の欲求や感情を表出する機会が増えるために，ストレートに対象者にぶつけていくという傾向が強くなる。

　2）　いじめを見て見ぬふりをするなど他者に関わらない傍観的態度をとること。一人ひとりが思い思いの関心に没頭しているので，相互性の意識が発生せず，いじめに対して積極的に関与していこうという気持ちが生じない。また，自分がいじめられないために関わらない方が得策であるという傍観者意識も，私事化傾向によって強められる。

　3）　即時的欲求重視の集合感情がいじめを許容する空間を生みやすくする。今いる場面が楽しければいいという思いがメンバー間で強くなれば，それを乱している者に対して集合的加害意識が起こり，そうした雰囲気が集団全体に蔓延することによっていじめが発生する。

　このように，私事化の強まりはいじめの加害者・傍観者や教室空間に対して，いじめを増幅する方向へ影響する。

第5節　いじめの予防・解決に向けて

　学校でのいじめ問題の予防・解決については，これまでさまざまに論じられ

てきたにもかかわらず問題が発生していることから，また上述したように生活意識や生活形態の変化により，いじめを発生させやすい社会的背景が構造的に形成されていることからも，あらゆる視点から対策を講ずることが必要である。そこで，個人レベル，対人・小集団レベル，学級集団レベル，地域レベル，国（全体社会）レベルに分けて主なものをあげてみよう。

　個人レベルの視点では，個人の身体的要因が問題となる。いじめの加害被害を ADHD（注意欠陥・多動性障害）やアスペルガー症候群など個人の身体的要因であると判断して，薬物投与などの医療的支援によるケースが増えている。このことが効果的である場合もあるが，医療行為のみに頼るのは学校現場における対人スキル指導などを欠く恐れがある。ギデンズ（Gidens, A.）は，ADHD の児童に対してリタリンという薬剤を服用させると，問題行動をおこしていた児童が「天使のような子ども」になることを紹介しつつ，単に薬剤に頼るだけでなく，問題行動の社会的原因にも注目することが必要であると指摘している（Gidens, A. 邦訳 2009：286）。

　対人・小集団レベルは，まさにいじめそのものに対応していくレベルである。大河内清輝君事件や「葬式ごっこ」で注目された鹿川裕史君事件のように，自殺を引き起こすいじめのケースには仲間集団内でのやりとりが重要な要因となっているため，子ども集団の動きを見守ることのできる大人が必要である。スクールカウンセラーやソーシャルワーカーが学校に配置されており，いじめの早期発見やいじめられている子への支援が期待できる。

　学級集団レベルでは，集団全体にいじめを予防・解決する取り組みを行う。2006 年の筑前町でのいじめ自殺事件にみられるように，教師の対応の悪さがいじめをひどくする場合があり，いじめ実態の理解と対応の仕方を教師に対する研修会などを通じて習得することが有効であろう。教師がクラスのメンバーにワークショップをして，人間関係を育てていくことも有効である。「グループエンカウンター」とよばれる集団プログラムは，ゲームや議論をしながら自分への気づき，自己肯定，自己開示，他者への寛容などを学ばせ，相互に認め合える良好な人間関係を教室内につくることにより，多様な対人ネットワーク

ができ，いじめが入り込めない集合状態を作り出すことができる。また，いじめを防止するためのプログラムは各地で開発され実施されている。たとえば，NPO「熊本子どもの人権テーブル」は「いじめ防止プログラム」を開発して小中学校でワークショップを実施し，集合的いじめの緊張感を実感させて，いじめ予防の意識を育てる活動を行っている(砂川, 2008：9-112)。

地域レベルでは，地域単位での自治的活動が消滅したといわれることが多いが，さまざまな形で残っていたり新しく形成されたりしている。直接的ないじめ撲滅運動ではないが，鹿児島市における校区公民館制度は，地域で子どもを育てるという視点のもとに，大人と子どもがいっしょに球技会やハイキングなどのイベントを行ったり，夜徘徊する少年たちへ声かけする活動を実施しており，少年非行を低下させようとする試みは，いじめ問題にも効果的であろう。

国(全体社会)レベルでは，2013年にいじめ防止対策推進法が国会で成立し公布された。これまでいじめに特化した法律はなく，学校におけるいじめ問題を改善するうえで一歩前進である。この法律には，地方公共団体にいじめ問題対策連絡協議会を設置すること，道徳教育の充実，いじめ早期発見のための調査の実施，ネットいじめの際の情報の削除や発信者情報の開示について法務省などが協力すること，警察との連携，いじめを行った児童などへの出席停止の措置などが盛り込まれている。

以上の他にも，それぞれのレベルでいじめへの対応が可能であろう。何よりいじめに対する関心を失わないことが大切で，恒常的にいじめの予防・解決にあたることが重要である。

引用・参考文献
Beck, U. (1986) *Risikogesellschaft: Auf dem Weg in andere Moderne*, Suhrkamp Verlag. (東廉・伊藤美登利訳, 1998『危険社会 新しい近代への道』法政大学出版局)
浜口恵俊(1977)『「日本らしさ」の再発見』日本経済新聞社
Gidens, A. (2006) *Sociology FiFth edition*, Polity Press. (松尾精文他訳, 2009『社会学 第5版』而立書房)
Goffman, E. (1963) *Behavior in Public Places: Notes on Social Organization of Gatherings*, Free Press. (丸木恵祐・本名信行訳, 1980『集まりの構造 新しい日常行動論を求めて』

誠信書房）
森田洋司(2010)『いじめとは何か』中央公論新社
荻山チキ(2008)『ネットいじめ　ウェブ社会と終わりなき「キャラ戦争」』PHP研究所
砂川真澄編著(2008)『いじめの連鎖を断つ―あなたもできる「いじめ防止プログラム」』冨山房インターナショナル

お薦め文献

Goffman, E.（1963）*Behavior in Public Places: Notes on Social Organization of Gatherings*, Free Press.（丸木恵祐・本名信行訳，1980『集まりの構造　新しい日常行動論を求めて』誠信書房）
Hirschi, T.（1969）*Causes of Delinquency*, University of California Press.（森田洋司・清水新二監訳，1995『非行の原因　家庭・学校・社会のつながりを求めて』文化書房博文社）
森田洋司(2010)『いじめとは何か』中央公論新社
森田洋司・清永賢二(1994)『いじめ　教室の病い　新訂版』金子書房

第3章

少年非行

> **Keyword**
>
> 暗数　　　　　　リスクファクター
> 「非行の一般化」論　非行の偏在性

はじめに

　かつて映画館では，ニュース映画とよばれる短い映像がよく上映されていた。その代表的な制作会社である日本映画新社が，朝日新聞社との連携のもとで制作した「朝日ニュース」シリーズのなかに，「ふえる少年犯罪」という標題が付けられた2分間の映像がある。1955年9月につくられたこのモノクロのニュース映画は，おどろおどろしいBGMとともに，少年院からの集団脱走事件，少年による殺人事件などを紹介し，「凶悪な少年犯罪が日増しに増えています」と視聴者に訴えかけている。

　「少年犯罪が増えている」「非行が凶悪化している」などの言説は，今も昔も絶えることがない。結論を先取りすれば，この種の言説の多くは，少なくとも今日の状況の説明としては不正確である。しかし，不正確な言説を事実であると信じている人は少なくない。たとえば，少年非行の凶悪化についていえば，5年前と比べて「少年による重大な事件が増えていると思うか，減っていると思うか」という世論調査の質問に，78.6％もの人が増えている（「かなり増えて

いる」42.3％＋「ある程度増えている」36.3％）と回答している（内閣府大臣官房政府広報室，2015）。

　そこで本章では，できる限り確かな証拠に基づいて，今日の少年非行について論じてみたい。まず第1節では，少年非行の定義について触れる。少年非行をどのように捉えるかということ自体が，ひとつのイシューであることが述べられる。第2節では，非行に関する主要な説明理論を概観する。緊張理論，学習理論，コントロール理論，ラベリング論という4つの大きな潮流を軸に整理してみたい。第3節では，公式統計でみる日本の少年非行の推移と現状をおさえる。公式統計を読み解く際の留意点についても触れる。第4節では，少年非行を，生育環境において彼らが経験する困難との関連で考えてみる。キーワードはリスクファクターである。最後に第5節では，以上の言及をふまえて，非行を貧しい関係性の累積した結果生じるものであると捉え直したうえで，私たちが少年非行に対して取り得る実践的・政策的な選択肢について検討してみたい。

第1節　少年非行とは何か

(1) 「少年非行」概念のあいまいさ

　少年非行という概念は，一定のあいまいさを含んでいる。狭い意味では，少年によってなされる刑罰法令（刑法や軽犯罪法などの法令）に反する行為ということになるが，「少年犯罪」とは違い，「少年非行」はこれよりも広い意味で用いられることが多い。たとえば，中学生が正当な理由がないにもかかわらず，学校をさぼって街中のゲームセンターにいれば，これを非行とみなす人もいるだろう。

　少年法の規定する「非行少年」の定義を参照することで，非行概念の輪郭を多少明確にすることができるかもしれない。この法律は，未成年者の刑事司法における取り扱い方を定めた法律であるが，第3条で非行少年に3つのタイプがあると定めている。

第1は「犯罪少年」であり，14歳以上20歳未満で刑罰法令が定める罪を犯した者のことである。第2は「触法少年」であり，14歳未満で刑罰法令に抵触する行為を行った者を指す。日本の刑法では，犯罪に対して刑事責任を問うことができるのは14歳以上と規定されているため，14歳を境にして，このような明確な区分がある。触法少年は児童福祉法上の措置が優先される。

　第3は「虞犯少年」で，その意味は罪を犯す恐れのある少年である。成人の場合は，いまにも犯罪に走ってしまいそうな言動を繰り返したとしても，そのことをもって法的な介入をうけることはない。これに対して未成年者の場合は，「保護者の正当な監督に服しない性癖」や「自己又は他人の徳性を害する行為をする性癖」があるなどの理由により，「将来，罪を犯し，又は刑罰法令に触れる行為をする虞のある少年」も，「非行少年」となるのである（少年法第3条1項3号）。近年の統計では，毎年1,000人前後の少年が虞犯少年として警察に補導され（警察庁生活安全局少年課，2015），100人を超す少年が少年院などの施設に送致されている（法務省大臣官房司法法制部司法法制課，2015）。少年の健全育成と保護という理念のもとに，少年法は，成人にはなしえない強制的・予防的介入の権限を，国家に許しているといえるだろう。

(2)　**不良行為少年と街頭補導**

　ところで，警察は少年法に定める非行少年には含まれない子どもたちも，街頭補導の対象としている。少年警察活動規則（国家公安委員会規則）によれば，街頭補導とは，公共の場所や少年非行が行われやすい場所などで，補導対象の少年を発見して，事件の捜査のほか，注意，助言，指導などを行う活動のことである。同規則には，街頭補導の対象として，少年法で規定する非行少年のほか，「不良行為少年」が明記されており，不良行為の定義は，2008年の警察庁生活安全局長通達（丙少発第33号）で記されている（表3-1）。公的機関の捕捉しうる最広義の少年非行には，ここに示された類型にあてはまるすべての行為が含まれているということになる。

　統計によれば，2014年の1年間に不良行為により警察に補導されたのは，

表 3-1 警察庁の定義する不良行為の種別及び態様

以下の行為であって,犯罪の構成要件又はぐ犯要件(少年法第3条第1項第3号に規定されたぐ犯事由及びぐ犯性をいう。)に該当しないものの,そのまま放置すれば,非行その他健全育成上の支障が生じるおそれのあるもの。

種　別	態　様
1 飲酒	酒類を飲用し,又はその目的で所持する行為
2 喫煙	喫煙し,又はその目的でたばこ若しくは喫煙具を所持する行為
3 薬物乱用	心身に有害な影響を及ぼすおそれのある薬物等を乱用し,又はその目的でこれらのものを所持する行為
4 粗暴行為	放置すれば暴行,脅迫,器物損壊等に発展するおそれのある粗暴な行為
5 刃物等所持	正当な理由がなく,刃物,木刀,鉄棒,その他,人の身体に危害を及ぼすおそれのあるものを所持する行為
6 金品不正要求	正当な理由がなく,他人に対し不本意な金品の交付,貸与等を要求する行為
7 金品持ち出し	保護者等の金品を無断で持ち出す行為
8 性的いたずら	性的いたずらをし,その他性的な不安を生じさせる行為
9 暴走行為	自動車等の運転に関し,交通の危険を生じさせ,若しくは他人に迷惑を及ぼすおそれのある行為又はこのような行為をする者と行動をともにする行為
10 家出	正当な理由がなく,生活の本拠を離れ,帰宅しない行為
11 無断外泊	正当な理由がなく,保護者に無断で外泊する行為
12 深夜はいかい	正当な理由がなく,深夜にはいかいし又はたむろする行為
13 怠学	正当な理由がなく,学校を休み,又は早退等をする行為
14 不健全性的行為	少年の健全育成上支障のある性的行為
15 不良交友	犯罪性のある人その他少年の健全育成上支障のある人と交際する行為
16 不健全娯楽	少年の健全育成上支障のある娯楽に興じる行為
17 その他	上記の行為以外の非行その他健全育成上の支障が生じるおそれのある行為で,警視総監又は道府県警察本部長が指定するもの

出所)2008年警察庁生活安全局長の通達「『不良行為少年の補導について』の制定について」

73万人余りであり,14～19歳人口1,000人あたりでみると102人であった。比較的多数の少年が広い意味での非行少年と認定されているといえよう。態様による内訳をみると,もっとも多いのは深夜徘徊で約43万人,ついで喫煙が約22万6,000人であり,両者で全体の約9割を占めている(警察庁生活安全局少年課,2015)。

　補導歴の有無や回数は,少年がその後,罪を犯して少年法上の非行少年とな

った場合，警察や家庭裁判所の判断に一定の影響を与える。その意味で，不良行為少年の認定において適正な手続きがなされているかどうかは，重要な論点である（葛野，1989）。また，不良行為少年という概念に法律上の根拠がないことをめぐって，警察による補導活動が不当に拡大しているとの批判があることにも，留意が必要である（日本弁護士連合会，2005）。少年非行という概念が一定のあいまいさを含んでいるということは，換言すれば，非行であるか否かをめぐるポリティクスが存在するということにほかならない。その意味では，「少年非行とは何か」ということ自体が，重要な社会学的考察のテーマであるといえる。

(3) ステイタス・オフェンスをめぐる問題

ところで，飲酒・喫煙・家出・深夜徘徊などの行為は，ステイタス・オフェンスとよばれる。ある地位（ステイタス）にある者（ここでは未成年者）が行った時に限って，サンクション（たとえば警察による補導）が加えられる行為という意味である。少年非行を研究対象とする場合，ステイタス・オフェンスをどのように扱うかは重要な問題となる。この概念は，少年を何らかの害から保護するという目的があって，はじめて存立するわけであるが，害が生じているのかどうかを客観的に判断することは容易でなく，加えて，その判断は時代によって大きく変化する（矢島，1996）。

少年非行に関する質問紙法を用いた研究においては，しばしば複数の質問項目から成る尺度で，自己申告非行の程度が測定される。その際，ステイタス・オフェンスを含めるのか含めないのか，含めるとすればどのような項目を含めるのかが，内容的妥当性が高い尺度を作成するうえで重要な争点となる。この点は，分析上のテクニカルな問題にとどまらず，先述した「少年非行とは何か」という根源的な問いにもつながる論点といえよう。

第2節 非行に関する主要な説明理論

　本節では，少年非行の要因や発生過程を説明する主な理論を概観する。犯罪・非行に関する研究は社会学，心理学，精神医学，生物学など多様な学問領域でなされている。国際的に，これらの各領域は犯罪学(criminology)の下位領域であると理解されており，犯罪・非行を社会(学)的要因と結びつける議論は，犯罪学の中核に位置づけられている。

　なお，犯罪の説明理論と非行の説明理論との区分は，伝統的に明確にはなされてこなかった。その理由は，少年非行の延長線上に成人犯罪を位置づける，今日からいえば素朴な見方が支配的だったからであると思われる。実際には，成人の犯罪に比べて少年の非行の方が，社会のなかでみえやすく社会問題化しやすい，成人の犯罪者に比べて非行少年への介入の方が社会的な正当性を主張しやすく，後者が研究対象として選択されやすいなどの事情により，主な対象は少年非行でありながら，犯罪一般の説明理論の構築を志向する研究は少なくなかったと考えられる。

(1) シカゴ学派の非行研究

　実証的な非行研究が花開いたのは，シカゴ学派の社会学が隆盛をきわめた19世紀末から20世紀初頭にかけての時期である。アメリカの大都市シカゴをフィールドにして，シカゴ学派と総称される社会学者たちはさまざまな研究に取り組んだが，犯罪・非行研究はその重要な一角を占めていた。

　とりわけ特筆すべきは，ショウ(Shaw, C. R.)とマッケイ(McKay, H. D.)による業績である(Shaw and McKay, 1942)。彼らは，公式統計で把握されている非行の発生地点のデータを子細に検討し，居住者の民族構成が大幅に変わった場合でも，同じ地域で犯罪や非行が多発し続けていることを明らかにした。そして，参与観察に基づいて，当該地域に非行文化の伝承があることを見出したのである。この研究は理論的には，後述する学習理論の枠組みによる説明の源流に位置づけられる。

非行の説明理論の文脈においては，社会解体という概念を生み出したこともシカゴ学派の特筆すべき功績である。この概念はおおむね，社会構造上の問題によりコミュニティのメンバーを律する規範が弱まっていく過程，そして，その結果生じた状態のことを指す。社会解体が進むと反社会的な態度が人びとのなかに広がり，そこに犯罪や非行が発生する――。このような考え方は社会解体論とよばれている。

(2) 緊張理論
　緊張理論は，何らかの緊張状態が犯罪・非行へとつながると考える理論群の総称である。ここでの緊張とは，何らかの要因によって強いられた抑圧的状態のことである。緊張理論にはさまざまなバリエーションがあるが，そのなかでもっともよく知られているのが，マートン(Merton, R. K.)が唱えたアノミー論(Merton, 1957)である。マートンは，アノミーを文化的目標と制度化された手段とのバランスが崩れた緊張状態と捉える。文化的目標とは社会において誰もが目指す目標であり，制度化された手段とは文化的目標を達成するために用いられる社会的に是認された手段である。
　アノミー論は，1930年代後半のアメリカ社会を念頭に置いて唱えられた(初出論文は1938年に発表されている)。アメリカにおいて文化的目標とは富の獲得であり，その目標に対応した制度化された手段とは勤勉や教育である。しかし，安定した仕事に就くことも良い教育をうけることも，下流階層には困難である。ここで，文化的目標と制度化された手段のアンバランス，すなわちアノミーが発生する。アノミーは下流階層に集中的に生じるが，彼らは非合法的な手段を用いて文化的目標を達成しようとするだろう。このようにしてアノミーはとりわけ下流階層の人びとを犯罪へと駆り立てる――。以上がアノミー論の骨子である。

(3) 学習理論
　一方，学習理論は，通常の意味での学習と同じプロセスをたどって犯罪・非

行行動が学習されると考える理論群の総称である。サザランド(Sutherland, E. H.)らが1940年代後半に完成させた分化的接触理論(Sutherland and Cressey, 1960)がもっとも有名である。この理論は，法違反を承認する価値観や行動様式への接触のしかたが個人によって異なっていること(分化的接触)が，犯罪・非行に走るか否かを決めるとする理論である。

　サザランドによれば，犯罪行動の学習は親密な私的集団のなかで行われ，学習されるのは犯罪遂行の技術や犯罪の動機などである。ここで，動機が学習されるというのはきわめて社会学的な発想であり，ミルズの「動機の語彙」論にも通じる考え方である。

　サザランドの議論で重要なのは，犯罪行動を一般的な欲求によって説明することはできないとした点である。たとえば，金銭への欲求で窃盗を説明することは不適当である。金銭欲求は勤勉な労働にもつながるからである。問題は一般的な欲求ではなく，犯罪行動を学習するプロセスであるとサザランドは主張し，そのプロセスにおいて，犯罪行動を行うことが望ましいとする考え方が，犯罪行動を望ましくないとする考え方を上回った時，人は犯罪者となると考えたのである。

　サザランドの議論をうけて，コーエン(Cohen, A. K.)が唱えたのが非行サブカルチャー論(Cohen, 1955)であり，これも学習理論を構成する代表的な考え方である。非行サブカルチャーとは，非行少年がもっている独特の価値観や行動様式のことであり，彼が注目したのは出身階層の規範や価値観である。中流階層は，勤勉，非暴力，計画性などの規範を重んじるが，下流階層の人びとは，これとは逆の規範や価値観を重視することが多い。中流階層の価値で満たされた学校への適応は，下流階層出身の少年にとって難題となる。学校で落ちこぼれ，将来の社会的成功が望めないことを悟って緊張状態を強いられると，彼らの一部は，その緊張状態を解消するため，中流階層の規範を否定し，中流階層が支配する社会に敵対的に向きあう。そのような境遇の少年たちは自然発生的に集団を形成し，独自の非行サブカルチャーを形成して非行へと向かうことになる——。以上が非行サブカルチャー論の概要である。なお，この理論はマー

トンのアノミー論の流れもうけているため，緊張理論のバリエーションとして位置づけることも可能である。

(4) コントロール理論

　コントロール理論は非行を抑制する要因に着目し，これらの要因の不足で非行の惹起を説明しようとする理論群の総称である。代表的論者はハーシ(Hirschi, T.)である。ハーシは，少年のもっている社会的ボンド(絆)が多いほど非行が抑制されるとするボンド理論を1969年に発表した(Hirschi, 1969)。

　社会的ボンドには4種類ある。第1に愛着は，両親などの重要な他者に対して抱く親愛の情のことである。非行によって身近な人を悲しませたくないという思いが非行を抑制するとハーシは考えた。第2の投資は，非行に走らなければ維持できる利益のことである。順調に学校生活を続けている少年は，非行をすれば将来を台無しにしてしまうから，非行には走らないという考え方である。第3は巻き込みである。ハーシは，日々の生活が仕事・学業などを中心にまわっていれば，彼らは非行に走りにくいと考えた。第4は信念である。たとえば「法に背くことは悪である」という規範を強く内面化できていれば，非行は抑止されるという考え方である。

　ボンド理論は，少年への質問紙調査に基づく実証研究によって，その妥当性が確かめられたこともあって，その後の非行研究に大きなインパクトを与えた。

(5) ラベリング論

　ラベリング論は逸脱者へのラベリング(レッテル貼り)がさらなる逸脱を生み出すとする考え方であり，1963年にベッカー(Becker, H. S.)が提起した議論がもっとも有名である(Becker, 1963)。はじめは軽微な非行をしたにすぎない少年であっても，周囲から社会的反作用(たとえば非難や処罰)をうけ続けることで，本人のなかに非行少年としてのアイデンティティが確立し，元の生活に戻る道が絶たれ，やがて本格的な犯罪者になっていく――。これがラベリング論に基づく非行の増幅のメカニズムである。

ラベリング論は，社会統制機関を含むラベリングを行う側の振る舞いを問題にした。また，同じ行為であっても，その担い手が違えば周囲からのラベリングの有無や程度が変わることにも着目した。規則違反の適用と制裁の発動は，不公平に行われているというわけである(セレクティブ・サンクション)。

これらの主張の妥当性については，必ずしも一貫した結果が得られているわけではない。しかし，ラベリング論の主張が世に出て50年以上が経過した今日，社会的反作用を無視して犯罪・非行について考えるとすれば，それはあまりに一面的であるとの批判を免れないであろう。

第3節 公式統計でみる少年非行の推移と現状

(1) 認知件数と暗数

少年非行に関する公式統計には，警察統計，司法統計，矯正統計などがあるが，本節では警察統計に基づいて少年非行の推移と現状についてみてみよう。

その前に，公式統計を利用するうえでの留意点に触れておく。警察などの捜査機関が犯罪を認知した件数(認知件数)は，犯罪発生件数を示すものではないという点である。発生したのに捜査機関に認知されない，すなわち，統計には計上されない犯罪は暗数とよばれる。たとえば，被害者が警察に届け出なかったり，警察が何らかの理由で余罪の追及をゆるめたりすれば，暗数が発生する。

暗数を考慮に入れると，実態が仮に変化しなくても，警察に届け出る人が増えたり，警察が取締り方針を厳しくしたりするだけで，認知件数や検挙件数は増えることになる。ここで重要なのは，暗数が発生しやすい場合としにくい場合があることである。たとえば，万引きなどの比較的軽微な非行と，人を傷つけるような非行を比べると，圧倒的に前者の暗数が多い。よって，相対的に軽微な非行の方が，公式統計に計上される数が実態以外の理由により変化しやすいということになる。

(2) 少年非行の内訳

これらの留意点をふまえたうえで、今日の少年非行を概観してみよう。図3-1は、2014年の1年間に警察に刑法犯で検挙された犯罪少年の数(検挙人員)の、非行の種類別の内訳である(なお本章において、刑法犯に交通事故に伴う過失致死傷は含まない)。

もっとも多かったのは万引きで13,735人、以下、占有離脱物横領が7,602人、自転車盗が5,447人と続く。占有離脱物横領のほとんどは放置自転車の乗り逃げである。これら3種の非行にオートバイ盗(検挙人員は3,253人)を加えた4種の非行(警察庁は初発型非行とよんでいる)をまとめると、刑法犯少年全体の62.1%を占める。

少年非行が社会的に注目を集めるのは、殺人などの結果が重大な事案であろう。警察庁は、殺人・強盗・強姦・放火をまとめて凶悪犯と分類している。2014年に凶悪犯で検挙された少年は703人で、全体に占める割合は1.5%であった。このうち殺人は50人で、全体の0.1%である(なお、この数字には未遂も

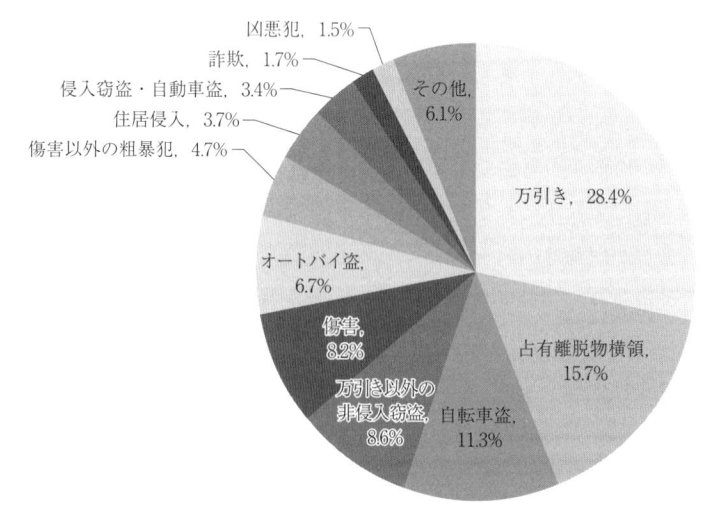

図3-1 2014年の少年刑法犯の非行の種類 (n = 48,361)

出所)警察庁生活安全局少年課(2015)より筆者作成

含まれており，殺人は一般に既遂よりも未遂が多い)。また，警察が粗暴犯と分類する傷害・恐喝など5種類の非行の検挙人員は6,243人で，全体に占める割合は12.9%である。

　以上をまとめると，比較的軽微な非行が過半数を大きく超える割合を占めているのに対して，注目を集めることの多い殺人などの重篤なケースは全体のなかではごく少数にすぎない。マスメディアはショッキングな事件ばかりに目を向けた報道をしがちである。私たちはそのような報道に引きずられて，特異な事例から「最近の少年非行は○○である」と過度の一般化をしてしまわないよう留意する必要がある。

(3) 少年非行の長期的推移

　図3-2のグラフのうち，■でプロットされた値は，刑法犯で検挙された犯罪少年の人数(人口1,000人あたり)の長期的な推移を示したものである。第二次世界大戦後の日本の少年非行には3つの波があるといわれてきた。1951年をピークとする第1の波，1964年をピークとする第2の波，1983年をピークとする第3の波である。グラフからもこれらを読み取ることができるだろう。

　これまで，第1の波は戦後の社会的な混乱を，第2の波は経済の高度成長を，第3の波は1970年代後半以降の豊かな社会を，それぞれ背景とする動きであると理解される向きもあった。しかし，このような説明が妥当かどうかは十分吟味せねばならない。

　『犯罪統計書』の年齢別・非行の種類別の数値をみると，波を形成する最大の要因は，相対的に低い年齢層の窃盗の増減であることがわかる。先述の通り，少年が手を染める窃盗の多くは万引きや自転車盗であり，警察の取締り方針や被害者の通報率の影響をうけやすいのがこれらの非行である。また同書からは，第3の波を形成するのに，年少少年(14～15歳)の粗暴犯の増加が寄与したこともわかる。この増加は，1980年代に入って多くの中学校が校内暴力事件を警察に通報するようになった結果であるとする広田(2001)の解釈は説得的である。つまり，非行の3つの波を実態の変化だけに帰する説明は，公式統計の読み取

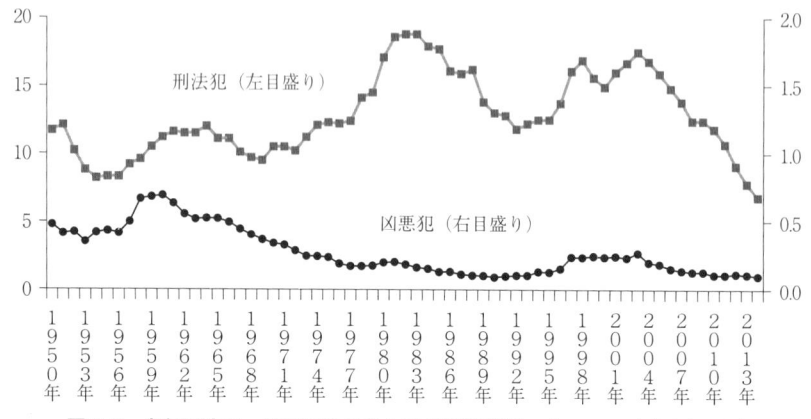

図 3-2　少年刑法犯・凶悪犯の検挙人員の推移(単位：人口 1,000 人あたり・人)

出所)警察庁『犯罪統計書』(各年版)より筆者作成

り方として適切ではないということである。

　なお，1990年代後半から2000年代前半にかけてのピークを第4の波と評する議論もある。ただ，この時期の増加も警察の取締り方針の変化をうけていると解釈するのが妥当であろう。神戸連続児童殺傷事件などをきっかけとして，この時期に少年非行が社会問題化したが，現実がどうであれ，ひとたび非行の社会問題化が進めば，警察活動が活発化して統計上の非行は増加する(鮎川, 2002)。実際，警察庁は1997年に「少年非行総合対策推進要綱」を制定し，少年事件に係る捜査力の強化を図ることとなったのである。

　図3-2のグラフのうち，●でプロットされた値は，凶悪犯の人数の推移を示したものである。凶悪犯は暗数の影響を相対的にうけにくいから，グラフの示す長期的な傾向は，おおむね実態を反映したものとみて差し支えないだろう。

　数値は1960年をピークとして長期的には低落傾向をみせている。グラフは割愛するが，凶悪犯のうち殺人の検挙人員だけをみると，1960年代から1970年代前半にかけての減少は凶悪犯全体の傾向と共通していることがわかる。殺人で検挙された少年は，1960年には10万人あたり3.9人であったのに対して，2014年には0.7人であった。50年以上前には現在のおよそ5〜6倍もの少年が

殺人で検挙されていたのである。「近年の少年非行は凶悪化している」という主張には根拠がないことを確認しておきたい。

第4節　偏在する少年非行

(1) リスクファクター論

　少年非行に関する社会学的研究には，第2節で紹介したような諸理論をふまえながら，さまざまな社会集団(家族，学校，仲間集団など)との関係性のあり方に，少年非行の要因をみてとるタイプのものが多い。このような発想はリスクファクター論によって統合的に理解することができると考えられる。

　リスクファクター論は，1990年代以降に犯罪・非行研究の文脈で注目されるようになったパラダイムである(Farrington, 2000)。従来の原因論的な思考様式とは異なり，犯罪・非行現象を，さまざまなリスクファクターが複雑に作用しあった結果(①多元的原因論)，ある確率で「発症」するものと捉え(②確率論的発症)，危険因子にさらされてから発症までにある程度の年数がかかる(③タイムラグ)と想定するのである。

　海外の実証的研究によれば，10代後半の暴力的非行の主要なリスクファクターとして，反社会的な仲間集団の存在，出身家庭の社会経済的地位の低さ，不適切な親子関係(放任や厳しすぎなど)，親による虐待，学校での成績の悪さなどがあるとされる。注目すべきは，これらの知見が比較的大規模な縦断的研究に基づく強力な根拠とともに提示されている点である。

(2) 「非行の一般化」論の広がり

　翻って日本の現状を考えてみると，少年非行がリスクファクターの累積によって生じるとする言説ではなく，むしろその反対に，リスクファクターとは関係なく誰もが非行に走りうるとする言説の方が一般化していると思われる。非行が少年の出身階層や生育環境にかかわらず生じるとする「非行の一般化」論は，1970年刊行の『犯罪白書』で登場して以降，遅くとも1970年代後半には

非行に携わる実務家の間に広がっていった。そして，それ以降「非行の一般化」論は，1980年代に新聞紙上に登場し始めた「普通の子」論(「普通の子が突然粗暴的な非行に手を染める」とする論)とともに，しばしば「非行の凶悪化」言説と一体になって，一般的な少年非行観となったのである。

　速水(1989：121)の指摘するように，「非行の一般化」論は非行少年と一般少年の間に差異がみられなくなったことを強調するから，「結果的に両者の相違点は行為レベルにのみ求められることにな」り，非行政策としては「行為主義的な統制モデルに親和的な側面をもっている」。一方，保護主義を核とする少年司法システムは「人格主義的な矯正モデル」であり，基本的なスタンスは，一般少年とは異なる劣悪な環境で人格形成がなされた非行少年を矯正することは，本人と社会の双方に益があるというものである。

　「少年法は子どもを甘やかしている」といった形で，現行の少年司法システムに懐疑的な声が聞かれる今日の日本社会では，非行対策を行為主義的な統制モデルで考える見方が優勢になりつつあるように思われる。おそらくそのような見方の前提には「非行の一般化」論的な状況認識があるのであろう。以下では，そのような認識が妥当ではないことを示す根拠をあげることにする。

(3)　**非行の偏在性**
　学校不適応とその主因である低学力は，少年非行のリスクファクターである。そのことを端的に示すのが図3-3である。日本では非行を犯して少年鑑別所に入所したすべての少年の知能指数を測定しており，その結果は『矯正統計年報』で公表されているが，この図はその最新の集計結果である。

　知能指数は本来，平均値が100になる数値である。しかし，鑑別所入所少年の値の平均はこれより小さく，とりわけ女子ではかなり100を下回っている。セレクティブ・サンクションの効果(すなわち，知能が低いと見立てられたがゆえに鑑別所に入れられること)も無視はできないが，それだけではこれほどの数値の偏りは説明できないであろう。学業面での困難を抱える少年が非行に走ってしまう可能性が高いことを，このデータは裏付けている。

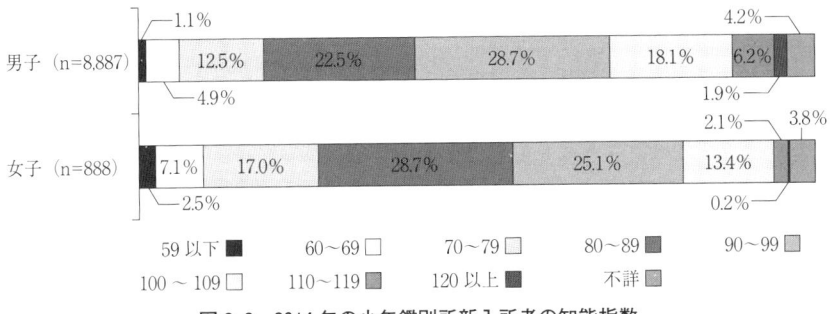

図 3-3　2014年の少年鑑別所新入所者の知能指数

出所）法務省大臣官房司法法制部司法法制課(2015)より筆者作成

　一方，一度非行を犯した男子少年の再非行化要因について，警察の縦断的非行記録データに基づき検討した研究がある(岡邊，2009)。得られた知見は，学校不適応，親の養育態度にみられる問題性，親の不在などが再非行リスクを高めていること，初回非行時の年齢が低いほど再非行リスクが高いこと，学校不適応は中学校在学中・卒業後のいずれの時期にも再非行リスクを高める方向に機能することなどであった。いずれも海外の研究で非行のリスクファクターとされている要素である。

　日本では，非行のリスクファクターを捉えるための信頼性・妥当性の高い調査研究が，残念ながらきわめて少ないのが現状である。それでも，これまでになされた諸研究から浮かび上がってくるのは，「非行の一般化」とは逆の姿である。すなわち，少年非行がリスクファクターを——多くの場合複数——有した者に偏って生じているという現実である(非行の偏在性)。

第5節　少年非行への対応策

　リスクファクター論に基づく少年非行の議論を，本書全体の主題である関係性の態様という切り口で捉え直すとすれば，少年非行は貧しい関係性の累積した結果であると考えることができる。貧しい関係性がリスクファクターそのも

のである例としては，親による放任（希薄化する関係性）や虐待（濃密化する関係性），反社会的な仲間集団との接触（浮遊する関係性）があげられる。貧しい関係性がリスクファクターを増大させる方向に機能してしまう例としては，低学力・学校不適応があげられよう（学校や教師との希薄な関係性の結果としての学校不適応）。

つまり，親との間，学校の教師との間，仲間集団との間などに，別の豊かな関係性を築くことができていれば，その少年は非行に走らなくてすんだかもしれないと考えることができるのである。そして，少年非行という現象もまた，ある種の逸脱した関係性の顕現にほかならない（非行の種類によって関係性の態様は大きく異なっており，たとえば暴力的非行は歪んだ関係性，性非行は浮遊する関係性の表れであろう）。

ところで，前節で親の不在が非行のリスクファクターであるとの知見を紹介したが，ここで留意したいことは，この知見を「駄目家庭」出身の子どもにネガティブなラベルを付与する材料として使うこともできれば，一人親家庭に対する支援の不十分さを示すのにも使えるということである。非行のリスクファクターに関する研究の受け止め方は，文脈によって大きく異なるのである。

以上をふまえて，少年非行への実践的・政策的な対応策を考えてみると，まず，マクロな観点からは，相対的に低位の階層に位置づけられる家庭に対する福祉的・教育的・医療的支援の拡充が求められるだろう。階層は「あらゆる要素を考慮しても，数少ない犯罪関連要因のひとつであり，そのことは多くの実証的エビデンスによって明確に支持されている」（Braithwaite, 1981：36）。このことをふまえれば，子どもの貧困対策としての社会的包摂のためのあらゆる政策は，非行問題の軽減にも寄与すると考えられる。

次に，非行少年の立ち直りを円滑にするための方策が求められる。大別すれば，施設内処遇と社会内処遇があり，現行の日本の少年司法システムでは，前者を担う主な施設として少年院と児童自立支援施設がある。少年院と児童自立支援施設とでは，歴史的経緯も行われている実践も大きく異なる。しかし，少年に対して罰を与えるのではなく，共同生活を通じた育て直しを行うことをねらっている点では共通している。いずれの施設でも，貧しい関係性ばかりを積

み重ねてきた非行少年の立ち直りには,職員との間の豊かな関係性の構築が不可欠であると考えられている。

一方,社会内処遇のアクターは多種多様である。保護観察というフォーマルな制度が伝統的に重視されてきた一方で,とくに近年「セカンドチャンス!」などの当事者団体の重要性に注目が集まっている(セカンドチャンス!編,2011)。

ただし,社会内処遇が目指すものが元非行少年の社会的包摂にあるという点は,どのような働きかけにも共通しているといえよう。たとえば保護観察の成否は,その主要な担い手たる保護司との間で少年がどのような関係性を構築できるかにかかっている。保護司は少年にとって自分が社会に包摂されていることを実感できる窓口であり,多くの場合,就業=職場への包摂への手助けをしてくれる存在だからである。

以上をまとめると,一般予防・特別予防の両面において,社会的包摂を積極的に進めることこそ,少年非行に対する最善の対応策であるといえよう。ただし,あらゆる働きかけが—それがどんなに善意の働きかけであっても—逆機能的な作用をもちうる点には注意が必要である(第2節で述べた警察の街頭補導は,広義の非行防止活動の一環として行われている点に留意されたい)。

浜井(2013:149)は,「反省は1人でもできるが,更生は1人ではできない」という表現で,人間の更生に周囲の手助けが不可欠であることを強調している。この言葉の意義が広く共有される社会こそ,元非行少年を含むすべての人にとって生きやすい社会といえるのではないだろうか。

引用・参考文献

鮎川潤(2002)『〔新版〕少年非行の社会学』世界思想社

Becker, H. S. (1963) *Outsiders: Studies in the Sociology of Deviance*, New York: Free Press.(村上直之訳,1978『アウトサイダーズ—ラベリング理論とはなにか』新泉社)

Braithwaite, J. (1981) "The Myth of Social Class and Criminality Reconsidered", *American Sociological Review*, 46(1): 36-57.

Cohen, A. K. (1955) *Delinquent Boys: the Culture of the Gang*, New York: Free Press.

Farrington, D. P. (2000) "Explaining and Preventing Crime: the Globalization of Knowl-

edge", *Criminology*, 38(1): 1-24.
浜井浩一(2013)『罪を犯した人を排除しないイタリアの挑戦―隔離から地域での自立支援へ』現代人文社
速水洋(1989)「『非行の一般化』論再考―『欠損家庭』論から『母子密着』論への移行とその統合をめざして」『犯罪社会学研究』14：109-128
広田照幸(2001)「〈青少年の凶悪化〉言説の再検討」藤田英典他編『子ども問題』世織書房
Hirschi, T. (1969) *Causes of Delinquency*, Berkeley: University of California Press.(森田洋司・清水新二監訳, 1995『非行の原因―家庭・学校・社会へのつながりを求めて』文化書房博文社)
法務省大臣官房司法法制部司法法制課(2015)『平成 26 年矯正統計年報Ⅱ』(http://www.moj.go.jp/housei/toukei/toukei_ichiran_shonen-kyosei.html(2015 年 10 月 31 日閲覧))
警察庁生活安全局少年課(2015)『平成 26 年中における少年の補導及び保護の概況』(https://www.npa.go.jp/toukei/index.htm#safetylife(2015 年 10 月 31 日閲覧))
葛野尋之(1989)「不良行為少年補導におけるひとつの問題点―福井市において行った聞き取りをもとに」『犯罪社会学研究』14：90-108
Merton, R. K. (1957) *Social Theory and Social Structure: toward the Codification of Theory and Research*, rev. ed. New York: Free Press.(森東吾他訳, 1961『社会理論と社会構造』みすず書房)
内閣府大臣官房政府広報室(2015)『少年非行に関する世論調査』(http://survey.gov-online.go.jp/h27/index-h27.html(2015 年 10 月 31 日閲覧))
日本弁護士連合会(2005)「『少年非行防止法制の在り方について(提言)』に対する意見」(http://www.nichibenren.or.jp/activity/document/opinion/year/2005.html(2015 年 10 月 31 日 閲覧))
岡邊健(2009)「縦断的データに基づく再非行化要因の検討―生存時間分析を用いて」『現代の社会病理』24：117-134
セカンドチャンス！編(2011)『セカンドチャンス！―人生が変わった少年院出院者たち』新科学出版社
Shaw, C. R. and McKay, H. D. (1942) *Juvenile Delinquency and Urban Areas: a Study of Rates of Delinquency in Relation to Differential Characteristics of Local Communities in American Cities*, Chicago: University of Chicago Press.
Sutherland, E. H. and Cressey, D. R. (1960) *Principles of Criminology*, 6th ed., Chicago: Lippincott.(平野龍一・所一彦訳, 1964『犯罪の原因―刑事学原論Ⅰ』有信堂)
矢島正見(1996)『少年非行文化論』学文社

お薦め文献
鮎川潤(2014)『少年非行―社会はどう処遇しているか』左右社
浜井浩一編(2013)『犯罪統計入門―犯罪を科学する方法〔第 2 版〕』日本評論社
Lilly, J. R. 他, 影山任佐監訳(2013)『犯罪学―理論的背景と帰結〔第 5 版〕』金剛出版
岡邊健編(2014)『犯罪・非行の社会学―常識をとらえなおす視座』有斐閣

第4章

高齢者犯罪

Keyword

高齢者犯罪の増加　　3つの「関係性の希薄化」
「刑務所出所者等を再び受け入れる(Re Entry)ことが自然にできる社会」

はじめに

　2003年以降,元国会議員・山本譲司が自身の受刑体験を踏まえて『獄窓記』『続・獄窓記』『累犯障害者』(山本,2003,2008,2006)を出版し,刑務所内の高齢・障がい者の存在に社会が注目する契機となった。

　今後さらなる高齢化社会を迎えるにあたり,本章では高齢者を取り巻く諸問題のうち,高齢者犯罪を考えることとする。

　本章では,第1節で高齢者の定義と高齢者に関連する刑事政策の展開を概観したうえで,社会福祉士養成課程の改正(2009年度)に伴い,「更生保護制度」が必修化される直前の2008年11月に発刊され,「高齢犯罪者の実態と処遇」を特集として盛り込んだことで,刑事政策関係者のみならず福祉関係者の注目を集めた『平成20年版　犯罪白書』の統計に基づき,高齢者犯罪の現状を概観する。そのうえで,高齢者犯罪の現れ方やその関係性,社会的背景や要因を解説した後,高齢犯罪者の社会復帰およびそれを受け入れる社会のあり方につ

いて考察する。また，現場の経験をふまえた筆者の考え・評価を展開していきたい。

第1節　高齢者の定義と刑事政策の展開

(1)　高齢者および高齢犯罪者の定義

　WHO（世界保健機構）では「65歳以上の者」を高齢者と規定し，日本も多くの制度で高齢者を「65歳以上」とする取扱いがなされ，統計も現在は「65歳以上」の者を「高齢者」とするものが多い。法務省法務総合研究所が毎年発表する『犯罪白書』も，かつて「60歳以上の者」としていた「高齢者」を，一般的な取扱いにあわせ「65歳以上の者」に変更した。

　今回多くの統計を参照した『平成20年版　犯罪白書』も「65歳以上の者」を高齢者とし，保護観察処遇の「類型別処遇」（問題性に応じ保護観察対象者を類型化し実効性のある処遇を実施する制度）でも，「高齢」類型は「65歳以上の者」が対象である。よって本章でも65歳以上の者を「高齢者」，65歳以上の犯罪者を「高齢犯罪者」と記載する。男性は「男子高齢犯罪者」，女性は「女子高齢犯罪者」と記載する。

(2)　高齢犯罪者に関する刑事政策の展開—就労と住居の確保—

　2006年度に法務省と厚生労働省が連携し，刑務所出所者等総合的就労支援対策がスタートした。2009年度には，親族などの適切な受け入れ先がなく，福祉的な支援を必要とする矯正施設収容中の高齢または障害者の社会復帰を支援する「高齢または障害により特に自立が困難な矯正施設収容中の者の社会復帰に向けた保護，生活環境の調整等」（特別調整）が，法務省と厚生労働省の連携のもと導入され，保護観察所，都道府県に1カ所（北海道は2カ所）ずつ設置された地域生活定着支援センター，矯正施設，自治体などが連携し，自立困難な刑務所出所者などを福祉につなぐ仕組みが構築されていった。2013年度からは，起訴猶予者に対し更生緊急保護を活用した社会復帰支援施策が試行中で

ある。

　毎年秋に発表される『犯罪白書』(法務省法務総合研究所)は，前年の統計に基づいて編集された「犯罪の動向」「犯罪者の処遇」「各種犯罪者の動向と処遇」「少年非行の動向と非行少年の処遇」「犯罪被害者」「刑事司法制度改革」などのルーティン部分と特集部分の2部構成である。

　『平成20年版　犯罪白書』の特集は「高齢犯罪者の実態と処遇」であった。社会福祉士養成課程の改正により2009年度から「更生保護制度」が必修科目とされ，日本社会福祉士会などの職能団体でも研究・研修が実施され，まさに刑事政策分野での司法と福祉の連携の新たな仕組みが構築されていく時期に，『平成20年版　犯罪白書』が「高齢犯罪者の実態と処遇」を特集としたことは時機を得たものであった。

(3)　犯罪対策閣僚会議について

　本章で度々言及する「犯罪対策閣僚会議」とは，2003年に全閣僚を構成員として発足し，「再犯防止に向けた総合対策」(2012年7月)，「世界一安全な国日本創造戦略」(2013年12月)，「宣言：犯罪に戻らない，戻さない～立ち直りをみんなで支える明るい社会」(2014年12月)などの決定・提言は刑事政策分野の新規施策に反映されている。『首相官邸ホームページ』内「会議等一覧」に詳細が掲載されている。

第2節　高齢犯罪者
―『平成20年版　犯罪白書』特集部分が示すもの―

　『平成20年版　犯罪白書』の特集「高齢犯罪者の実態と処遇」は「近年，高齢犯罪者の増加が著しい」という一文で始まる。その言葉どおり，2007年の一般刑法犯検挙人員，一般刑法犯起訴人員，新受刑者数，保護観察新規受理人員(仮釈放者及び保護観察付執行猶予者)という4つの手続き段階のすべてにおいて，高齢犯罪者の実数と高齢人口比(高齢者人口10万人あたりの高齢犯罪者人員

の比率)は男女ともに大幅に増加している(法務省法務総合研究所，2008：212)。一般刑法犯検挙人員中の高齢犯罪者数は，10年前の1998年と比べて男女ともに約3倍であり，男子高齢犯罪者3万3,255人，女子高齢犯罪者1万5,350人であった。一般刑法犯起訴人員中の高齢犯罪者数も，男子高齢犯罪者5,284人，女子高齢犯罪者1,300人と大幅に増加している(法務省法務総合研究所，2008：212)。新受刑者数は，男子高齢犯罪者1,712人(新入者468人，再入者1,244人，新受刑者の6.1％)，女子高齢犯罪者172人(新入者93人，再入者79人，新受刑者の7.9％)，保護観察新規受理人員(仮釈放者及び保護観察付執行猶予者)は，男子高齢犯罪者693人(仮釈放者530人，保護観察付執行猶予者163人)，女子高齢犯罪者165人(仮釈放者116人，保護観察付執行猶予者49人)であった(法務省法務総合研究所，2008：248，255，256)。各手続き段階における高齢犯罪者の数はもちろん，高齢人口比も上昇している。

　2007年における高齢犯罪者の一般刑法犯検挙人員は4万8,605人で，総検挙人員の13.3％である。同年の一般刑法犯検察庁既済人員中，高齢犯罪者の罪名は窃盗53.3％，横領(遺失物横領を含む)12.2％が上位を占めている。なお，高齢犯罪者の検挙人員に比べて検察庁既済事件の人員および高齢者比は大幅に減少・低下し，窃盗3分の1以下(検挙人員3万1,573人→検察庁既済人員1万289人)，横領4分の1以下(検挙人員1万672人→検察庁既済人員2,363人)である。高齢犯罪者の窃盗は検挙人員の9割以上が万引きで，警察で微罪処分となり検察庁に送致されない事件が多いと推察される(法務省法務総合研究所，2008：232，233)。

　2007年の起訴猶予率については，全年齢層平均が41.3％であるのに対して，高齢犯罪者の起訴猶予率は60.5％であり，平均より20ポイント近く高い。一般刑法犯における起訴猶予人員を，1998年を100として2007年の数を年齢層別に比較すると，20歳未満が103.4，20～29歳が109.5，30～49歳が108.3，50歳～64歳が203.1，65歳以上が896.7(法務省法務総合研究所，2008：239～240)となり，高齢犯罪者の増加が顕著である。

　一方，日本における高齢化率は1985年が10.3％，2005年が20.2％であり(平

成27年版　高齢社会白書，2015：5)，高齢犯罪者の増加は日本の高齢化率を上回る勢いであり，高齢化率の上昇のみで高齢犯罪者の増加の原因は説明できない。

　3年以下の懲役若しくは禁錮または50万円以下の罰金については，情状により一定期間刑の執行が猶予されることがある(法務省法務総合研究所，2008：213)。保護観察の付かない単純執行猶予期間中に再犯に至った者に対して再度刑の執行が猶予される際には，必要的に，それ以外の者には裁判官の裁量によって執行猶予期間中保護観察に付される。

　執行猶予に保護観察を付した比率は，20～29歳では1万2,259人中1,282人(10.5％)だが，高齢犯罪者では2,107人中140人(6.6％)と低く，太田達也は「起訴された高齢窃盗犯の多くが前科者で要保護性が高いとすれば，保護観察附の執行猶予としないのは，刑事責任の重さという点からはともかく，少なくとも予防という観点からは適切な量刑かどうか疑問なしとしない」(太田，2009：22～27)と指摘している。2013年中に保護観察を開始した保護観察付執行猶予者3,225人中，高齢犯罪者の割合は7.6％，保護観察付執行猶予者中の高齢犯罪者の割合は2009年の6.6％から1ポイント増加した。

第3節　高齢者犯罪の現れ方と関係性

(1)　高齢者犯罪に関する2つの特別調査結果から見えてくるもの

　『平成20年版　犯罪白書』は高齢者犯罪の増加について，「単に人口増で説明がつかない以上，そこには，何らかの社会的な原因，世代的な原因，あるいはそれ以外の説明可能な原因がある」と，「高齢犯罪者研究の必要性」を指摘し，法務総合研究所が行った2つの調査結果が掲載されている。

　第1の調査は，検察庁により把握されている1948年～2006年9月30日までの間に判決が確定した者の裁判資料(電算犯歴)のうち，刑法上の過失犯および危険運転致死傷罪ならびに特別法上の道路交通に係る犯罪の犯歴を除いたデータから，初犯者・再犯者の区別をせず，100万人の犯歴を無作為抽出し，さ

表 4-1 犯歴調査対象高齢犯罪者の罪名別 65 歳以上の犯歴件数構成比

罪　名	構成比(%)
窃盗	17.1
傷害・暴行	10.9
廃棄物処理法	5.2
詐欺	4.8
銃刀法	3.5
覚せい剤取締法	1.9
殺人	1.6
賭博・富くじ	1.4
器物損壊	1.3
横領	1.3
暴力行為等処罰法	1.3
住居侵入	1.1
その他	48.6

注1) 法務総合研究所の調査による。
注2)「調査対象高齢犯罪者の犯歴件数」とは，調査対象高齢犯罪者の 65 歳以上の犯歴を合算したものである。
注3)「横領」は，遺失物等横領を含む。
出所)『平成 20 年版　犯罪白書』(エクセルデータ編)2008：264

表 4-2 犯歴調査対象高齢犯罪者の犯歴時年齢別構成比

①調査対象高齢犯罪者(5,115 人)

区　分	構成比(%)
高齢初犯	53.3
高齢再犯	2.6
40 代以後 1 犯目	11.6
30 代 1 犯目	9.6
若年時 1 犯目以後中断	13.1
若年時 1 犯目以後継続	9.8

② 65 歳未満における犯歴がある調査対象高齢犯罪者(2,257 人)

区　分	構成比(%)
40 代以後 1 犯目	26.3624
30 代 1 犯目	21.6659
若年時 1 犯目以後中断	29.7297
若年時 1 犯目以後継続	22.2419
若年時 1 犯目以後中断	13.1
若年時 1 犯目以後継続	9.8

注1) 法務総合研究所の調査による。
注2)「高齢初犯」は，65 歳以上に 1 犯目の犯歴があり，総犯歴数が 1 である者をいう。
「高齢再犯」は，65 歳以上に 1 犯目の犯歴があり，総犯歴数が 2 以上である者をいう。
「40 代以後 1 犯目」は，40～64 歳に 1 犯目の犯歴があり，65 歳以上における犯歴がある者をいう。
「30 代 1 犯目」は，30～39 歳に 1 犯目の犯歴があり，65 歳以上における犯歴がある者をいう。
「若年時 1 犯目以後中断」は，①29 歳までに 1 犯目の犯歴があり，50～64 歳に犯歴がなく，65 歳以上における犯歴がある者，又は，②29 歳までに 1 犯目の犯歴があり，30 代及び 40 代に犯歴がなく，50～64 歳及び 65 歳以上に犯歴がある者をいう。
「若年時 1 犯目以後継続」は，29 歳までに 1 犯目の犯歴があり，65 歳までほぼ継続的に犯歴がある者をいう。
出所)『平成 20 年版　犯罪白書』(エクセルデータ編)2008：264

表 4-3　犯歴調査における対象高齢犯罪者の犯歴時年齢時1犯目罪名

1犯目の罪名	高齢初犯 (2,726)	高齢再犯 (132)	40代以後 1犯目 (595)	30代 1犯目 (489)	若年時 1犯目以後 中断 (671)	若年時 1犯目以後 継続 (502)
傷害・暴行	11.6	12.1	11.8	22.5	29.2	18.1
窃盗	5.9	40.2	14.1	13.3	27.6	47.4
廃棄物処理法	7.9	1.5	1.8	—	—	—
詐欺	2.9	2.3	224.	3.5	3.3	4.0
銃刀法	3.0	2.3	3.2	4.1	3.6	2.2
賭博・富くじ	1.0	—	5.4	6.3	1.9	1.8
横領	1.4	1.5	1.7	2.2	2.4	1.8
殺人	2.3	—	—	—	1.0	0.4
強盗	0.6	—	0.7	0.2	2.7	3.2
器物損壊	1.6	1.5	—	—	0.6	—
暴力行為等処罰法	1.0	0.8	0.5	1.8	0.3	0.8
贈収賄	1.6	—	—	0.2	0.1	—
住居侵入	0.6	1.5	1.0	1.0	1.9	0.6
公然わいせつ	1.0	3.0	1.2	0.8	—	—
その他	57.9	33.3	52.4	44.0	25.3	19.7

注1)　法務総合研究所の調査による。
注2)　「高齢初犯」は，65歳以上に1犯目の犯歴があり，総犯歴数が1である者をいう。
　　　「高齢再犯」は，65歳以上に1犯目の犯歴があり，総犯歴数が2以上である者をいう。
　　　「40代以後1犯目」は，40～64歳に1犯目の犯歴があり，65歳以上における犯歴がある者をいう。
　　　「30代1犯目」は，30～39歳に1犯目の犯歴があり，65歳以上における犯歴がある者をいう。
　　　「若年時1犯目以後中断」は，①29歳までに1犯目の犯歴があり，50～64歳に犯歴がなく，65歳以上における犯歴がある者，又は，②29歳までに1犯目の犯歴があり，30代及び40代に犯歴がなく，50～64歳及び65歳以上に犯歴がある者をいう。
　　　「若年時1犯目以後継続」は，29歳までに1犯目の犯歴があり，65歳までほぼ継続的に犯歴がある者をいう。
注3)　「横領」は，遺失物等横領を含む。
注4)　(　)内は，実人員である。
出所)　『平成20年版　犯罪白書』(エクセルデータ編)2008：266

らに，そこから1928年から1936年生まれの調査対象者(調査時点においてほぼ70歳以上の高齢対象者)を抽出し，犯歴がある者が高齢者となる65歳から70歳になるまでの最低5年間の追跡調査である。抽出された高齢犯罪者の犯歴に係

る該当人数は22万9,089人，犯歴件数は40万2,252件であった。裁判確定時に65歳以上で，かつ犯歴のあったほほ70歳以上の者は5,115人，犯歴件数は5,924件である。ひとつの確定裁判ごとに1犯歴と数えるため，総犯歴数は人数より多い(法務省法務総合研究所，2008：270)。

　第2の調査は，罪種別の高齢犯罪者の実態把握のため，東京地方検察庁において一定期間内に受理され第1審において有罪判決の確定または略式命令がなされた者の調査である(法務省法務総合研究所，2008：270)。表4-1のとおり，65歳以上の犯歴件数5,924件中，窃盗が17.1%ともっとも多く，傷害・暴行10.9%，廃棄物処理法5.2%が続く。

　表4-2は，犯歴調査対象高齢犯罪者を初犯時期およびその後の犯歴の有無により6群に分類したものである。高齢犯罪者の53.3%が65歳以上で初犯に至っている。表4-3によると，「高齢初犯」「30代1犯目」「若年時1犯目以後中断」の群に含まれる犯歴調査対象者の本件罪名では，傷害・暴行の割合がもっとも高い。高齢初犯者に対する処分は，罰金71.9%(傷害事件は78.4%，暴行事件は100%が該当)，公判請求後執行猶予に付された者が22.6%，実刑となった者は5%に満たず，犯罪内容はそれほど深刻ではないものが多いと推察される(法務省法務総合研究所，2008：265)。犯歴調査対象高齢犯罪者5,115人中9.8%の者が若年時に1犯目の犯罪を行い，65歳までほぼ継続的に犯歴がある。この群の16.7%が10犯以上の犯歴を有し，1犯目の罪名は窃盗が47.4%と，「1犯目窃盗」は他群より相当高い(法務省法務総合研究所，2008：264～266)。犯歴調査対象高齢犯罪者中，30～40代で1犯目を行った後，高齢に達するまで犯歴がなく，65歳以上で再び犯罪に至った者の割合は合計48.1%で，調査対象者の半数を占めている(法務省法務総合研究所，2008：264～266)。「加齢に従い性格も丸くなり犯罪から離脱する」といった考え方では説明できない状況であり，数十年犯歴がない者が高齢に達して再び犯罪を行い，しかも，なぜ粗暴犯に至るのかは第5節で考察を行う。

　表4-3は，高齢犯罪者6群ごとに1犯目の罪種を示したものである。高齢初犯者は傷害・暴行が11.6%，廃棄物処理法が7.9%，窃盗が5.9%を占めてい

る。高齢再犯者は調査対象者中2.6%（132人，うち40.2%が初犯は窃盗）と少ない。しかし，69.7%が2年以内に再犯に及び，1犯目が窃盗であった者の2犯時の罪名は92.5%が窃盗，2犯目が窃盗であった者の3犯目の罪名は全員が窃盗である（法務省法務総合研究所，2008：266）。

(2) 高齢犯罪者による窃盗事犯について

『平成20年版　犯罪白書』では「高齢の窃盗犯は窃盗を繰り返す傾向がみられる」（法務省法務総合研究所，2008：266）と指摘している。ここでは，高齢の窃盗事犯者の再犯防止策を検討するため，その原因や背景について，下記2つの類型に分けて検討を行うこととする。

第1の類型は，地縁・血縁を喪失し，公的扶助などのフォーマルな支援にもつながらず，日々糧を得るために万引きに至り，受刑を繰り返す高齢犯罪者である。出稼ぎなどで現場を転々と渡り歩くうちに故郷や血縁者と縁遠くなり，高齢で体が動けなくなると路上生活に落ち込む過酷な現実がある。路上生活者が多い地域も今は活気に満ちた頃の面影はなく，地縁・血縁を失った高齢者など弱い立場の人びとの寄せ場となっている。

第2の類型は，所持金や事案によっては預貯金や年金を有しながらも，食品などの少額の万引きを繰り返す女子高齢犯罪者である。若年の女子犯罪者の窃盗反復事案の背景には摂食障害がある場合もあるが，女子高齢犯罪者の窃盗事犯は「今後の生活のため節約しなければ」「子どもに迷惑はかけられない」という不安が背景にあると考えられる。

(3) 高齢犯罪者による殺人事犯について

1988年と2007年の高齢者罪名別検察庁既済人員を比較すると，殺人が70人（4.7%）から140人（13.4%），暴行が60人（0.6%）から844人（6.9%）と大幅に上昇している。『平成20年版　犯罪白書』では高齢犯罪者および非高齢犯罪者による殺人事犯各50件を調査しているが，高齢犯罪者による殺人事犯の被害者は28件が親族，うち9人の女子高齢犯罪者の被害者はすべて親族であった。

ちなみに、非高齢犯罪者による殺人事件の被害者が親族である事犯は50件中13件で、高齢犯罪者の殺人事犯で被害者が親族である割合は、非高齢犯罪者のそれより30ポイントも高い（法務省法務総合研究所、2008：301）。これについても第5節で解決策などを考察したい。

(4) 高齢犯罪者にみられる「3つの関係性の希薄さ」

　高齢犯罪者に限らず、高齢者はさまざまな喪失体験に直面する世代である。体力の低下や疾病が原因で「今までできたことができなくなる」辛さ、愛着ある仕事からリタイヤする寂しさ、子どもの巣立ちがきっかけとなる「空の巣症候群」と称される喪失感もこれに該当するだろう。

　一方、自身の子どもがひきこもり状態であったり、疾病や障がい、あるいは非行・犯罪などの理由で親元からの自立が難しい場合には、「親亡き後」への不安が嵩ずると思われる。近親者の悲報に接した際の悲嘆、自身の「人生の残り時間」に思いを致した際の不安も看過できない。

　本節(1)～(3)で高齢者犯罪の現れ方を概観したが、高齢犯罪者の特徴として下記3点の「関係性の希薄さ」があると考える。

　第1に、インフォーマルな相互扶助を担う血縁・地縁における関係性の希薄さがあげられる。地域社会における関係性の希薄さについては、都市部における匿名性の高さやそれに伴う人間関係の希薄さという問題があげられることが多い。しかし、古い集落がある郡部においても、地縁・血縁による相互扶助が都市部より強い反面、匿名性の低さや集落の平穏を乱す要素への警戒感の強さが災いし、犯罪者本人だけではなく、家族・親族に厳しい眼差しが注がれたり、相互扶助の枠外に置かれてしまったり、最悪の場合には排除につながる事例も筆者は経験している。

　第2に、フォーマルな制度利用（年金や雇用保険、介護保険制度や公的扶助など）について、適切な助言や支援を行う機関や人との関係性の希薄さがあげられる。高齢犯罪者による殺人事犯50件中、親族が被害者となった割合は非高齢者より30ポイントも高いことは前述したが、女子高齢犯罪者9人の殺人

事犯の被害者はすべて親族であり，親族殺事犯の動機・原因として「将来を悲観」「介護疲れ」の2点が高率であった(法務省法務総合研究所，2008：306)。介護の社会化を目的として2000年に介護保険制度が導入されたが，今回の特別調査では，殺人事犯は件数が少ないため，1998年～2007年の10年間に東京地方検察庁(本庁のみ)が受理し東京地方裁判所において有罪とされた事犯50件が集められた関係で，介護保険導入前の事犯も導入後の事犯も内容が十分周知されていない，あるいは，十分に機能していない時期の事犯も含まれていると推測される。また，「将来に悲観」「介護疲れ」により親族を殺害するまでに追い詰められていた高齢犯罪者が，介護保険などの諸制度を十分に使いこなせていたとは考えにくい。

　第3に，犯罪の抑止力となる，自分の生活する地域社会・職場・家族などへの愛着があげられる。この事項はハーシーのソーシャルボンド理論の観点からも非常に重要なものであると考える。

第4節　高齢者犯罪　社会的背景と要因

(1) 社会での居場所を喪失していく累犯高齢者

　犯歴調査の対象高齢者中65歳以上の犯歴がある者の比率を確認すると，総犯歴数に比例する形で高齢犯罪者の比率は上昇し，総犯歴数9犯の者の高齢犯罪者の割合は9.8％，総犯歴数10犯以上の者の高齢犯罪者の割合は16.7％である(法務省法務総合研究所，2008：263)。ここでは高齢初犯者以外の高齢犯罪者(若年～40代に第1犯を行った者。調査対象者の44.1％)に着目し，『平成21年版　犯罪白書』掲載の統計も参照して考察したい。

　『平成21年版　犯罪白書』では，「刑務所に入る回数」と「前回釈放後適当な帰住先がなかった者」の関係を分析し，刑務所入所回数が2回目の者のうち前刑出所時に帰住先不明等の者の割合は14％であるが，入所回数を重ねるたびにその割合も上昇し，5回以上入所した者のうち前刑出所時の帰住先等不明の者の割合は34.2％にのぼる(法務省法務総合研究所，2009：214)。受刑を重ね

ることで，釈放後の社会復帰を支える引受人や帰住予定地の確保が困難になるといえる。

(2) 雇用情勢の悪化による生活基盤の喪失

保護観察終了者に占める無職者率は 2009 年に 23.1％まで急上昇し，現在も高水準で推移している。2008 年(無職者率 19.8％)にリーマンショックが発生し，2008 年から 2009 年にかけていわゆる「派遣切り」による失業者の急増が相次いで報じられた(2008 年 12 月 29 日『毎日新聞』，2009 年 1 月 27 日『朝日新聞』)が，保護観察対象者は前科前歴が就労の際の支障となることもあり，雇用情勢悪化の影響を受けやすい。

「刑務所再入所者のうち，無職者の占める割合は，最近 10 年間において増加傾向が続いており 73％となっている」「平成 17 年から平成 21 年までの 5 年間において，無職の保護観察対象者の再犯率は有職者の再犯率の約 5 倍となっている」(犯罪対策閣僚会議 2012：7)状況下で，刑務所出所者などの再犯防止を実現するためには，就労の確保が極めて重要な要素であることがわかる。

第 5 節　高齢犯罪者の社会復帰に向けた方策について

ここまで主として『平成 20 年版　犯罪白書』の統計に基づいて高齢犯罪者の現状や再犯防止のための課題などについて述べてきた。第 5 節では高齢犯罪者の社会復帰に向けた方策について述べたい。

(1) 刑務所出所者等の住居と就労の確保に関する施策の強化

第 1 節(2)「高齢犯罪者に関する刑事政策の展開—就労と住居の確保—」で述べた就労と住居の確保に関する施策は，成果を検討しつつさらに充実が図られている。刑務所出所者などをより多く保護するため，全国の更生保護施設(2015 年 4 月 1 日現在全国 103 カ所)の受け入れ可能人員の拡大が予算的措置とともに図られ，2011 年度からは「緊急的住居確保・自立支援対策」が開始，宿泊場

所を有する社会福祉法人などに刑務所出所者などの宿泊や食事などの提供を委託する制度が開始され，身寄りのない高齢犯罪者の受け入れ先が拡充しつつある。

2006年度にスタートした刑務所出所者など総合的就労支援対策は，開始後7年間で15,000人の刑務所出所者などの就労が実現し，前歴・前科を承知したうえで刑務所出所者などを雇用する協力雇用主も2015年4月1日現在14,488社まで増加するなど，一定の効果をあげた。一方で，実際に刑務所出所者などを雇用している協力雇用主は，2015年4月1日現在，全協力雇用主の3.8%，551社に留まり，就労しても就労継続が困難な刑務所出所者なども少なくない。そこで「就労」だけではなく「就労継続」に焦点を当てた支援が検討され，一部の保護観察所において，民間のノウハウやネットワークを活かして，矯正施設入所中から就職後の職場定着まで継続的かつきめ細かな支援を行う「更生保護就労支援事業」が導入され，専門的知識を有する就労支援員による就職活動支援，雇用基盤整備が実施されている。東日本大震災の被害が甚大であった岩手，宮城，福島の3県では，上記支援に加え職場定着支援，定住支援が行われている。

2015年度からは，刑務所出所者などの雇用促進と就労継続を実現するため，実際に刑務所出所者などを雇用して彼らに就労継続に必要な生活指導や助言などを行う協力雇用主に対し，奨励金を支給する制度が導入された。地方自治体においても，公共工事などの競争入札において，刑務所出所者などを雇用している協力雇用主に対する優遇制度の導入が広がっている(法務省ホームページ)。

(2) 高齢の窃盗事犯者の再犯防止について

第3節(2)で高齢の窃盗事犯者の現状を2つの類型に分けて概説したが，高齢の窃盗事犯者の処遇においては個々の「生活困窮」や「不安」について丁寧にアセスメントし，具体的な処遇の実施計画を策定し，面接などの接触頻度を高め，必要に応じて関係諸機関と連携しながら生活と心情双方の安定を図ることが手堅い再犯防止策であると考えられる。

「生活困窮」に対しては，「特別調整」の実践で重ねられてきた自治体や福祉

機関などとの連携を活かして対応することが可能な部分が少なくない。問題は,「不安」が背景にあり窃盗を繰り返す女子高齢犯罪者の再犯防止である。筆者の経験によれば,女子高齢犯罪者は総じて担当保護司との面接を励行し,面接で語られる内容が繰り言めいていても,保護司がそれを受け止めることで心情が安定していく例が少なくない。「買い物には家族が同行する」「買い物に出かける際には財布か小型のバッグのみを持参し,エコバッグ(万引きした品物を隠すことができるもの)は持参しない」といった具体的指導も,それが「自分自身を再犯から守るための手段」であると納得できれば,多くの場合は遵守される。しかし,保護観察期間が終わりに近づくと,「保護観察が終われば誰に話をすればいいのか」といった不安が担当保護司に表明される例が往々にして存在する。その際,「保護観察が終われば,保護司と保護観察対象者という関係もなくなるけれど,同じ地域の住民同士であることは変わりがないので,気軽に声をかけてください」といった,彼女たちの不安を汲み取りその心情に寄り添った担当保護司の配慮により解消されることは少なくない。

　つまり,「自分の気持ちを安心して話すことができる場があること」「その場に居ることで社会に受け入れられているという実感が得られること」が支えとなって結果的に再犯を抑止していると考えられる。保護観察中は保護司との面接がその場になっていたと考えられる。女子高齢犯罪者の累犯窃盗を防止するには,そうした「気持ちの拠り所」を地域に確保していくことが有効であると考えられる。社会福祉協議会などによる小地域福祉活動の実践が活発な地域で,かつ本人の犯罪が近隣に知られていない場合は,高齢者を対象としたサロン活動などへの参加を勧めることも方法のひとつであろうし,家族と同居している場合は,家族調整により家庭内でのコミュニケーションのあり方を改善するといった処遇上の配慮が奏功すると考える。

(3) 高齢初犯者の粗暴事案について―初期のアセスメントの重要性―

　高齢初犯者の罪名で一番多いのは傷害・暴行(11.6%)である。「本人の人柄や生活歴からは予想できない粗暴事件」を高齢者が突然起こした場合,「加齢に

より感情統制が困難になっている可能性」「認知症が発症している可能性」「さまざまな喪失感や自尊心の傷つきが発端となっている可能性」について，慎重にアセスメントすることが肝要である。精神科医である五十嵐禎人は，「認知症のなかでは，アルツハイマー型認知症の人に比べて，前頭側頭型認知症の人に反社会行動の出現頻度が高いという報告がある」「なかでもピック病は近年認知症と犯罪との関係で社会的な注目を集めている」と報告しており（五十嵐, 2013：157），高齢犯罪者の処遇に関わる者は，認知症が発症・進行する兆候に関して初歩的な知識を共有し，医療的・福祉的介入を行う機会を逸さないようにする必要があると考えられる。

(4) 支援につながりにくい人への対応のあり方について

　第3節(3)で「高齢犯罪者による殺人事犯の被害者は28事件が親族，うち9人の女子犯罪者の被害者はすべて親族が被害者」であり，「将来を悲観」「介護疲れ」が動機・原因の上位にあると言及した。「支援につながりにくい人への対応のあり方」は，高齢者福祉のみならず児童やひとり親など福祉に関する業務の課題である。よって，支援を要する人に必要な情報やケアを確実に届け，相談に出向くことができない人を念頭に置いたアウトリーチの体制整備について考えたい。

　自治体の広報誌やホームページに情報が掲載されていても，それすら手にすることができない人も存在することを念頭におかないと，自身の問題解決能力を超えた状態で身動きができなくなっている人の存在を見落とす危険に繋がる。「福祉のお世話になる」ことを恥と思う気持ちが，相談窓口に向かう心理的ハードルとなっている場合もある。

　2006年，実母との無理心中を決行し承諾殺人の罪に問われた男性に対し，京都地方裁判所において執行猶予付きの判決が言い渡された。介護離職の結果，生活困窮に陥り，それでも自らの食事を削り母に食事を与えるなど献身的に介護を続け追い詰められてしまった挙げ句，事件に至った男性の言葉「私の手は母を殺めるための手だったのか」と，東尾龍一裁判官の「本件で裁かれている

のは被告人だけではなく，介護保険や生活保護行政の在り方も問われている。こうして事件に発展した以上は，どう対応すべきだったかを，行政の関係者は考えなおす余地がある」という言葉は，生きづらさを抱えた人への支援を行うことを職務とする者すべてに発せられた警鐘であると考えられる（三浦，2011：113-114）。なお，2016年1月にこの男性が自死した旨が報道された。どんなに優れた制度を整備しても，それを運用するのは人であり，援助専門職やそれを志す人が本件から学ぶべきことは非常に多い。

(5) 高齢犯罪者を「再び受け入れる（Re Entry）ことが自然にできる社会」の実現に向けて

　高齢犯罪者の増加という現象には現代の日本社会の病理が凝縮されているといっても過言ではない。第3節で言及した「関係性の希薄さ」は，「派遣切り」「子どもの貧困」といった形で高齢者以外の世代に波及している。生活上の不安などに対し，過度に自助努力を求めるのではなく，公助としての行政に対策を丸投げするのでもなく，住民参加型の小地域福祉活動の充実など，共助の仕組みを構築することが重要であると考える。犯罪対策閣僚会議が目標とする「再び受け入れる（Re Entry）ことが自然にできる社会」の根底には社会的包摂の理念があり，国や自治体における政策の充実だけではなく，地域社会における「お互いさま」「助け合い」という共助の意識を高めていくことが重要である。

　「なんでも行政にお任せ」と公助に過度に依存することは，結果として地域社会の問題解決能力の低下を招く。東日本大震災においては，少なからぬ自治体，すなわち「公助」の中枢部が大きな打撃をうけ，なかには首長を失った自治体すらあった。自衛隊などの支援，すなわち「公助」が被災地に入るまでの間，地域社会における「共助」が地域住民の命や生活を守った例は枚挙にいとまがない。旧来の血縁・地縁だけに頼るのではなく，地域社会における相互援助・問題解決の機能を高めていくための「仕掛け」や，地域におけるさまざまな「縁」を見直し，弱い部分を補強することは必須であるし，小地域福祉活動の核となる人材育成も欠かせないと考えられる。

(6) おわりに

　高齢犯罪者の処遇における司法と福祉との連携は，各機関の担当者がお互いの職務や役割を理解しあうことから始まった。実践を重ねて問題解決能力を向上させ，困難事例への対応が可能になった例もある。

　本章を執筆する過程で，筆者のライフワークのひとつである「更生保護分野におけるケアマネージメントのあり方」を再考することが多々あったことを付記しておきたい。

引用・参考文献
犯罪対策閣僚会議「再犯防止に向けた総合対策」2012 年 7 月
犯罪対策閣僚会議「世界一安全な国日本創造戦略」2013 年 12 月
犯罪対策閣僚会議「宣言：犯罪に戻らない，戻さない～立ち直りをみんなで支える明るい社会」2014 年 12 月
法務総合研究所編(2008)『平成 20 年版　犯罪白書』，(2009)『平成 21 年版　犯罪白書』，(2014)『平成 26 年版　犯罪白書』，(2015)『平成 27 年版　犯罪白書』
五十嵐禎人(2013)「高齢者（認知症の人）の犯罪について考える　精神医学の立場から」『認知症ケア事例ジャーナル』Vol.6，認知症ケア学会
長峰超輝(2012)『裁判官の爆笑お言葉集』幻冬舎新書
三浦恵子(2011)「社会内処遇と福祉の連携～現状と課題」『犯罪と非行』第 167 号，日立みらい財団
三浦恵子(2014)「保護観察官の業務の実際」『新・社会福祉士養成講座 20　更生保護制度　第 3 版』中央法規
内閣府(2015)『平成 27 年版　高齢社会白書』
太田達也(2009)「高齢犯罪者の実態と処遇」『法律のひろば』2009 年 1 月号，ぎょうせい
山本譲司(2003)『獄窓記』ポプラ社
山本譲司(2008)『続・獄窓期』ポプラ社
山本譲司(2006)『累犯障害者　塀の中の不条理』新潮社

お薦め文献
法務総合研究所編『犯罪白書』（法務省ホームページ「白書・統計」コーナーで閲覧可能。「あらまし」はコンパクトに概要を把握できる）。
松本一生(2008)『認知症を生きる　思い出は薄れても希望の日々は消えない』昭和堂
松本一生・升山弘子他(2010)『喜怒哀楽でわかる認知症の人のこころ』中央法規
社会福祉士養成講座編集委員会編(2014)『新・社会福祉士養成講座 20「更生保護制度」第 3 版』中央法規

第5章

ストーカー

Keyword

「新しい」社会問題　親密な関係　ストーカー規制法
ラベリング論　高齢者ストーカー

はじめに

　ストーカーはもっとも「新しい」社会問題のひとつである。「stalk」という英語は「獲物, 敵に忍び寄る, こっそり追跡する」という意味である。断られても交際を申し込む, 別れた交際相手や配偶者に復縁を迫る, それらの目的のために, 電話やメールなどを執拗に繰り返したり, 脅迫したり, インターネット上に個人情報をさらすなど, これらがストーカー行為の内容の一例である。ストーカーは自宅や職場, 学校などの被害者側の生活領域に侵入し, 被害者を不安と恐怖で追い詰める。ストーカー行為は,「人をつけ狙い, その人の私生活に踏み込み,『安全』を脅かす行為」であり, しばしば被害者の家族や友人をも巻き込む行為である(長谷川・山脇, 2014：2-3)。

　「ストーカー行為等の規制等に関する法律(以下, ストーカー規制法と記す)」が2000年に施行されたことで, ストーカー行為は禁止され, 警察による取り締まりの対象となった。ストーカー規制法により, ストーカー行為が「犯罪化」されたのである(岡邊, 2014：8)。もちろん, 恋愛感情を伴うつきまといや執拗

な連絡，脅迫などのストーカー行為自体はストーカー規制法以前から存在していた。しかし，それらを取り締まる法律がなかったために，危険性の高いストーカー行為でさえ取り締まりの対象とならず，暴行・傷害，さらには殺人事件に至ってしまう最悪のケースが生じた。

日本社会に「ストーカー」という言葉が一般に知られるようになったのは，1995年に出版された『ストーカー　ゆがんだ愛のかたち』（リンデン・グロス著，秋岡史訳，祥伝社）という翻訳本がきっかけであった。その当時のテレビや出版業界はしばらく「ストーカー」を題材とした作品を量産したが，ホラー的なニュアンスを盛り込んだ娯楽作品も少なくなかった。昭和の歌謡曲は一途な片思いを「まちぶせ」や「横恋慕」のような言葉でロマンティックに表現した。マスメディアに流布された初期のストーカー言説は，ストーカー行為を「恋は盲目（Love is blind）」のひとつのパターンであるかのように牧歌的に扱うものも少なくなかった。ストーカー問題の複雑な点は，実際のストーカー行為の大半が親密な関係にある当事者間で起こっているという点である。加害者は恋愛の延長線上のつもりでストーカー行為をくりかえし，被害者は逃げることもできずに怯え，さまざまな形で被害をうける。ストーカー行為は児童虐待やドメスティック・バイオレンスと同様に，親密な関係のなかで起きるからこそ被害がみえにくい「新しい」社会問題である。

本章では，社会問題としてのストーカー行為の概要を統計データで確認した後，ストーカー規制法施行以降のストーカー事犯の概況を分析し，近年の傾向の背景にある社会関係の変化について考察を進めていく。また，被害者や加害者に対する社会的な支援のあり方についても逐次言及していく。

第1節　ストーカー行為の定義と罰則

まず，ストーカー規制法におけるストーカーの定義を概観しておきたい。ストーカー規制法は「つきまとい等」と「ストーカー行為」を規制の対象とする。「つきまとい等」とは，「特定の者に対する恋愛感情その他の好意感情又はそれ

が満たされなかったことに対する怨恨の感情を充足する目的で，その特定の者又はその家族などに対して行う」8つの行為（(1)つきまとい・待ち伏せ・押しかけ，(2)監視していると告げる行為，(3)面会や交際の要求，(4)乱暴な言動，(5)無言電話，連続した電話・ファクシミリ・電子メール，(6)汚物などの送付，(7)名誉を傷つける，(8)性的羞恥心の侵害）である。次に「ストーカー行為」とは，同一の者に対し「つきまとい等」を繰り返して行うことである。ただし，「つきまとい等」の(1)～(4)までの行為については，身体の安全，住居などの平穏，もしくは名誉が害されたり，行動の自由が著しく害される不安を覚えさせるような方法により行われた場合のみ「ストーカー行為」と定義し，告訴がなされた場合，6カ月以下の懲役または50万円以下の罰金に処せられることとなっている。

では，ストーカー行為に対して具体的にはどのような対策と取り締まりが行われるのであろうか。ストーカー規制法では「身体の安全，住居などの平穏若しくは名誉が害され，又は行動の自由が著しく害される不安」を相手に覚えさせる「つきまとい行為」は，警告，禁止命令の要件となっている。「つきまとい等」の被害者や関係者は，警告を出すよう警視総監もしくは道府県警察本部長，または警察署長に申し出ることができる。警告が行われると，警告の内容と日時が警告を申し出た者に通知され，警告をしなかった場合もその理由を通知しなければならない。

警告が行われたにもかかわらず「つきまとい等」を行い，さらに反復する恐れがある場合，公安委員会が禁止命令等を出すことができる。禁止命令を出す手続きでは，「つきまとい等」の行為者に弁明の機会が与えられ，禁止命令を出すかどうかが決定される。この禁止命令が出された場合も，申し出た者に内容と日時が通知され，禁止命令を出さなかった場合もその理由を通知しなければならない。この禁止命令が出されたにもかかわらず「つきまとい等」，その反復である「ストーカー行為」が行われた場合は，警察による取り締まりがある。禁止命令後の「つきまとい等」については50万円以下の罰金，「ストーカー行為」については1年以下の懲役または100万円以下の罰金に処せられる。

ストーカー規制法施行ののち，2013年には迷惑メールを連続して送信する行為を規制対象に加える法改正が行われた。ここで，日本に先立って1980年代からストーカー行為が社会問題化したアメリカにおける対応をみておきたい。著名な女優に対するストーカー行為を行った末，注目を引くために，1981年，当時のレーガン大統領を暗殺しようとした事件や，1989年，ファンによって女優レベッカ・シェーファーが銃殺された事件などが大々的に報道され，ストーカーという言葉が一般化し，1990年にはカリフォルニア州で反ストーキング法が成立した。この立法過程は「ストーキングが同定され，犯罪化されていく過程」であり，「同時に，関心の焦点が移り変わってゆく過程」であった。「ストーキングは，知らない人間に追いかけられる有名人の被害者という焦点を離れ，『女性の問題として，すなわち，典型的には男性が以前の配偶者や恋人に対して行う，広くみられる深刻な暴力の前段階として』捉えられるようになっていった」（エマーソンら，2006：94）。全米犯罪被害者センター（the National Center for Victims of Crime：1985年設立）と司法省内の女性に対する暴力の担当部署は，2000年に「ストーキング・リソース・センター（Stalking Resource Center）」を設立し，ストーカー被害者を支援する人材を育成するとともに，さまざまな情報提供や啓発活動を行っている。同センターは，ストーカー行為を「特定の人に向けられた，通常人であれば不安を覚えるような一連の行為」と定義している（長谷川・山脇，2014：5-7）。

　ただし，ストーカー行為と同様の行為がこれから親密な関係をつくっていくことに合意している当事者間で起こる場合は，ごく一般的な恋愛の昂揚に過ぎない。「再三拒絶されているのにもかかわらず執拗に関係を求めるという関係的ストーキングの核心にある動態（ダイナミクス）は，文化やメディアの中で理想化された」「『本当の愛』を根気強く追い求める極端なケースと瓜二つ」である。次節でみるとおり，ストーカー事犯の大半が親密な関係にある／あった者の関係で生じている。被害者がストーカー行為を認識し，経験しているとき，加害者は「恋い焦がれる人と関係を引き寄せ築き上げるための，献身や恋慕」のために行為しているのである。ストーカー行為はしばしば非対称に認識され

る点に注意しておきたい(エマーソンら, 2006：101-106)。

第2節　ストーカー事犯に関する統計データ

警察庁の調べによると，執拗なつきまといや無言電話などのうち，ストーカー規制法やその他の刑罰法令に抵触しないものも含む，2014年のストーカー事案の認知件数は，図5-1のとおり，ストーカー規制法以来最多の22,823件であった。

また，表5-1のように，刑法・特別法(殺人・殺人未遂，傷害，暴行，脅迫，強要，恐喝，逮捕監禁，強姦，強制わいせつ，窃盗，住居侵入，器物損壊，名誉棄損，業務妨害，暴力行為処罰法，銃刀法，軽犯罪法，迷惑防止条例，放火，強盗，不正アクセス禁止法等その他)の適用による検挙(1,917件，前年比343件21.8％増加)は過去最多であった。また，ストーカー規制法違反の検挙(613件，前年比211件52.5％増加)も，法施行以後最多となっている。

ストーカー規制法の適用状況は表5-2のとおりである。2011年から2012年

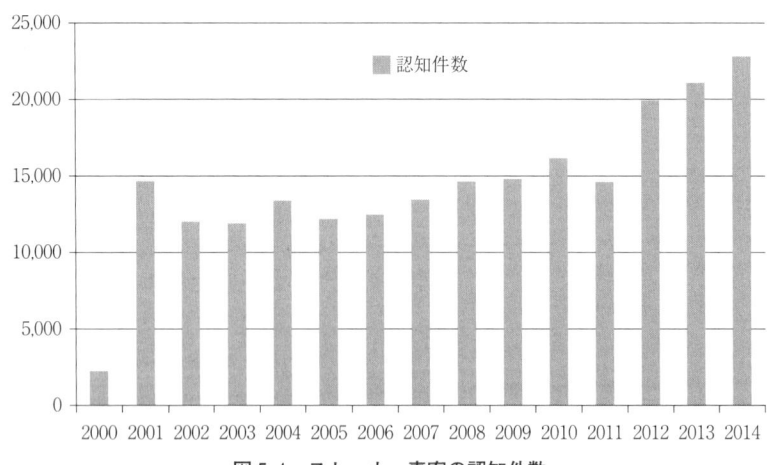

図5-1　ストーカー事案の認知件数

出所）警察庁生活安全局生活安全企画課刑事局捜査第一課(2015)

表 5-1　ストーカー事案の刑法・特別法の適用による検挙

区　分	2005	2006	2007	2008	2009	2010	2011	2012	2013	2014
総数	701	653	718	716	759	877	786	1,504	1,574	1,917
殺人	6	6	3	11	11	7	7	3	15	14
傷害	112	113	113	106	93	160	120	243	227	213
暴行	38	44	41	50	70	73	62	141	153	179
脅迫	74	75	85	88	87	106	90	277	286	465
住居侵入	117	103	103	111	124	147	125	270	263	309
器物損壊	101	93	110	78	94	93	91	160	147	155
その他	253	219	263	272	280	291	291	410	483	582

注 1）刑法犯及びストーカー規制法違反を除く特別法犯の検挙件数である。
注 2）複数罪名で検挙した場合は，もっとも法定刑が重い罪名で計上している。
注 3）発生した事件を検挙した後，当該事案がストーカー事案であることが判明したものを含む。
出所）警察庁生活安全局生活安全企画課刑事局捜査第一課(2015)，法務省法務総合研究所(2014)を参照し筆者作成

表 5-2　ストーカー規制法の適用

年	2005	2006	2007	2008	2009	2010	2011	2012	2013	2014
新規受理人員	197	181	206	231	243	209	189	328	380	598
警告	1,133	1,375	1,384	1,335	1,376	1,344	1,288	2,284	2,452	3,172
禁止命令等	22	9	17	26	33	41	55	69	103	149

出所）警察庁生活安全局生活安全企画課刑事局捜査第一課(2015)，「検察統計統計表」(http://www.moj.go.jp/housei/toukei/toukei_ichiran_kensatsu.html)を参考に筆者作成

で激増し，法改正された 2013 年から 2014 年にさらに大きく増加したことがわかる。

　被害者と行為者の関係は，配偶者(内縁・元含む)と交際相手(元交際相手含む)で約 6 割を占める。この割合は法施行以降ほぼ一貫しており，先ほど触れた「ストーキング・リソース・センター」による「ストーキングの女性被害者 61％と男性被害者 44％は，現在または以前のパートナーにストーキングされている」という説明とも符合する。ストーカー事犯の大部分は，親密な関係にある者，親密な関係にあった者，そして顔見知りによるものがほとんどである。面識がない，誰にストーカー行為をうけているのかわからないケースは 1 割程度であ

る。被害者の性別は，統計の年度によって8割から9割と多少のばらつきがあるが，女性の被害が圧倒的に多い。

第3節 ストーカー行為についての社会学的分析視角

　ここで，社会問題の社会学としての社会病理学における先行研究から，ストーカー行為の社会学的分析のための3つの視角を提示しておきたい。

　(1)まずラベリング論というアプローチである。ラベリング論は，だれが，ある対象をどのように定義するのか，そして，社会問題として定義された対象をどのように認知し処罰するのかという統制側の諸活動に着目し，それら統制側の諸活動がある対象を社会問題として設定すると考える。たとえば，スピード違反のように，警察官を配置しているときには制限速度オーバーの走行が「速度超過違反」として取り締まられ，統計データ上の認知件数にあがることになる。警察官が取り締まりを行っていなければ，同じ道を同じ速度で走行しても，交通違反は認知も処罰も行われない。このように，ラベリング論は認知件数と発生件数の差異と，そのような差異を生じさせる統制側の活動をクローズアップすることができる。ストーカー事犯の場合で考えるならば，相談や告訴がなければストーカー行為の被害は警察の統計にはあらわれない。また，警察への相談が仮に書類に残されない形で処理された場合も，統計にはあらわれない。データに数字をあげるということは，被害者やその周囲の者が警察に被害を届け，届け出た者と警察が「この事案はストーカー行為に該当する」と認知したということを意味する。もし，報復を危惧したり「大きな事件にしたくない」などの理由で届け出をしなければ，その被害はデータ上にあらわれない。後でみるように，被害届けを出さなかった被害者が殺されてしまったケースもある。

　そのような最悪の事態が生じると，被害の大小にかかわらず，気になることは警察に届け出るということがひとまずの自己防衛と考えられるようになり，発生件数と認知件数の差異が縮む。つまり，ここまでみてきたストーカー事犯に関する統計データは，データにあげらなかった暗数と統制側の活動の質と量

を踏まえて読み解かねばならない。2011年から2012年以降の認知件数などの激増についても，そのような注意が必要であろう。

(2)ラベリング論と関連して社会構築主義という方法も有効である。ストーカー行為は，俗に「恋は盲目」「夫婦喧嘩は犬も食わない」といわれるように，親密な関係で起こるもめ事を過小評価する態度と警察の民事不介入の原則により，長らく公的な対応がなされなかった。被害者遺族を含む市民や法律家が，ストーカー行為を放置すると大変な被害にあうリスクが高いという啓発を進めつつ立法活動を行ったことにより，一般市民や統制側の意識を変え，ストーカー規制法の成立と改正に至ったという経緯がある。なぜある行為がある時点まで違法ではなく，法施行以後違法になるのか，誰がどのように立法化を主張したのか，立法を急いだ統制機関側の事情は何かなどの問題は，社会構築主義の枠組みで考えると理解しやすい。

　立法過程についてマクロな視点からもみておきたい。これらの立法をめぐる動きは，1990年代以降の日本社会のリスク社会化と反響し合うように起こったといえる。佐藤雅浩は，「『被害』の発生を，加害者と被害者の関係性，あるいは社会と被害者の関係性のなかからとらえようとする」関係論的な視点が後退し，「ランダムに生起する『被害』と受動的な『被害者』の存在を前提とした上で」，「被害者の救済や被害の発生」を低減させるための「政策論的，リスク論的な視点」が前面に押し出されたと述べている。「児童虐待防止法，ストーカー規制法，DV防止法という3つの法律は，それまで民事不介入の原則によって放置されてきた私的な領域における『犯罪』行為の存在を人びとに認知させ，テロや通り魔といった公的空間におけるランダムな被害可能性だけではなく，家族や親密圏における『被害』可能性についても，公に認定したものであった。これは人びとの日常における安全(secure)の感覚を，身近な空間から揺るがすものであったといえる」(佐藤，2013：145-146)。ストーカー犯罪の報道，ストーカー規制法の成立，そして法改正までの市民による活動は，一般市民が身近な危険を認知するようになった結果であり，そこに警察が積極的に介入することで「安全・安心」な生活を守るという本格的なリスク社会の到来を

促すことにもなったといえる。
　(3)もう一つ，被害者支援と加害者支援を含む臨床的視角が必要である。ストーカーの治療に携わる精神科医・福井裕輝は，「男女間のトラブルに起因するストーカー行為は，警察の口頭・文書警告などで八割が収まる」ものの，ストーカー行為をやめない「そのうちの二割」について，「彼らの特徴は，『自分がつきまとうのは相手のせい』との被害者感情をもち，相手に拒絶されても『自分の良さを理解できないだけ』，『自分の良さを理解できれば受け入れられるはず』などと，自己中心的に解釈する点にある。また，いくらまわりに諭されようと，こうした思い込みを変えられない」と述べている(福井，2014：16-18)。
　なぜ相手に何度も拒絶されて，さらに「警察ざた」にまでなってもストーカー行為をやめることができないのだろうか。福井は「治療によってストーカー行為をやめられる人が確実に存在」するので，「ストーカーという現象をひとつの病理」として捉え，「ストーカーを病人として，適切な治療を行うこと」が必要だと主張している。ストーカー行為を病気として認知し，医療で対応すべきであるという主張である。
　しかし近年では，認知症や精神疾患をはじめ多くの疾患は，医療モデルではなく生活モデルによって地域支援と療養を行うことが一般的になってきた。ストーカー行為についてもそのような視点が必要であろう。社会病理学の立場からは，ストーカー行為を社会病理として認知し，マクロな社会関係の病とミクロな関係性の病の具体的な現象として理解することの必要性を強調しておきたい。たとえば，加害者の来歴をみると，通常の人間関係形成能力を培う機会に乏しい家庭に育ったケースもある。ドメスティック・バイオレンスが常態化した家庭，低賃金労働や非正規就労などのために子どもと十分にかかわる時間をもてなかった家庭の背景には，日本社会における都市化，小家族化を含むコミュニティの変化や雇用問題など，多かれ少なかれマクロ要因が介在している。そのような家庭で他者に対する暴力的な執着ともいえるストーカー行為の傾向が生じたならば，ストーカーはマクロな問題であるとともに，コミュニケーションの病とでもいうべきミクロな問題でもある。

ここで，ミクロな問題であるストーカーにおける関係性の質の問題について考えておきたい。家族や親族，そして地域のコミュニティとの関係性が希薄化していくことは近代の宿命でもある。その代わりに，出身地以外での友人・知人，職場関係，趣味，ボランティアなど，自ら選択して取り結ぶ関係性，すなわち，何らかのきっかけで繋がったり遠ざかったり切れたりする関係性が私たちの社会生活になくてはならないものになっている。ただし，自由で多様な関係性を謳歌するためには，近代的自我と精神的なタフネスが必要とされるのであろう。次節以降，いくつかの事例をみることになるが，そのような強さをもたない青年層や雇用の安定を奪われた中高年層がストーカー行為を行った例が少なくない。他者と適切な距離で継続的なコミュニケーションをすることができない，そして親密な関係にある他者を拘束せずには付き合うことができないストーカーは，関係性の歪みを病んでいる。その病はストーカーの対象とされた他者に対する異常な執着や暴力として，大部分がプライベートな関係性のなかであらわれる。

　福井が主張するように，医療的な対応が必要な場合も多いであろう。しかしまた，行政の相談機関や福祉専門職などがソフトに介入して病的行為を抑制する方法も効果的であろう。これに関連して，アメリカで行われているようなアドボカシー(advocacy)を重視する被害者支援が必要である。今後日本でも，窓口を市町村自治体ごとに設置し，都道府県をまたぐ加害に対応できるように連携体制を整えていくべきである。被害が深刻化する前に相談できる窓口を準備するためには，支援する人材の育成も進めねばならない。加害者支援による再犯防止の対策も非常に重要な今後の課題である(福井，2014；廣井，2014)。

第4節　主要なストーカー殺人事件にみる抑止の困難

　2000年のストーカー規制法の成立・施行から2013年の法改正までに発生したストーカーによる殺人(未遂を含む)事件と関連する法整備は，次の年表のとおりである。

表5-3 主要なストーカー殺人事件と関連する法整備年表

1999	2月，兵庫県太子町で自動車を運転中の女性(20)が元交際相手の男(27)に車で正面衝突され，死亡。 8月，愛知県西尾市の女子高校生(16)が元同級生の少年(17)に路上で刺され，死亡。 10月，埼玉県桶川市の女性(21)が元交際相手の男(27)らのグループに路上で刺され，死亡。（桶川市ストーカー殺人事件）
2000	5月，ストーカー規制法が成立。11月，同法施行。
2001	4月，DV防止法が成立。10月，同法施行。
2004	東京都内でストーカー規制法改正を求めるシンポジウム。 各地でストーカー殺人事件が相次ぐ。
2011	12月，長崎県西海市で元交際相手の男(27)から付きまとわれていた女性の母親(56)と祖母(77)が刺され，死亡。（長崎ストーカー殺人事件）
2012	4月，桶川事件，太子町事件の遺族らがストーカー規制法改正を求めて，東京都内で記者会見。法改正を求める要望書を警察庁に提出。 8月，長崎事件で被害届への対応が遅れた問題をうけて，警察庁は「被害届を即時受理する」方針を決定し，各都道府県警察本部に徹底するよう通達。 11月，神奈川県逗子市の女性(33)が元交際相手の男(40)に自宅で刺され，死亡。 桶川事件の遺族ら，警察庁に要望書を再度提出。
2013	2月，長野県飯田市で，女性(30代)とその子どもと同居する甥(19)が，女性の元交際相手の男(30代)にバットで殴られ，死亡。殺人事件発生前，女性は元交際相手の男からのストーカー被害について複数回飯田署に相談していたが事件防止にいたらず。 5月，岡山県倉敷市で，女性(24)の自宅に押しかけて刃物で刺し殺そうとしたとして，広島県福山市，トラック運転手男性(25)を殺人未遂の疑いで緊急逮捕。被害女性は複数回警察に相談し，警察も警備にあたっていた。被害者は「おおごとにしたくない」と被害届は提出せず。 5月，神奈川県伊勢原市の路上で女性(31)が元夫(32)に刃物で首を切られ，意識不明の重体。2005年に元夫のドメスティック・バイオレンス(DV)の被害を警察に相談，横浜地裁相模原支部は2006年1月〜2007年1月，元夫に接近禁止命令を出し，2006年7月〜2009年10月，女性はシェルター（一時避難所）に避難。2013年4月，女性が自宅近くに隠しカメラ付きの不審な自転車を見つけて通報していた。 6月，改正ストーカー規制法が成立。同時に，改正DV法が成立。 改正ストーカー規制法は，拒まれているのにメールを繰り返し送る行為を禁止。また，加害者に対する禁止命令や警告を，加害者の住所地やストーカー行為の場所を管轄する公安委員会や警察本部長らも出せるように改正。これまでは被害者の住所地の公安委員会や警察本部長らが出すことになっていた。 法改正のきっかけは2012年11月，逗子事件。

2013	10月3日，改正ストーカー規制法施行。8日，東京都三鷹市の路上で女子高校生(18)が元交際相手(21)に刺され，死亡。
	11月，警察庁のストーカー行為規制の在り方有識者検討会の初会合。
	11月27日，千葉県市川市JR駅前の繁華街で女性(22)が刺され死亡。女性は9月に「元交際相手の男性から復縁を迫られてトラブルになっている」と県警に相談。県警はストーカー規制法に基づく警告につながる可能性があるとして，県内に住む20代の元交際相手を口頭で注意していた。
2014	1月，改正DV防止法施行
	5月，大阪市平野区で飲食店従業員女性(38)が男(57)に刺され死亡。男は女性が勤める飲食店の客で，前年9月頃から来店するようになり，翌2014年3月，女性はメールや電話によるストーカー行為について警察に相談していた。同署は男に対し，ストーカー規制法に基づいて電話での口頭注意や書面での警告をしていた。

出所）長谷川・山脇(2014：9, 18-19)，伊田(2015：227-230)を参考に，朝日新聞データベース，愛媛新聞データベースによる情報を加えて筆者作成

　2000年のストーカー規制法施行以降，2014年末までにストーカー行為の末に発生した殺人・殺人未遂は134件である。ストーカー被害者と取り締まりを行う警察の意識の向上により，ストーカー事案の認知件数が激増したことはすでにみたが，もっとも凶悪なストーカー殺人についてはストーカー規制法改正前後で，2013年15件，2014年14件とほぼ横ばいの件数となっている。「多くの犯罪関係立法がそうであるように，ストーカー規制法も被害者の死亡という悲劇的な事件を契機として法律が作られた」(後藤，2014：18)にもかかわらず，ストーカー規制法は殺人事件の抑止についてはうまく機能していないといわざるを得ない。

　1999年の桶川ストーカー殺人事件のように警察対応の決定的な不備が認められる場合もあるが，ストーカー殺人事件の詳細をみると，警察が対応し，加害者に対する警告などの具体的なアクションを行った場合でも，事件が発生してしまった事例が多いことがわかる(長谷川，2014：18-21；伊田，2015：235-247)。

　精神科医の福井は2013年の東京三鷹ストーカー殺人事件をたどりつつ，ストーカー行為の加害者にみられる「恨みの中毒症状」を指摘している。加害者

は，被害者女性と約半年交際したが，その後別れ，そこからストーカー行為が続いていた。事件当日も，被害者女性は両親とともに三鷹署で相談し，知人経由で脅迫メッセージが送られ，自宅周辺で見張られていると担当署員に説明，しかし警察は緊急ではないと判断し，被害者を自宅に帰した。その数時間後，自宅に忍び込んでいた元交際相手による殺人事件が発生し，最悪の事態となった。

警察の判断ミスという批判もありうるが，福井は警察による取り締まりの限界を以下のように指摘している。元交際相手が犯行以前に逮捕されていたとしても，「初犯の場合，刑期は最長で半年」で「執着を断ち切り，二度と接触しない」という保証はなく，「彼はストーカー病であり，その病が癒えない限り，ふたたび同じ行為を繰り返したであろう」（福井，2014：24）。それゆえに，ストーカー行為に対しては医療的対応が必要であるという主張である。

ここで，2013 年 6 月，元妻に対する傷害罪で執行猶予の有罪判決をうけた後，2014 年 5 月，大阪市平野区の路上で飲食店勤務の女性(38)を刺殺した無職男性(59)の取材記事をみておきたい（朝日新聞 2015 年 7 月 23 日付）。表 5-3 最末尾の事件加害者の「その後」である。

傷害罪の執行猶予をうけて釈放後，2013 年 9 月に立ち寄った飲食店の女性に対してメールを執拗に送り続けるようになり，店側から出入りを禁止された。その後，33 通のメールが送りつけられ警察に相談，2014 年 3 月，警察は男性に対してストーカー規制法に基づく警告を行った。そこで男性はさらに逆上し，「いきなり警察なんて許せない。女性を殺して俺も死ぬ」と考えたという。「悪いと分かっていたが，見境がなくなった」と取材に答えている。犯行当日，女性を車で待ち伏せし，自転車で帰宅する途中の女性を追いかけて転倒させ，「頭や腹，首を包丁で刺して殺害」するに至った。加害男性ははじめ新聞取材を断ったが，判決後，再び訪問をうけて「心境が変わった。記事でストーカーの怖さを伝えてくれよ。俺の言うことが歯止めになるかもしれない」と取材を承諾した。拘留中，先に触れた福井の著書『ストーカー病』も読んだといい，男性は「しゃあないよ，病気だったんだ」と語っている。

加害男性は，1956年に福岡県飯塚で炭鉱夫の父のもとに生まれ，極めて複雑な家庭環境のなかで虐待を受けて育ち，中学卒業以降，キャバレーやパチンコ店の従業員，トラックの運転手として生計を立てながら37歳で3度目の結婚，46歳で3,500万円のローンを組み2階建ての1軒家を買うも50歳で脳梗塞，その後，舌がん，離職，自己破産，3度目の離婚をした経緯は，想像するに余りある苦難の連続であったに違いない。とはいえ，男性の加害は決して同情できるものではない。元妻に対する傷害事件からほぼ1年で殺人事件を起こしている。その殺人事件では，被害女性が勤務していた飲食店に初めて来店してから6カ月後にストーカー規制法による警告，その2カ月後に殺害に至っている。短期間に残虐な事件を起こしながら，しかし，最後の取材後に男性から届いた手紙には，「反省や後悔の言葉」はなく，「事件を起こしたのは他人に原因があると書かれていた」。

「1回10分，計8回の面会」という非常に限定的な取材に基づいた記事であり，男性が取材者に胸襟を開いたかどうかは判断が難しい。ただ，ストーカー犯罪の歯止めになればと取材をうけ，さらに関連書籍を読んだ後で，結局自分の犯行を他人のせいで片付けてしまう点については，この男性のストーカー行為の抑止困難とこれからの再犯防止の困難を想像させる。劇症化する「恨み」と間断のないストーカー行為，絶対的な「被害者意識」による復讐に対して，24時間365日，いつ終わるとも，いつ暴発するとも予期できないストーカー行為に警察が逐一介入し，対応することには，非常な困難が伴うと予想される。

第5節　ストーカー行為の処方箋
―加害者の孤独と悩む被害者に向けて―

平成以降，常時携帯の通信機器が急速に普及した。最近ならば，一日中スマートフォンを携帯し，メール，SNS（social network service），Lineなどを使って四六時中友人とやり取りをしているという学生も多いであろう。そのやり取りのなかで，今みたもの，今食べたもの，今考えたことなどのプライベートな

内容をリアルタイムでネット上にアップする習慣をもつ人もいるであろう。空間的距離の遠近を問わず，容易に「世界」とつながることができる通信機器は，日常生活で移動が制限されやすい病身の人や身体的障がい者，そして，多忙な学生やサラリーマンの必需品となっている。ただし，それらの機器の着信数や通信・会話の内容に関わるストーカー行為はより起こりやすい環境になったといえる。いつでもどこでもつながることのできる通信機器は，ストーカー行為に拍車をかける(伊田，2015：55-61)。ストーカー行為への現実的対応を考えるために，凶悪事件以外のリアルなストーカー犯罪を新聞報道からみておきたい。

　2015年7月，東京で女性につきまとい，盗撮した画像を送ったなどとして，警視庁は無職男性(48)を脅迫とストーカー規制法違反，不正アクセス禁止法違反の疑いで逮捕した。2014年8月，コンビニエンスストアで見かけた30代女性の帰宅途中をカメラ付き携帯電話で撮影し，2015年4月，埼玉県のインターネットカフェから女性の画像を添付して「秘密を守らないと危険なことになる」などと書き，女性にメールを送信したという。

　2015年7月，奈良県で元同僚の女性宅に侵入し，盗撮したなどとして再逮捕された中学校教諭(31)は，再逮捕に先立ってストーカー規制法違反容疑で逮捕された。警察の家宅捜索により，押収したパソコンから元同僚女性の写真や動画が見つかったという。中学校教諭は同年3月中旬から心身衰弱を理由に病気休養中であった。

　これらの事件では，つきまとい，住居侵入などの直接的なストーカー行為と，パソコンなど情報通信機器を使ったストーカー行為が行われている。社会問題としてのストーカー行為は，時代の技術革新によって新たな展開を見せているということである。ここでもう一点，ストーカー犯罪の高齢化の兆候について触れておきたい。ストーカー行為の加害と被害は，すべての年齢層で生じているが，近年，とくに高齢者によるストーカー犯罪が報道されている。

　2014年6月，奈良県内の女性(80)にストーカー行為をしたとして，和歌山県の無職男性(85)をストーカー規制法違反などの疑いで逮捕した。男性は2013年11月，複数回にわたり，一人暮らしの女性宅の留守番電話に「家の前で待

ってるぞ」などと録音を残して面会を要求したほか，2014年5月に女性宅の敷地内に侵入した疑いがある。女性は地元警察に被害を相談し，警察は2013年10月には口頭で，2014年1月には文書で警告していた。亡くなった男性の妻が奈良県内の病院に入院していた際，女性と同室だったことがきっかけであった。

　2015年7月，愛媛県で無職男性(83)がストーカー規制法違反の疑いで逮捕された。警察によると，同月6日午前9時50分頃，60代の女性宅に押しかけてトマトを受け取るよう迫り，27日午前10時10分頃，女性宅の玄関を叩いて大声を出すなどしたという。女性は無職男性が以前働いていた会社の同僚である。2014年8月28日，女性が「キュウリを渡そうと執拗に迫ってくる」と警察に相談し，警察は無職男性に2度の警告を行っていた。

　これらの事例は，高齢化が進む日本社会で，今後さらに深刻化することが予想される高齢者ストーカーの典型ともいえよう。後者の事例については，つくった野菜を分けて何が悪いのかと思う向きもあるかもしれないが，同じような時間帯に頻繁に自宅を訪問され，野菜を受け取れと迫られた女性の困惑や恐怖はどれほどであったか計り知れない。

　過疎高齢化がすすんだ地方においても，住民どうしの関係が脆く薄くなってしまったのであろうか。80代男性の暴走は，かつての農村のコミュニティならば，地域の世話人が取り持って歯止めをかけることもできたかもしれない。あるいは，現行の制度で保健師や社会福祉の専門職などが適切に配置され，地域の生活課題にきめ細かく対応する体制があれば，高齢男性のストーカー行為を軌道修正するような支援が可能だったかもしれない。しかしながら，上でみたケースのように，地域で解決することができず，警察の介入と逮捕にまで至る高齢者が増加している。統計データをみると，60歳以上のストーカー行為者は，2009年1,991人(全行為者における割合8%)から2014年2,199人(同9.6%)と実数は増えているが，割合としては微増という程度である。ただし，2003年の473人(同5.4%)と比較すると，高齢者によるストーカー行為は明らかに増加しているといえる。

無職，休職中，高齢独居の男性によるストーカー犯罪の事例をみると，ストーカー行為者に必要な支援がみえてくるであろう。長年にわたってカウンセリングなどのストーカー関連の活動を行う小早川明子は「ストーキングは薬で完治するようなもの」ではなく，「体質改善を決意する」（小早川，2014：163-164）ことが重要であると述べている。日々の暮らしで出会う人や足を運ぶ集まりをつくっていくこと，端的にいうと，新しいコミュニティづくりは高度経済成長期以後の行政や福祉専門職，各界研究者の悲願であるが，それこそがストーカー犯罪の抑止にもなるはずである。被害者をなるべく早期に相談につなげる人材の育成と仕組みの整備も喫緊の課題である。相談窓口と相談しやすい専門員，そして，緊急時のシェルターをそれぞれの地域に適切に配置し，地域の警察と自治体の相談窓口をはじめとする関係機関が連携を強化し，都道府県を超えた情報共有を推進することが望まれる。ドメスティック・バイオレンスの被害者に呼びかけるシールが官公庁やスーパーの化粧室に貼られることは一般化したが，ストーカー対策についても同様の工夫が求められる。

引用・参考文献

エマーソン・ロバート・M，ケリー・O・フェリス，キャロル・B・ガードナー著，渡會知子訳(2006)「ストーカー行為の自然史―関係についての非対称な認識の展開過程」平英美・中河伸俊編『新版　構築主義の社会学　実在論争を超えて』世界思想社：93-161

長谷川京子・山脇絵里子(2014)『ストーカー　被害に悩むあなたにできること　リスクと法的対処』日本加除出版

廣井亮一「ストーカー加害者への司法臨床」『犯罪と非行』第178号，日立みらい財団：68-83

法務省法務総合研究所(2014)『平成26年版　犯罪白書窃盗事犯者と再犯』

福井裕輝(2014)『ストーカー病―歪んだ妄想の暴走は止まらない』光文社

伊田広行(2015)『デートDV・ストーカー対策のネクストステージ―被害者支援／加害者対応のコツとポイント』解放出版社

後藤弘子(2014)「ストーカー行為に対する警察の対応とその問題点」『犯罪と非行』第178号，日立みらい財団：18-39

警察庁生活安全局生活安全企画課刑事局捜査第一課(2015)「平成26年中のストーカー事案及び配偶者からの暴力事案等の対応状況について」

小早川明子(2014)『「ストーカー」は何を考えているか』新潮新書

岡邊健(2014)「犯罪に機能がある？」岡邊健編『犯罪・非行の社会学　常識をとらえなおす

視座』有斐閣ブックス：3-24
佐藤雅浩(2013)「近代日本における被害者像の転換」中河伸俊・赤川学編『方法としての構築主義』勁草書房：145-146
「ストーキング・リソース・センター」ホームページ(http://www.victimsofcrime.org/our-programs/stalking-resource-center)
清水潔(2004)『桶川ストーカー殺人事件―遺言』新潮文庫

お薦め文献

後藤弘子(2014)「ストーカー行為に対する警察の対応とその問題点」『犯罪と非行』第178号，日立みらい財団：18-39
小早川明子(2014)『「ストーカー」は何を考えているか』新潮新書
エマーソン・ロバート・M，ケリー・O・フェリス，キャロル・B・ガードナー著，渡會知子訳(2006)「ストーカー行為の自然史―関係についての非対称な認識の展開過程」平英美・中河伸俊編『新版　構築主義の社会学　実在論争を超えて』世界思想社：93-161

第6章

ドメスティック・バイオレンス

Keyword

DV　親密な関係性　加害者臨床
臨床社会学　コントロール行動

はじめに―親密さに潜む,すぐそこにある暴力―

　「関係性の病理」の多様な姿が示されている本書のなかで,この章は親密な関係性を扱い,そこに発生する暴力(ドメスティック・バイオレンス:DV)について考えてみる。親密な関係の典型は家族関係である。親子と夫婦が基本となるが,元夫婦や恋人も視野に入る。事実婚・内縁関係,同性同士の対関係(カップル)も含む。一方的な恋慕の情をいだいて脅迫するような追跡を行うストーキングも一部該当する(現行のストーカー規制法「ストーカー行為等の規制等に関する法律」の定義は恋愛を基本にしているが,これでは狭い)。ここでは考察できないが,社会病理学的な問題としては,家庭での思春期青年期暴力,職場や学校でのハラスメント,仲間同士のいじめ,部活での体罰問題,カルト集団での洗脳として表面化する行動と近い。

　また,DV は身体への暴力だけではなく,相手をコントロールしようとする心理的感情的作用も含む広がりのある行動を射程に入れる。人格や人間性を否定するような言動である。これはモラルハラスメントという(イルゴイエンヌ,

1999)。すぐそこにある暴力，いちばん身近な暴力の典型としてのDVについて理解することは，学問的だけではなく，読者の人生にとっても有益なことだろう。

第1節　親密な関係性における暴力のあらわれ方
―今から会いたい，稼ぎが少ないと聞こえる，お前のためにという男性たち―

(1) 会いたいと携帯メールが入る

　木曜の3限目，筆者が担当する学部の授業「社会病理学」の講義のあとで女子学生が教卓に近寄ってきた。彼氏とのつきあい方のことで相談したいという。彼は同じ学部の別の専攻に所属していて，受講している科目が休講になったのでこれから会いたいという携帯メールが授業の直前の昼過ぎに届いた。彼女が受講するこの授業は午後1時からはじまる。悩んだという。せっかくの機会でもあるし，彼のこころが離れていくかもしれないので会うべきか。でも彼女は受講したい。幸か不幸か，DVについて親密な関係性における暴力という観点から話をした次の回だったので思い悩んだという。類似した問題として恋人同士の暴力（デート・バイオレンス）の話もしていたからである。

　その授業では，2015年3月の「男女間における暴力に関する調査報告書」（内閣府調査）を引用し，交際相手からの暴力の経験について紹介した。女性の19.1％が暴力を受けたと答えていること，また，配偶者から「何度も暴力を受けた」と答えた女性は9.7％いたことなどである。さらに，殴る，蹴るという身体への暴力だけではなく，何かを強いる行動や心理的な追い詰めなどの広い行為を「コントロール行動・強いる行動 coercive control」として捉えるべきであるという話をしたばかりだったので，彼女の悩みを深めたようである。「あなたの悩みは新しい気づきでもあったのだから，相談に来ることができたのではないか」と励ました。

　もちろん彼に他意はなく，純粋に会いたいという思いだったのかもしれない。

だから,「授業が終わったらいいよ」と返事をするだけで済んだのかもしれない。しかし, 彼女に授業があることは親しくつきあっているのならわかっているだろう。にもかかわらず, そうしたメールを出すことはコントロールや強いる行動という面があると説明した。この点では, 彼女だけが悩むという点に親密な関係性における暴力の厄介さが潜んでいる。つまり, お互いにそのようなメールを出すことが常であるならば別だが, 聞けば彼女からは決してそのようなことはしないという。身体への暴力ではないが, 彼女の自由を悩ませている。しかも, もっぱら彼女が悩むのである。これが関係の非対称性である。愛情にコントロールされている。愛情という名を冠した束縛から始まる DV 問題を理解するカギがここにある。

　まとめると, そのメールは他者の行動を悩ませる(コントロールする)ことになる役割を果たしている。それが愛情という名のもとに, 彼女が悩むことへの配慮もなく, 一方的にやってくる。彼氏の行動はこのような意味で, すでに相手を尊敬していない, 少なくとも配慮していないといえる。問題は彼がこのことに無自覚なことである。暴力男とよぶ程のことでもないかもしれないけど, すでにブラック彼氏であり, 将来はモラハラ夫になるおそれがある。

　さて, そのようなコントロールや強いる行動が家族同士の場合はどうなるか。もちろん家族関係は互いの意のままにならないことも含んで成り立つ相互扶助があり, 相互に束縛しあうことも多いし, 不自由もある。コントロールや何かを強いる行動と紙一重である。その機微に即して DV を考えてみよう。

(2) **稼ぎが少ないと言われたように思う―劣等感のうらがえし―**

　筆者が取り組む DV・虐待の加害者との脱暴力面談やグループワークで, 38歳の会社勤めの2児の父親が自らの暴力の体験を話した。夕ご飯の食卓で, 妻がため息交じりに「今月苦しいのよね」と話しかけたという。夫は突然怒りだし, 妻を平手打ちしたという。その男性はグループワークで反省していたが, その時の妻の発言は,「あんたの稼ぎが少ない」と聞こえたという。彼は常日頃から収入が減っていることを気にしていた。

本来は，その月のやりくりをどうしようとか，妻もアルバイトに行けないのか，貯金を少しばかり食いつぶそうなどとして会話を続ければいいことである。ましてや妻が夫を非難しているわけでもない。しかし，彼にはそう聞こえる耳しかなかった。認知の仕方が固まっていた。妻からすれば，暴力を振るわれる理由がわからない。出来事の解釈や意味づけ，つまり認知のずれがある。

彼の暴力は日常的に保持している意識と行動を基盤にしている。暴力のきっかけは相手側の何らかの会話・言葉・態度であるが，それは彼の頭のなかにあるイメージや文脈，つまり意味づけであり，被害者には訳がわからない。彼の行き場のない怒り，恨み，嫉み，鬱憤，甘え，依存が一気にその関係性のなかで行動となっている。物事や言葉の認識の仕方や感情表現方法が独自にある。彼の思う問題の解決行動として暴力が選択されている。彼はこれら総体から成り立つ日常生活を生きている。親密な相手だからいいだろうと思っている。こうしてみると，その暴力は決して偶然ではない。きっかけは遍在しており，暴力以外に解決行動がなく，選択肢は貧しい。暴力を支える認知の仕方や意味の解釈が瞬時に動員され，家族だから犯罪にならないという甘えや依存の意識に支えられている過程がよみとれる。暴力がそこに潜在している日常生活を生きている。出来事は構造を可視化させる。

(3) 「お前のために」といってしつけること―虐待とDV―

虐待とDVは親密な関係性や家族の関係をとおして重なりあう。ある地方裁判所の刑事法廷の例で，継父が2人の中学生の息子への虐待を繰り返し，傷害罪で起訴された事件がある。妻へのDVもあったという。妻にも息子を罵り叱りつけるように強要していたという。父親はしつけだと言い張り，動機において虐待を認めていない。いきすぎた行為としての暴力は事実として認めたが，いうことをきかない子どもを矯正するために必要な暴力であったと一貫して主張していた。要するに，子どもが悪いと言い張っていた。これが他罰性である。この家では，その父親特有の「ルール」が定められていた。たとえば門限は午後5時（中学生に！），うそをつかないなど。母親や前夫のしつけがきちんとで

きていなかったので，成績も悪いし，あいさつもできず，よくうそをつき，日常の生活の基本ができていなかったからだという。門限までにきちんと帰ってくるかどうか，ベランダから双眼鏡で見ていたこともある。そのために定めた「我が家のルール（実態はマイルール）」であるという。

　確かに「うそをつかない」というのは大切なことであるが，成長の過程でまったくうそをつかずに生きていくということを約束させられる方が無理である。「うそをつかない」というルールはすぐに破られるし，殴られるのがこわくて「うそをついていないといううそ」をつきとおすはめになることも避けられない。このようなルールの設定は恣意的なので，どちらにしても「虐待する理由をつくっているルール」のように機能する。ルールが守れなかったら「長時間立たせる」という罰もあったそうで，耐えられるものではない。その罰も守れなかったら，また虐待が待っている。すべては「矯正」のためにということである。ルールを破ったときのルールとして暴力を用いるのはルール違反である。暴君として君臨できるだけである。罰としてふとんたたきで殴ったことがあった。そのふとんたたきが激しい暴力で折れたという。折れた箇所をつなぐため細い鉄の棒で補強し，それでまた殴った。傷害の罪で起訴されたが，争点となっていたのは虐待である。これはしつけだったという虐待する親の勝手な言明と行動が浮かび上がっていた。

　しかし，傍聴していた筆者は歯がゆかった。「これはいきすぎたしつけではなく，虐待である」との専門家の証言を引き出した検察官であるが，弁護士も勝てる法技術しか用いない。継父の弁護人は伝統的な情状刑事弁護に終始していた。「彼の不幸な履歴としつけのためにという親心を勘案すれば相当程度の情状酌量の余地がある」という主張である。虐待する親への行動改善命令制度，その指導体制・方法論・援助技術が不十分なので，司法も伝統的な枠を超えることができないということである。彼は地裁では懲役3年となった。

(4) 誰にとっての親密さなのか

　DVと虐待の重なりは面前DVという。子ども虐待の定義にも採用され，

DVの理解のなかへも拡大されてきた。子どもがいるところで親同士が暴力を振るうことは子どもの心身の発達に否定的な影響を与える。「お前はいつでもそうだ，愚図でのろまな奴だ，こんなことさえできないのか」という暴言を子どもの前で妻に向けることは，母親の人格を傷つける。それを面前で見て聞いていた子どもは，罵しられている母の姿をどう受け取るのか。まねをする子どももいるかもしれないし，大切な母親が足蹴にされることを悲しむのが常だろう。いずれにしても否定的な影響は大きい。

　また，親密な関係性における暴力の具体的な内容である子ども虐待，老人虐待，ストーキング，DVは相互に関連している。対応する法律や制度は異なるが，別れた妻に復縁を迫ることはストーキングともなる。あるいは，65歳以上の夫婦が相互に介護をしていて暴力があると，それはDVそのものであるが，老人虐待という枠に収められることもある。子どもの思春期青年期の家庭内暴力は親の暴力への対抗や防衛でもある。子どもの育てにくさやしつけが必要であるとみえる背景に，何らかの障がいがあることもある。要支援ニーズのある子どもの場合，理解できない親もいる。逆に，親による虐待の結果としての子どもの防衛や抵抗があり，それらを育てにくい子どもとして認知してしまう親もいる。これらの多様性があるように家庭内暴力は一筋縄でいかないが，いずれにしても暴力を用いて問題を解決しようとして，コントロールと強いる行動が生じる頻度が高いのが家族であるといえる。

　なかでもDVのコントロールや強いる行動は幅広く定義されている。妻が友人とのつきあいや仕事で外出することをあれこれ点検すること，携帯メールをみせろということ，ネットサーフィンの履歴を詮索することもあり，それらはつきまとい（ストーキング）そのものである。相手の自由に陰りを与える脅威となる。これらは日常行動のコントロールとなり，基本的な不安を募らせる。その意味では暴力性を帯びる。

　最後の問いとして，その親密さは誰にとっての親密さなのだろうかという点について考えておきたい。DVが起こるのは親密な関係性である。親密さはそもそも主観的なものなので，相互に等しく親密さを感じているのではない。ま

た，親密な関係性では個人間の距離は近い。他人ではできない相互の接触が可能であり，時には侵入と感じられる事態もおこる。身体のふれあいが愛情の交歓のもとになされるし，心理的にも一体感はある。ここを根拠にして，愛情，相互関係，ケアしあうことと不可分にして暴力がおこる。そのからくりはジェンダー作用を背景にしている。一般的に愛情表現役に女性が期待される。愛の交歓は非対称な情動的関係と観念され，ケアや世話をとおして愛情を表出する側に回ることを女性役割とするのが性別役割を求めるジェンダー作用である。冒頭の女子学生もそうであり，配慮(ケア)していたのはいつも彼女だった。親密な関係性を互いに期待するが，それは「ケアされる人／ケアする人，食事をつくる人／食べる人，子育てする人／子育てを手伝う人」などの非対称な対関係として分担されていく。このようなことの延長線上に，親密さの「与え手と受け手」というカテゴリーができ，男性にとって都合のよいように親密な関係性ができあがる。相互に役割期待の異なる関係性が親密さという想念をまとうともいえる。この非対称性それ自体が母胎となり，日常生活や日常行動が営まれ，そこに暴力が潜む。

第2節 対人関係・相互作用・コミュニケーションに潜む暴力
―日常生活と暴力のかかわりをみること―

(1) DVの起こる相互作用の3つの特徴

このように，街頭で発生する暴力，通り魔の暴力，窃盗や強盗に伴う暴力とは異なる明確な特徴がDVにある。それは，非対称な関係性に内在していること，対になる二者関係を媒介にしていること，相互作用というコミュニケーションの過程にあらわれる。筆者の脱暴力臨床例からその詳細を次のように整理しておきたい。

第1の特徴は，被害と加害の転倒した様子がみられることである。他罰的な意識と態度を加害者はもっている。「お前が悪い，お前が殴らせている，愛情

があるから暴力を振るうのだ」などという。ジェンダー規範はこうした「転倒」「倒立」を加害―被害関係にもたらす。加害者の他罰性は被害者の自罰性と対になり，被害者に自責の念を喚起させる。モラルハラスメントを伴い，「暴力を振るわれるような弱点がお前にある。それを自分で考えてみろ」と指図し，弱点を自ら考えさせる。それに応答するが，何をいっても否定され，常に被害者に非があるように仕向けていく。審判するのは加害者だからである。

親密な関係性は逃れにくさとしても構成され，そのなかを生き延びるための生存戦略を被害者はとることがある。たとえば，加害者との同一化という対人関係の現象がある。生存戦略としては暴力を振るう者の視点を内面化せざるを得ない。自分の喪失ともなり，自分で自分の人生を生きていないような感覚，他者への奉仕のような日常生活を余儀なくされる。転倒はこのような意識を被害者に与える。

さらに見逃せないことは，親密な関係性で暴力を振るう者は過去に暴力を振るわれてきた経験をもつ者が多い点である。子ども時代に受けた虐待，体罰，いじめである。現在の関係に自らの過去の家族関係を再現しているようでもある。子ども時代に虐待的環境を生き抜くために採った加害者との同一化はこのようにして成就する。しつけとしての虐待を受けた時，上記の裁判事例のように親は「お前が問題だから暴力を振るわれるのだ」といっていた。体罰も「お前の頑張りが足りないからだ」と指導者に言われる。「いじめられる側にも何かの弱点や課題があったのだ」と克己と忍耐を強いられるいじめ問題にも同じことがおこっている。暴力がこうして再生産される。その刃は自己に向かえば自殺や自己否定・自己嫌悪となる。

第2の特徴は，相互に希求し，一定期間持続する関係性がつくられていて，それを背景にしていることである。逃れにくい関係性（システム）があり，包囲網のように存在している。見えない壁のようである。これは愛情をもとに結びつく家族システムの特徴である。家族は私的な領域で，そこでの問題は家族自らで解決できると思っている。しかもその内側での境界はあいまいで，夫婦や親子は一体となった共生体のようでもあり，加害者はその関係性の頂点にいる

と錯覚する。

　被害者が外部に相談にいくと，家の恥を外部にさらしたといって被害者を責める。さらに「あいつこそ精神的におかしい面がある。被害妄想的である」として妻を病人扱いする。「ガスライティング」という言葉がある。それは古い映画『ガス燈』に由来する。被害を訴える側を精神に障がいがある人物として仕立て上げていく様子を描いたサイコサスペンス映画である。徐々に被害者を飼い慣らしていく「関係性の病理」をもたらす行動のことである。相互に扶助し，ケアする関係にある家族関係はこうしたリスクをかかえる(中村, 2013)。

　第3の特徴は，そのような相互作用は二者関係という対の関係(カップル)に閉じていることである。言葉や感情，心理的なコントロール，そして身体への物理的な力の行使をとおして，しかも，それらをコミュニケーションと勘違いして暴力が用いられる。加害者にとって暴力は意思の伝達の手段となっている。言葉にならない感情を伝えるコミュニケーションとして暴力が位置づき，非言語的なコミュニケーションそのものとして暴力が選ばれる。愛情があるから，親密な関係性だからこそ暴力になると真剣に考えている。そのようなかたちで感情表出をしてきた彼の人生がある。

　さらに，一般的な男性性の問題がある。親密な関係性における表出の貧困さが暴力へと展開されていく。暴力を振るうことも友情や愛情の形成となるコミュニケーションであると観念されている男性の勝手な行動のなかへ相手を取り込み，そのなかで暴力が正当化されるのである。

(2) DV 被害の特徴

　他方の当事者・被害者は逃れにくい関係性へと折りたたまれていく。愛した人，親しい人から受けるDVは特別な傷つきとなる。また，DVは長期にわたり繰り返し断続しておこる。

　DVのきっかけとして，「それはささいなことだった」と殴る人はいう。しかし，ささいなことであるからこそ被害を受ける人にとっては深刻である。そんなささいなことでどうしてこんなに暴力が起こるのか，いつ起こるのか，い

つ終わるのかと恐れをいだきながら日々を一緒に過ごすこととなるからである。ささいなことで暴力を振るわれること自体が理解できない。ささいなことなら話し合えばよいだけである。ささいなことというのは加害の側の言い訳でしかない。「卵の殻の上で暮らしているようである」「地雷とともに生活しているようである」と表現すれば，被害者の日常生活の深刻さが理解できるだろう。

　こうして，DVの被害者はいつもなにかに怯え，敏感になり，息苦しいものとなってしまう。乳児や要介護老人は声さえあげられない。こうなると安らぎの場としての家庭でなくなる。やっかいなことに，世間体もあり，加害者が殴らない時もあり，場合によっては謝罪もするので，なかなか表面化しないのがDVである。このような環境に長くいると，正常な感覚が麻痺する。家族を訴えることとなるので，援助を求めることすら罪悪と感じてしまう。だからDV被害者の心理は独特なものとなる。心の傷のあらわれ方は多様だが，共通性がある。

　ひとつめは，暴力を振るわれたその時の出来事が突然思い出されることがある。再体験ともいう。繰り返し衝動的に記憶がよみがえる。悪夢を見ることもある。その時の場面がリアルに想起されることにより，恐怖が高まる。

　2つめは，その傷を思い出させる契機や出来事に関わるような刺激を無意識的に避ける。あるいは，そのような刺激に敏感にならないように防衛心が作用し，感情鈍麻がおこることもある。その時のことを想起させる行動，風景，人間，場所，感情，言葉などを避けようとする。

　3つめは，過覚醒（自律神経系の興奮症状）である。入眠困難，中途覚醒，不眠などである。ささいなことに神経が過敏になる。たとえば髪を掻くために手をあげた他人の動作にもビクッとしてしまうような感覚である。このような不安定な心理的状態をもたらすので，親しい者同士の暴力はとくに深刻な被害となる。夫婦喧嘩ですまされないのがDVである。

　親密な関係性はもともと対等ではない者同士の関係である。物理的な力，社会的な資源や経済（お金），コミュニケーションの仕方や方法，身体的特性など，あらゆる点で非対称的である。だから相互作用をとおして，ケアすること，愛

情を交歓すること，導くことや指導すること，看ることなどが生じて，親密さを感受し，表現する。それらは二者関係であり，対になる関係性であり，友人同士や仕事仲間とはちがう親密な関係性を構成する。このような親密な関係性に内在して暴力が宿る。

(3) 二者関係の暴力であるが故の深刻さ

親密な関係性は二者関係であり，それは対の関係性という特徴がある。他者は他者でない特別な人となる。家族外の人間関係とは異なる。家族という制度は私的領域として観念され，社会のなかでは特別な時間と空間と観念される。内と外という意識をもたらしやすい。家族の内側では，他者であれば保持する，超えてはならない境界線が低くなる。共に生活するので，身体への相互関係が強い。境界が重なりあう。ここを基底にして暴力が生成する。それは相互関係が侵襲・侵入へと転じていく事態である。二者関係は，わたしとあなたというかけがえのない人格的な関係である。直接性のある関係である。そうした感情の襞に暴力が入り込む。これは相当につらい体験となる。これを微視的攻撃性とよぶ場合もある。

マイクロ・アグレッションは，日常的に持続するいじめ，いやがらせ，ハラスメント，ヘイトスピーチなどと重なる概念である。あからさまな差別というよりは，現在は主に，マタニティハラスメントで指摘されるような，「迷惑だ」「辞めたら」というような言葉を浴びせかける，「くさい，ゴミ」だといういじめなど，間接的な差別になるような人格を傷つける言動を意味する。

また，関係が親密であるという意識は暴力性の認知を歪める。共生体としての家族は感情をもとにしてつながりあう。性的な関係も伴う身体関係性が濃厚にあり，共食，共寝，共苦する。そうであるがゆえに，葛藤と紛争が蓄積されていくことになる。離婚の際の骨肉の憎しみあいをみれば，その憎悪や怒りの激しさがわかる。

この親密な関係性は暴力に対して脆弱である。脆弱さを意味するヴァルネラビリティ(vulnerability)という言葉は「暴力誘発性」をも意味する。距離が近

い者同士は葛藤を抱え，争う機会が増える。相互に関係を希求し，よかれと思って意見をし，相互に面倒を見合い，配慮し，世話をする。感情を交流させる。理性というよりは気持ちを大事にする関係である。このような間柄での暴力は，その関係性のねじれやこじれにもとづきおこる。もちろん大半は一過性であるし，憎悪というよりも行き違いやズレであることが多い。しかし，そこに根ざして持続的で執拗な暴力が徐々に生成されていく。

　このような相互作用に根ざして二者関係という微視的な過程に入り込むDVは，さらに社会のもつ暴力性によっても支えられている。くわえて暴力加害者のパーソナリティ特性が荷担する。それは主に生育歴による。男性の加害者が多いとはいえ，ジェンダー作用が一様に男性に影響を与えるのではない。暴力を振るわない男性もいるし，女性が加害者になることもある。しかし，暴力を振るう人たちをみると，ジェンダー作用，パーソナリティ特性，生育歴における被虐待経験の3つの重なりをとおして，どちらかといえば男性の加害が多く現出する。暴力を支えるジェンダー作用とは，①固定した役割意識のもとで生き方を拘束するようなパターナリズム的な家族規範の押しつけ，②とりわけ性別役割分業意識にもとづく家族ケア役割の男女への異なる配分，③自責・自罰の心理が女性役割意識に親和的であることなどという社会の意味づけとなり，DVを支える。このような家族関係をとおして構成される虐待的パーソナリティの持ち主に濃縮されてDVが発現する。

第3節　社会問題としてのDV

(1)　親密な関係への法的介入

　対人暴力としてのDVが深刻になれば殺人へと至る。逆に被害者が加害者を殺害することで終止符を打つこともある。妻による夫殺人である。これは過剰防衛という面もある。もちろん，DVは以前からあった問題であるが，国際的には1995年の第4回世界女性会議(中国・北京)で「女性に対する暴力」として広く社会問題とされて以降，ジェンダー暴力，性犯罪としての暴力，人身売買

(トラフィッキング），儀礼的な暴力なども含めた広い定義をもとにして，世界各地で対策がすすめられてきた。日本では2000年代になってから順次法整備がなされてきた。ジェンダー暴力としてDVを位置づけることは，個別の家庭の問題，加害者のパーソナリティの問題としてだけ把握しない，つまり，社会問題として位置づけるということを意味する。

　一般に，家庭内暴力への介入はその関係性に配慮した特殊な形態となっている。被害と加害の関係が身近な者同士であることに配慮して，保護命令（DV），一時保護や親子分離（子ども虐待），接近禁止命令（ストーカー行為），養護者（介護者）支援としての高齢者虐待対策などの特徴ある対応が法律により整備されてきた。

(2) **具体的な法制度**

　DV加害者は，いままで妻に暴力を振るうことに罪の意識がなかった分，事態がよく理解できない。こうした命令を発せられ，自暴自棄になったり，逃れた妻子を追跡したり，社会へと怨恨の感情をふくらませたりするかもしれない。DVにはストーキングが重なることもある。大半のDV加害男性は，夫婦喧嘩と思っていたのに，妻から「あなたの行為はDV」と指摘され，呆然自失となり，地方裁判所から保護命令を発令され，事案によっては妻が離婚を決意し，家庭裁判所から夫婦関係調整という名の離婚調停に呼び出されたりする。加害男性の精神衛生も悪化する。この時に，彼らを脱暴力へと向かわせる行動援助の機会があれば効果的である。このDV加害への対応の幅は広いと考える。触法性の高い行為への刑事罰的対応から，「大人の非行」とでも形容できる教示的な対応レベルまでの幅がある。家庭内でしか暴力を振るわない者もいれば，家庭内外で粗暴な者もいる。

　DVの背後にあるジェンダーの意識も見直しが求められている。親密な関係性，なかでも家族は私的自治領域として，そこでの争いごとには不介入が原則だった。面倒なことが多いからである。事件として法に触れることがないかぎり，いや，法に触れる行為があったとしても表面化されにくい。家族をはじめ

とする親密な関係は「法の外部」，つまり「非法領域」として存在している（いた）。殺人の半数近くは家族同士，親族同士の騒動の結果であるし，世間を震撼させた事件が家族を舞台にしているため，親密な関係性に関心が集まり，徐々に介入が制度化されてきた。

DVを対象にしたのが「配偶者からの暴力の防止及び被害者の保護等に関する法律（DV防止法）」（2001年）である。事実婚を含む配偶者間での「身体に対する不法な攻撃で身体又は生命に危害ある行為」を対象にしている。法律のなかに保護命令制度がある。それは，加害者に対して2カ月にわたり住居から退去することを命じる退去命令と，6カ月の間，被害者に近寄ることを禁じる保護命令から成る。地方裁判所から加害者に発せられる。子どももその対象にすることができる。元夫婦関係にある者，事実婚にある者も対象となる。

その保護命令に違反すると1年以下もしくは100万円以下の罰金という刑罰が科せられるという仕組みである。これらはすべて一時的な当事者の分離という民事上の措置である。加害者のすべてが触法行為で刑事罰の対象となるのではない。これは被害者も厳罰を望んでいないこともあるDVの特質に関連している。

さらに，労働法制におけるセクシュアル・ハラスメント規制（使用者に防止

```
ストーカー規制法
DV防止法
児童虐待防止法                  介入（刑事±α）
高齢者虐待防止法                 α＝支援，回復，
    ＋                            治療，復帰，
ハラスメント規制（労働法制）         再統合，再参入
    ＋
いじめ防止対策推進法            ⇒更生（リハビリ）
ハーグ条約国内実施法
    ＋                          修復的正義・司法
スポーツ指導・部活の体罰         治療的・回復的司法
                                …問題解決型裁判
                                回復ユニット（共同体）
脱暴力への社会資源
```

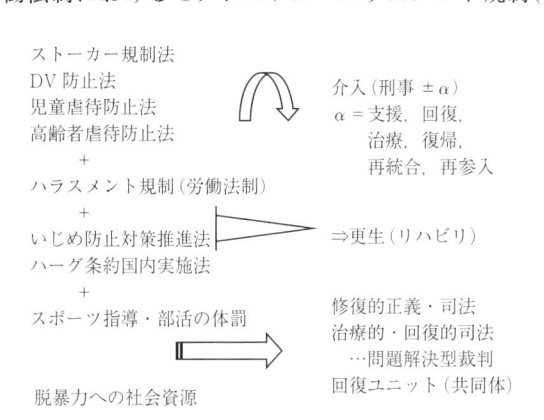

図6-1　親密な関係性における暴力の相関図
出所）筆者作成

の努力を課す），民法改正で創設された成年後見制度（老人虐待や障害者虐待へも対応），「児童虐待の防止等に関する法律（児童虐待防止法）」(2000年)，「ストーカー行為等の規制等に関する法律（ストーカー規制法）」(2000年)など含めて子細に検討すると，夫婦関係，男女関係，親子関係などの親密圏での問題が法化されている共通点がある。夫婦喧嘩と思っていたDV，しつけや体罰と思っていた虐待，恋愛感情と思っていた強い嫉妬心がここでは問題となっている。監護，介護，育児，看護などの家族の私事が劈開される。総じて，新しい領域の法化現象である。こうして社会システムは親密圏での暴力を無視できなくなった（これらの相関を表現したのが図6-1である）。

(3) 脱暴力をどうするか

まずは，暴力を受けている被害者が援助を求めることから変化が始まる。被害にあっていると思われる場合は，都道府県に開設されている「配偶者暴力相談支援センター」が窓口となり，相談を実施し，保護命令の手続きを行う。より緊急性のある場合は，警察に助けを求めることになる。一時的に避難する場所としては各地の婦人相談所の保護施設がある。

しかし，法律は罰を科すことには消極的である（司法消極主義）。とはいえ，危険な関係を継続させるわけにはいかない。だからこうした分離の措置をとることとした。被害を広く救済し，心理的暴力や言葉の暴力や人格の侮辱とも関わらせて相談の対象とした。なぜなら，DVや虐待の特徴は，その犯罪とならない暴力，親子や夫婦（元夫婦）という関係性のなかの行為という点にこそあるからである。たとえば，心理的な暴力の加害にどう対応すればいいのか，感情的な虐待に対して何ができるのか，被害者が罰を望んでいない場合はどんな対応がいいのかなどが課題となる。したがって，従来の刑罰よりは拡張した領域や関係を対象にして加害者への対応が求められ，心理的な面に焦点をあてた法―心理的な支援が焦眉の課題となっている。

今後の課題は，近寄ることを禁止された加害者・虐待者への何らかの援助や介入のアプローチである。不作為命令を受けた当の本人はひたすら我慢するし

かない。彼は孤立感を深め，社会や被害者への憎悪感を強める危険性がある。保護命令や禁止命令も，繰り返して発令できるとはいえ，一回としては最長で6カ月でしかなく，被害者の不安はなお続く。

　DVの加害者はもともとセルフコントロール・対人関係・コミュニケーションが苦手な行為者たちである。愛着や親密さについて主観的な世界を構築し，それに従って行動する。だからよけいに憤りに満ちていく。妻に近寄るなという命令を出された加害男性，暴力を主因にした離婚調停や別居中の男性も同じで，悶々としてその期間を耐えなければならない。早々に虐待者・加害者へのアプローチがなされなければ，家庭内暴力対策は完結しないどころか，無関係な者への社会的な憎しみを強めることになりかねない。通り魔事件はその典型である。

　新しく家庭の暴力に介入し始めて法化された領域で問題行動を繰り返す加害者は，一方では，コミュニケーションや対人関係の問題をかかえ，心理的行動的な援助が必要な層であるという意味において，接近禁止命令とその違反への罰という刑事処分だけでは行動の自己修正ができにくいという特性をもつ（もちろん抑止効果はある）。そして他方では，心理的な問題を抱えて，孤立感を深めていく層ではあるが，自ら来談して相談するという伝統的な心理臨床になじむ層でもない。積極的な介入が必要であるが，法律や制度や他者に命じられてどのように内面が変化するのか疑問でもある。つまり，こうした新しい制度は，既存の援助の枠組みから外れる援助対象者をつくりだしているということになる。親密な関係を法化した社会は，新しい類型の加害者や虐待者を発見しているということである。

　そこで問いはこうなる。刑事罰でも心理臨床でもない何らかの介入や援助が必要な行為者に対して，いかなる脱暴力化の方策がありうるだろうか。罰はもちろんのことであるが，その罰をとおしてしょく罪へと加害者を援助し，ケアすることがないと，傷ついた社会や関係性が回復しない。アルコールや薬物依存からの回復に先駆例があるが，DVにおける脱暴力への変化にはまた別のアプローチが必要である。まだその術や方策は十全ではない。大きくいえば，保

護命令という民事と罰の一環としての脱暴力へのカウンセリング受講という新しい境界域にこれらの課題は入り込んでいる。このような司法の新しいあり方を問題解決型裁判と欧米では位置づけ，特別な裁判制度を構築している。行動の修正を命じる「治療的司法」という概念がそれを支えている。

第4節 どうすればよいのか
―暴力をなくすための介入と脱暴力支援・加害者臨床について―

(1) 被害者支援に必要なこと

まず，被害者理解である。家族や親密な関係性において長い間被害にあっている女性の特徴をバタードウーマン症候群と名付けたのは，アメリカの臨床心理学者のWalkerである(ウォーカー，1997)。それは，DV被害者のなかに，被害者支援を受けているのにまた元の家庭に戻ったり，積極的に逃げようとしなかったり，自らが男性の暴力を止める努力をし続けたりすることがあり，それを説明するための心理学的な説明である。暴力的な関係から逃げ出すことのできない(あるいは正確には逃げることができない)被害女性の心理をとらえた概念である。

また，暴力のサイクル理論も提唱して，暴力の周期を把握している。緊張が高まる時期，暴力が発生する時期，謝罪や反省するハネムーンの時期である。夫が自分の暴力を反省し，暴力を振るわないと妻に誓うことがある。しかし，ハネムーン期は続かず，また深刻な暴力がおこるサイクルを繰り返しているという把握である。

確かにDVが親密な関係性でおこり，ジェンダー作用をとおして女性役割に固着していく一面をとらえたアプローチといえる。しかし，無力感をもとにした弱い女性像を前提にしているので，被害者の多様な姿をみるべきであるという批判もあり，被害者像を固定的にみないようにすることが大切である。

その後の被害者研究から，拡張されたコントロール行動としてのモラルハラ

スメントを視野にいれること，長期的で慢性化した心的外傷としてのトラウマの把握を行うべきこと(これは米国の精神科医，Herman によって複雑性PTSD として定式化されている)，被害者支援に関わる者がもつ一面的な被害者像のおしつけや相談理論の精緻化が要ること，さらに，社会制度がもつ二次加害的な様相により被害が悪化することがあること，そして，男性被害者の存在を無視しないことなどが加味され，現代では被害者救済の理論はさらに多様に展開されている(ハーマン, 1999)。

(2) 加害者対策論

しかし，脱暴力にむけた加害者対策はできていない。脱暴力・非暴力への行動変容の手がかりは，DV 加害の行動的・コミュニケーション的特質を把握し，対人暴力を止めさせる援助を組み込むことである。男性性ジェンダーに根ざして構成され，意味づけされた加害行為を是正するには，行動的・認知的・技術的(怒りマネジメント的アプローチ)，そして，相互作用的・心理的という具合に連続する脱暴力援助のための体系化が必要であるということは，諸外国の加害者研究から明確になってきた。脱暴力へのカウンセリング受講命令を発する制度を構築している国が多い。日本でも同じような制度が求められている。

そこでは加害男性同士のグループワークが取り組まれるべきことを定めている。それは，グループワークが異なる男性性の気づきを促すからである。あるいはグループワークが既存の男性性とは異なることを体験・認識する格好の場所となるようにプログラム化されている。これは，性犯罪者の再犯防止処遇，薬物やアルコール依存から抜け出すプログラムなどとも似ている心理的社会的な特徴がある。男性がこの社会で生きていく過程で身につけている価値観や行動パターンのなかには，暴力を肯定する側面がある。

しかし，もっぱら個人を対象にして，その内面を心理として扱い，社会をそこから消去するような対人援助は「閉じた援助」である。たとえば，犯罪被害者の心理や立場に配慮が足りない司法制度，DV 加害者の偏りのある男性性意識や態度とジェンダーの関係，親密な関係性に介入してこなかったがゆえの家

庭内暴力被害(これは児童福祉,女性への暴力防止など社会制度の未形成に由来する。消極的な姿勢は「法は家庭に入らず」という格言に代表される),性犯罪やセクシュアル・ハラスメントなど女性を性の対象としてしまう社会文化や意識なども無視できない。これらは社会の側にある「加害」の背景を成しており,社会のあり方そのものが反映されている。

　先に紹介した裁判事例では,その継父も虐待を否認する理由(それを正当化する理由)が社会にあふれていると裁判で語っていた。彼は差し入れ本をよく読み,虐待のことを拘置所で熱心に勉強していたようである。子どもの問題行動を修正するために暴力は必要悪であるという彼の言い分と重なるような言説が世の中に数多くあり,それを裁判でも語っていた。それは社会の共犯関係といえる。体罰を否認していない社会のなせるわざである。彼の責任を追及することは,同時にそのような社会のあり方もまた問われなければならないことを意味する。支配的な物語を書き換え,人びとの常態となった慣習的な実践を変化させる対人援助が必要である。

第5節　社会病理学とDV問題

　DV問題は社会病理学研究にとってどのようなことを示唆しているのだろうか。今後の研究課題として5点を指摘しておきたい。

(1) ジェンダー作用と男性の暴力

　ジェンダー秩序のある社会がつくりだしている日常行動・日常生活の仕方に即して,親密な関係性の具体的な意識と態度が構成される。非対称な関係性が二者関係における感情を「きずな」としてつくる。愛情とケア(配慮)することが夫婦や恋人に求められ,基本となる家族の感情作用が機能する。そのラインに即して,どんな感情を表現すべきなのかという表出や発現の規則が形成されるが,ジェンダー作用は男性に暴力誘発的に機能している。このからくりを明らかにして,男性性と感情表現について意識したDV啓発の取り組みが有効で

ある。たとえば，「話があるの」と女性から切り出された男性の多くは身構えてしまう。コミュニケーションの仕方それ自体が，ジェンダー作用によって影響をうけているといえる。そのコミュニケーションのズレを起点にした喧嘩のきっかけは遍在しており，さらに，それが暴力へと昂じていく過程に対話を回避しがちな男性性がある。先に紹介した食卓での会話もその例であるが，この男性性ジェンダー作用が暴力を選択させる触媒のような役割を果たしている。

(2) 家族関係と暴力

　加害者臨床は虐待する人や暴力を振るう人を対象にする。その際，脱暴力にむけたグループワークなどの，新しい回復共同体を模索すべきである。すでに虐待する親向けの場やカウンセリングが各自治体の子育て支援制度として存在している。ストーキング，DV加害男性，ハラスメント行為者，体罰を加えた教師などへの暴力加害者臨床論がさらに求められている。筆者の加害者臨床体験から暴力加害者の生育歴をみると，家族の関係性は概ね性別役割分業に浸っているし，暴力の見聞体験も数多い。親らしくない親に育てられていることもある。もちろんそのような履歴をもっていても暴力を振るわない人間は多いが，逆に，現在暴力を振るっている人たちをみると，そうした過去をもつ人がほとんどである。加害者臨床をしていると，他にも，育ちのなかに，貧困と家族同士の争い，十分には説明をうけていない親の離婚，親の再婚相手と子どもの不仲，母親が女性として新しい夫との関係を優先することよる子どもの被ネグレクト感などが散見される。育ちのなかの家族システムの特性からみえることを，暴力と虐待を契機に家族にかかわる専門家の調整・介入実践に反映させるべきである。

　そのことは，暴力を振るう人の虐待的パーソナリティの研究にもつながる。データを集めて明らかにしていくべきことは，このような家族における暴力体験と自身が長じて暴力を振るうようになるパーソナリティ特性の解明である。社会制度や臨床実践では充分に対象化されていないが暴力を振るう親，暴力を含んだ家族システムの影響が子どもの発達に与える影響の明確化である。家庭

内暴力研究の主潮流の一翼を担う Dutton の虐待的パーソナリティ研究がある（ダットン，2001，2010）。育ちの過程での家族関係，なかでも愛着形成の過不足や被虐待経験をとおして虐待する人へと育っていく経過の分析が行われているので，日本でのパーソナリティ研究へと接ぎ木すべきである。

(3) 脱暴力への社会制度の根拠づけ

　加害者は，暴力を誘発して，招き寄せるような認識の枠や意味づけの仕方，行動化のパターン，感情のコントロールができずに生きている。日常生活のやり方や対人関係の取り結び方に暴力が埋め込まれている。それは彼の生態（システム）といえる。その生態（システム）とは親密な関係性や家族関係である。虐待や暴力を含んで家族システムを形成していることを把握し，介入する対象を確定しなければならない。

　脱暴力への加害者臨床としては，虐待する当事者がそれまでの人生と生活をとおして蓄積してきた学習の結果としての暴力という「行動問題」を持つ人ととらえ，それを反転させ，「脱学習 unlearn」するための臨床的な処遇方針をたてるべきことを提案する。暴力を許容している社会の責任も重視し，関係性と相互作用をマクロなジェンダー視点から把握するため，全体としては社会病理学研究に基礎づけられた実践，つまり，臨床社会学的な実践といえる。とくに臨床的な対応としては，単なるカウンセリングではなく，男性性と暴力の関連を断ち切る社会問題対策という面を忘れてはならない。治療的司法や修復的正義という概念がこれらの加害者臨床を可能にする法制度である。

(4) 被害者支援の理論

　被害者救済と支援論を精緻にしていくことも要請されている。学習性無力感や複雑性 PTSD に悩む被害者の立ち直りは時間がかかる。離婚して解決を図る場合も多い。心理的な回復，法的手続き，福祉的支援，子どもの発達の保障，生活の安定化，就労や経済面での回復などの多面的な支援となるので，これらを統合するための支援コーディネーターや適切な相談理論をもとにした個

人別の自立支援を動かせるような仕組みが要る。虐待と絡む場合，ストーキングのある場合，高齢者夫婦の場合などとして，さらに暴力の背景にある相互作用や関係性へのニーズなどを統合できる被害者立ち直り論の構築が目指されるべきであろう。とくに子どもの被害の諸相については，将来の加害者にならないためにも連鎖への関心が向けられるべきであり，その概念化が「発達被害」として整理されつつある（フィンケルホー，2010）。

(5) 社会臨床論・臨床社会学

DV の背景には愛情と憎悪が交錯する家族関係（親子，夫婦）と男女関係がある。これを非対称性問題群という。そこから「他罰性」「他者非難」「被害者批判」「犠牲者攻撃」の加害者特性が構成され，そして，それと並行して，「自罰性・自責の念」「ケア役割の内面化」「関係性志向」などをもとにした被害者特性がつくられていく。

さらに，社会問題として DV を位置づけるということは，暴力が正当化・中和化される過程において動員される「社会のもつ暴力性（正義の概念との関連）」を対象にすべきことを意味する。そこにマクロな視野であるジェンダー作用，暴力を含んだ家族システムによる関係性の学習，さらに，それがミクロ化して暴力を振るう人のパーソナリティ特性にも影響を与えることになる。このようなマクロとミクロ双方の視点を保持した DV 研究や対策・支援が求められている。

引用・参考文献

ダットン・ドナルド著，中村正監訳(2001)『なぜ夫は，愛する妻を殴るのか？─バタラーの心理学』作品社
ダットン・ドナルド著，中村正監訳(2010)『虐待的パーソナリティ─親密な関係性における暴力とコントロールについての心理学』明石書店
フィンケルホー・デイビッド著，森田ゆり他訳(2010)『子ども被害者学のすすめ』岩波書店
ハーマン・ジュディス著，中井久夫監訳(1999)『心的外傷と回復』みすず書房
イルゴイエンヌ・マリー＝フランス著，髙野優訳(1999)『モラル・ハラスメント─人を傷つけずにはいられない』紀伊國屋書店

中村正(2001)『ドメスティックバイオレンスと家族の病理』作品社
中村正(2013)「臨床社会学の方法(2)」『対人援助学マガジン』第4巻第2号，http://humanservices.jp/magazine/vol14/3.pdf
ウォーカー・レノア著，斎藤学監訳(1997)『バタードウーマン：虐待される妻たち』金剛出版

お薦め文献
堀井亜生(2015)『ブラック彼氏―恋愛と結婚で失敗しない50のポイント』毎日新聞出版
中村正他(2002)『家族の暴力をのりこえる』かもがわ出版
二村ヒトシ『なぜあなたは「愛してくれない人」を好きになるのか』文庫ぎんが堂
渋谷知美(2009)『平成オトコ塾―悩める男子のための全6章』筑摩書房
打越さく良(2015)『レンアイ，基本のキ―好きになったらなんでもOK？』岩波ジュニア新書

第7章

児童虐待

Keyword
児童虐待　　母子関係　　愛着　　孤立

はじめに

　全国の児童相談所における虐待相談対応件数は毎年増加を続けており(図7-1)，新聞報道では「過去最多」「○年の○倍」という言葉が毎年登場する。それでも，その件数が示すのは氷山の一角であって，実際には顕在化していない児童虐待ケースが多数存在しているといわれる。また，致死事例を含む深刻な児童虐待事件が後を絶たず，それらの事件がおきるたびに，支援現場やマスメディアでは「なぜ防げなかったのか」が問われてきた。こうした児童虐待相談対応件数や虐待事件報道の増加は，少子化問題とも結びつけられ，日本がいかに子育てしづらい社会であるかを示すものとなってきた。また，数々の調査では虐待につながりかねないとされる「育児不安」を抱えた親や，虐待に該当する行為を実際にしたことがあるという親が多数存在することが明らかにされている。児童虐待は，もはや特別な個人や家庭の問題ではなく「一般家庭のどこでも起こりうる問題」であり，社会全体で早急に解決すべき課題となっているのである。

　こうした事態をうけて，1990年以降，児童虐待をめぐる社会状況は大きく

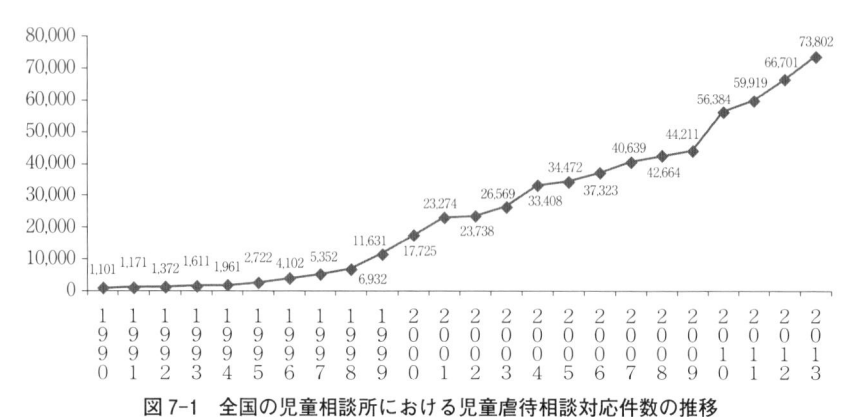

図7-1 全国の児童相談所における児童虐待相談対応件数の推移

年度	件数
1990	1,101
1991	1,171
1992	1,372
1993	1,611
1994	1,961
1995	2,722
1996	4,102
1997	5,352
1998	6,932
1999	11,631
2000	17,725
2001	23,274
2002	23,738
2003	26,569
2004	33,408
2005	34,472
2006	37,323
2007	40,639
2008	42,664
2009	44,211
2010	56,384
2011	59,919
2012	66,701
2013	73,802

出所）「福祉行政報告例」（2010年度は東日本大震災の影響により福島県を除いて集計した数値）

変化した。1990年からは児童相談所虐待相談対応件数の公表が始まり，1997年には児童福祉法の大幅改正が行われ，2000年には「児童虐待の防止等に関する法律」（以下，「児童虐待防止法」とする）が制定された。さらに，2003年には児童虐待対策において待ちの支援から要支援家庭への積極的アプローチによる支援への転換が目標として掲げられ（厚生労働省，2003），2007年にはその柱のひとつとなる「生後4か月までの全戸訪問事業（こんにちは赤ちゃん事業）」が創設された。民間団体の活動としても，1990年には「児童虐待防止協会」，1991年には「子どもの虐待防止センター」が設立され，2004年には全国の児童虐待防止団体による「日本子どもの虐待防止民間ネットワーク」が設立された。

　以上のような急速な変化のなかで，児童虐待をめぐっては多様な論点が浮かびあがっている。児童虐待は，身体的虐待，心理的虐待，性的虐待，ネグレクトといった異なる特性の暴力を含む。また，実父，実母，継父，継母，その他の親族などの虐待者の属性や，予防から発見，その後の対応に至るまでのプロセスなどを考慮すると，扱うべき論点は極めて多岐にわたる。

　本章では，まず児童虐待に関する一般的な定義と主要な理論を確認した後に，現在の日本の虐待相談のなかでもっとも多いとされる「母親による虐待」に焦

点を当てる。日本の児童虐待に関する統計では，毎年「実母による虐待」がもっとも多いことが公表されている。また，社会保障審議会児童部会による「子ども虐待による死亡事例等の検証結果等について」の調査報告においても，「実母」がもっとも多いことが報告されている(厚生労働省，2015a)。さらに，こうした統計報告で示されるだけでなく，日本においては児童虐待が注目され始めた1990年代から，マスメディアを通じて「母親による虐待」のイメージが強く形成されるとともに，学術的研究も母子関係に焦点を当てた理論が中心となって進展してきた。現在でも，母子間の愛着が歪んで不安定なものとなる「愛着形成不全」や，母子の「孤立」が児童虐待の要因として注目されている。本章では，この事実に着目し，「母親による虐待」に焦点を当てることによって，児童虐待という現象を通じて日本社会ではいかにして母と子の関係性が問題化されてきたかをみていきたい。

第1節　児童虐待の定義と理論

(1) 児童虐待の定義

「児童虐待」は明確な定義が困難な概念である。とくに，「しつけ」との線引きの難しさから支援者や当事者ら各個人によって捉え方が異なり，そのことが現場に混乱をもたらしている。こうした児童虐待の定義の困難さは，児童虐待の研究や政策的介入を遅らせている最大の問題であるとの指摘もなされている(Miller-Perrin and Perrin, 1999＝2003)。児童虐待の定義をめぐる問題は，日本でも長年にわたって論じられてきた。現在，日本でもっとも一般的に用いられているのは，2000年に制定された「児童虐待防止法」での定義であろう(図7-2)。

この定義が規定されるまでは，さまざまな調査のなかで定義が試みられてきた。1973年に厚生省児童家庭局が実施した調査では，「虐待」を「暴行等身体的危害あるいは長時間の絶食，拘禁等，生命に危険をおよぼすような行為がなされたと判断されたものをいう」と，身体的虐待を中心に定義づけていた。

> （児童虐待の定義）
> 第二条　この法律において，「児童虐待」とは，保護者（親権を行う者，未成年後見人その他の者で，児童を現に監護するものをいう。以下同じ。）がその監護する児童（十八歳に満たない者をいう。以下同じ。）について行う次に掲げる行為をいう。
> 一　児童の身体に外傷が生じ，又は生じるおそれのある暴行を加えること。
> 二　児童にわいせつな行為をすること又は児童をしてわいせつな行為をさせること。
> 三　児童の心身の正常な発達を妨げるような著しい減食又は長時間の放置，保護者以外の同居人による前二号又は次号に掲げる行為と同様の行為の放置その他の保護者としての監護を著しく怠ること。
> 四　児童に対する著しい暴言又は著しく拒絶的な対応，児童が同居する家庭における配偶者に対する暴力（配偶者（婚姻の届出をしていないが，事実上婚姻関係と同様の事情にある者を含む。）の身体に対する不法な攻撃であって生命又は身体に危害を及ぼすもの及びこれに準ずる心身に有害な影響を及ぼす言動をいう。）その他の児童に著しい心理的外傷を与える言動を行うこと。

図7-2　「児童虐待防止法」における児童虐待の定義

1983年には，児童虐待調査研究会が1983年度「全国児童相談所における家族内児童虐待調査」において，国際児童虐待常任委員会(ISCCA：International Standing Committee on Child Abuse)における「児童の不当な扱い」(child maltreatment)の定義のうち，「家族内における不当な扱い」に準じた定義を行っている。ここでは「身体的暴行」「保護の怠慢ないし拒否」「性的虐待」「心理的虐待」の4つがあげられており，「児童虐待防止法」での定義はこれとほぼ同じ枠組みである。そのため，日本における児童虐待の一般的な定義は家族内における虐待に焦点を当てたものとなっているという（以上，高橋，2008を参照）。

「児童虐待防止法」の定義では，児童虐待に該当する行為として，身体的虐待，性的虐待，ネグレクト，心理的虐待の4つがあげられている。2004年の改正では，心理的虐待にあたる項に「児童が同居する家庭における配偶者に対する暴力」が追加された。他の多くの社会問題と同様に，児童虐待も社会問題化が進むにつれ定義が拡大され続けている。

(2)　児童虐待に関する主要な理論

歴史的には，児童虐待の研究は1960年代にアメリカの小児科医ケンプ(Kempe, C. H.)が「打撲児症候群：Battered-Child Syndrome」(Kempe et al, 1962)とい

う概念を示したことを契機に急速に普及した。日本でも，これを契機として医学的領域を中心に児童虐待の研究や議論が活発に行われるようになった。その後，1980年代から1990年代にかけては，医学的領域だけでなく，それまで子捨て・子殺し・母子心中などの育児問題を扱ってきた社会学，社会福祉学，心理学，教育学などのさまざまな領域の研究者らにより，児童虐待という概念にそれらを置き換え包括していく形で研究が進展した。

　これらの先行研究のなかで重要な役割を果たしてきたのが，児童虐待の要因を説明する理論である。これまで，児童虐待の要因に関しては多様な専門領域によって異なる理論が適用され，極めて多くの仮説が提唱されてきた。ここでは，逸脱に関する社会理論も含めた幅広い領域の理論をカバーしているミラー・ペリンとペリン（C. L. Miller-Perrin and R. D. Perrin）の整理にもとづき，児童虐待の要因に関する主要な理論をみておきたい。

　ミラー・ペリンとペリンは，児童虐待／不適切な関わりに関する研究の重要な理論を「マクロ理論：社会学的パターン」と「ミクロ理論：心理的・生理的要因」に分けて以下のように整理している。

　「マクロ理論：社会学的パターン」としては，「文化的説明」「家族の構造的性質」「緊張理論」「社会的結びつき理論：社会的コストの低さ」「抑止理論：法的コストの低さ」の5つをあげている。「文化的説明」を重視する理論では，その文化のなかで暴力が受け入れられていること，たとえば，映画，漫画，スポーツなどにおいて自分の感情表現や文化的表現として暴力が受け入れられていることや，メディアを通しての社会的暴力が社会や家庭における犯罪的暴力と関係があると説明する。また，家族内における「しつけ」「体罰」などの攻撃性を社会が大目にみる，あるいは奨励することが間接的に虐待に貢献していると指摘する。「家族の構造的性質」に関する理論は，家族がかなりの時間を一緒に過ごすために暴力の機会も増えること，家族のやりとりがしばしば緊張を帯び感情的になり，その緊張が家族関係を不安定にすること，家族内に不均衡な力関係があることなどが家族を暴力に訴えやすくする構造的因子となっていると説明する。また，家族の私事性が暴力を比較的隠しやすくしていること，

家族のことには干渉しないという規範が虐待を起こしやすくしていることも指摘している。逸脱についての社会学的理論である「緊張理論」「社会的結びつき理論」「抑止理論」も虐待の理論に当てはまるものとして適用されている。機会の不平等によって人びとが緊張とフラストレーションを感じると逸脱行動に向かいやすくなるという「緊張理論」は，低所得層や失業家庭，生活保護をうけている家庭に子どもの虐待／不適切な関わりの割合が高いことから，虐待にも適用されるものと捉えられている。また，「社会的結びつき理論」を虐待に適用する際には，「社会的孤立」と虐待の関係が重要視され，結婚していない若い親や経済的に貧しい人は集団への帰属材料が少なく，社会的に孤立していること，虐待をする親も社会的に孤立している傾向があることから，両者の結びつきが論じられる。「抑止理論」においては，虐待に関する法律が整備されていないなど公式の社会規制による法的コストが低ければ，虐待がおきる率は高くなると考えられている(以上，Miller-Perrin and Perrin 1999＝2003を参照)。

「ミクロ理論：心理的・生理的要因」としては「精神病理学」「心理的・行動的特徴」「生理的因子」「親子の関係理論」「社会的学習理論」の5つがあげられている。「精神病理学」では，虐待が何らかの精神的な病気や人格障害を患っている人によって行われるとみなされる。「心理的・行動的特徴」を重視する研究では，認知の歪み，うつ，ストレス，自尊心の低さ，薬物の乱用や依存が，被虐待者に比べ虐待者には高い確率で存在することが報告されている。また，「生理的因子」を重視する理論では，ホルモンのレベルや神経心理学上の欠陥，注意欠陥障害，低いIQ，身体的障害や身体的健康問題など，生理学にもとづいた因子と虐待の起こりやすさの相関関係に注目している。「親子の関係理論」では，子どもの難しい行動が親の問題行動と欠陥に呼応し，それが虐待につながると考えられている。虐待をしやすい家族は，乳児のころの歪んだ愛着のパターンに特徴があるとする。さらに，もっとも重要な理論としてあげられているのが「社会的学習理論」であり，攻撃性がモデリング(他人を観察しまねることで社会的，認知的行動を学んでいくこと)を通して学ばれるという理論にもとづき，虐待をする親は子どものころに暴力にさらされたことが多

いと指摘する。ただし，この説には方法論的な問題も指摘されている（以上，Miller-Perrin and Perrin 1999＝2003 を参照）。

　以上，ミラー・ペリンとペリンの整理にもとづき，虐待に関する主要な理論をみてきた。その他の多くの先行研究も含め，虐待に関する理論は概ね，個人的要因に関する精神医学・心理学・生理学的研究と，社会環境的要因に関する社会学的研究に分類される。そして，近年の虐待の原因論においてはこの両者を含めた包括的要因説が主流となっている。現在，日本でもこうした諸外国の理論の流れをうけて，学術的にも政策現場においても包括的要因説がもっとも支持されている。そのひとつの例として，児童虐待に関わる現場で対応の指針に用いられている，「子ども虐待対応の手引き（平成25年8月 改正版）」における虐待の要因に関する記述をみておこう。

　この手引きには，まず，「子ども虐待が生じる家族には，保護者の性格，経済状態，就労，夫婦関係，住居環境，近隣関係，親族との関係，医療的問題，子どもの特性など，実に多様な問題が存在し，それらが複合，連鎖的に作用して，構造的背景を伴って虐待にいたっている」と，包括的要因説にもとづく記述がある。さらに，「リスク要因」として次のような項目があげられている。個人的要因に該当するものとしては「保護者側のリスク要因」と「子ども側のリスク要因」があげられている。「保護者側のリスク要因」としては，「望まない妊娠・出産や若年の妊娠・出産であり，妊娠・出産を受容することが困難な場合」「妊娠中に早産等何らかの問題が発生したことで胎児の受容に影響が出たり，妊娠中又は出産後の子どもの長期入院により子どもへの愛着形成が十分に行われない場合」「母親が妊娠，出産を通してマタニティブルーズや産後うつ病等精神的に不安定な状況に陥っている場合」「攻撃的・衝動的であることや，精神障害，知的障害，慢性疾患，アルコール依存，薬物依存等」「保護者自身が虐待を受けて育ち，現在に至るまで適切なサポートを受けていない場合」「保護者が精神的に未熟である場合」「保護者の特異な育児観や強迫観念に基づく子育て，あるいは子どもの発達を無視した過度な要求等」，などが記されている。「子ども側のリスク要因」としては，「乳児，未熟児，障害児など，養育

者にとって何らかの育てにくさを持っている子ども等」と記されている。また，社会環境的要因に該当するものとしては「養育環境のリスク要因」があげられ，「家庭の経済的困窮と社会的な孤立が大きく影響」「未婚を含むひとり親家庭，内縁者や同居人がいて安定した人間関係が保てていない家庭」「離婚や再婚が繰り返されて人間関係が不安定な家庭」「親族などの身近なサポートを得られない家庭」「転居を繰り返す家庭」「生計者の失業や転職が繰り返される家庭」「夫婦の不和」「配偶者からの暴力(DV)」が記載されている(以上，厚生労働省,2013を参照)。

以上のように，政策的領域では，児童虐待の主要な理論をふまえた包括的要因説にもとづく認識がなされていることが読み取れる。しかし，これまでマスメディアなどを通じて形成されてきた児童虐待イメージをみると，必ずしもこれらの要因にバランスよく触れられているとはいえない。上野加代子らは，日本の児童虐待対策においては虐待者の精神的要因などの個人的要因が重視される一方で，社会経済的要因が軽視されてきたことを指摘している(上野編,2006)。この指摘は現在の日本においてもあてはまる。冒頭で述べた「母親による虐待」への焦点化とともに，「マタニティブルーズ」「産後うつ」などの周産期における母親の精神的・生理的事象や，「育児不安」などの心理的状態と結び付けて個人的要因を重視する傾向は近年一層強まっている。また，母子の「孤立」をキーワードとした母親への支援・介入の必要性が強調され続けていることも見逃せない。以下では，こうした児童虐待と母子をめぐる主要な言説を取り上げ，日本社会で児童虐待をめぐっていかにして母子の関係性が問題化されてきたのか，どのような母子の関係性が病めるものとして捉えられてきたのかをみていきたい。

第2節 「母親による虐待」をめぐる言説

先に述べたように，日本においては児童虐待が注目され始めた1990年頃から，「母親による虐待」に焦点が当てられてきた。たとえば，1990年に児童虐

待防止協会によるホットラインが開設された翌日、「『母の悩み』が大半 子ども虐待110番」という記事が掲載され、相談者の大半は20歳代から40歳代前半の母親であることが公表された(1990年4月17日朝日新聞朝刊)。また、後に児童虐待防止協会の800件の事例分析結果が朝日新聞で公表され、この記事でも「虐待者からの電話205件の大半は母親から」と母親の虐待者が多いことが述べられている(1990年8月18日付朝日新聞朝刊)(梅田, 2008)。このように、日本においては児童虐待が注目され始めた頃から、児童虐待は母親による問題として取り上げられており、この傾向は現在も続いている。

本節では、2015年に朝日新聞に掲載された記事「(時時刻刻)虐待、その向こうに 愛せない、親が抱える不安」(2015年10月9日付朝日新聞朝刊)における2つの事例の記述をもとに、「母親による虐待」をめぐっての主要な言説を取り上げたい。この記事では、冒頭に「児童虐待の増加が止まらない。子育てへの不安や虐待の連鎖、経済的な問題など、虐待する親はさまざまな要因を抱える。児童相談所は親子関係の修復に向けた支援を進めているが、決定的な対応策はない」と述べたうえで、2つの児童虐待事例について記述している。

ひとつめの事例の記述は、次のとおりである。「愛知県豊橋市の村松葉子さん(40)は長女(5)が歩き始めたころ、『娘が思い通りにならない』といら立ちが募った。泣いてもあやさずに放置。しだいに手をあげるようになり、出かける直前のおむつ替えの時は、激しくお尻をたたいた。夫(40)とは再婚で、前夫と離婚後、精神的に不安定な時期があった。不安をさとられまいと完璧な育児を目指し、離乳食は全て手作りで、紙おむつは使わなかった。自らも小学生のころ、言いつけを守らないと母親にたたかれた。『娘を苦しめたくないのに完璧を求め、できないと許せなかった』。たたくことは、普通だと思っていた。海外出張の多い夫は虐待に気づかなかった。／パートを始めて長女を保育所に預けると、心に余裕ができた。子育ての苦しさを受け止めてくれる人がいたことが、虐待をやめるきっかけとなった。今は子育て中の母親の交流の場や講座を開く団体で活動する。『頑張っても周囲に認められず、母親は孤独を抱えている。完璧でなくていい、と伝えたい』と村松さん」。

2つめの事例の記述は,「大津市に住む女性(50)は小学2年から母子家庭で育った。生活は貧しく,お風呂に入れるのは週に1度ぐらい。母親は食事を作らず,帰って来ない日もあった。『仕方なく育てている』という母親の言葉が今も胸に突き刺さっている。／中学2年で家出した。18歳とウソをついて,ホステスとして働いた。『体を提供すれば,男の人が私を大切にしてくれる』と,寂しさから売春を重ねた。／21歳で結婚。長男を産んだが,わがままを言われるたびに頭に血が上った。長女が生まれ,『この子さえいなくなれば』と思い詰めた。夜泣きがうるさくて別の部屋に放置すると,翌朝,長女は亡くなっていた。乳幼児突然死症候群と診断されたが,『私が殺した』と感じた。次女が生まれたが,長女への罪悪感から覚醒剤に溺れ,育児を放棄した。／夫と離婚し,子どもは夫のもとへ。1年後,寂しくて引き取りたいと言うと,『薬をやめられていないのに,子どもを巻き込むな』と言われた。その言葉をきっかけに,依存症からの回復を支援する施設に入り,5年かけて薬をやめた。／子どもたちとも時々会うようになった。『「なぜ自分の子どもを愛せないの?」と,思うかもしれない。でも,虐待してしまう親も愛情を受けて育っていないことを知って欲しい』」というものである。

　この2つの記述はどちらも「母親による虐待」を取り上げており,その記述からは,児童虐待と母子関係をめぐる主要な言説のなかでも,とくに重要な2つの言説のパターンを読み取ることができる。ひとつは,児童虐待の個人的要因(ミクロ要因)を説明する理論として重視されてきた母子間の「愛着形成不全」と「世代間伝達」に関する言説である。もうひとつは,社会環境要因(マクロ要因)のなかでもとくに重視されてきた母子の「孤立」に関する言説である。以下では,この2つの言説について関連する理論などを参照しながらみていきたい。

(1)「愛着形成不全」と「世代間伝達」

　まず,母子間の「愛着形成不全」と「世代間伝達」に関する言説についてみていきたい。先の2つの事例の記述からは,どちらも虐待者である母親自身が

子どもの頃に虐待をうけた経験があり，その経験から子どもを愛せない状況にあると読み取ることができる。ひとつめの事例では，「自らも小学生のころ，言いつけを守らないと母親にたたかれた」母親が，自分の子どもに対していら立ちがつのり，泣いても放置する，激しくたたくなどの身体的虐待やネグレクトをした状況が書かれている。2つめの事例では，「お風呂に入れるのは週に1度ぐらい」，「母親は食事を作らず，帰って来ない日もあった」と，ネグレクトに該当する虐待や，「仕方なく育てている」という言葉による心理的虐待をうけた経験がある母親が，自分の子どもを愛せずネグレクトをした状況が記述されている。これらの状況は，児童虐待の要因論において長年にわたって重用されてきた母子間の「愛着形成不全」と「世代間伝達」という概念により説明することができる。

「愛着形成不全」は，精神分析学や心理学分野で発展してきた「愛着理論」(attachment theory)にもとづく概念で，乳幼児期に主要な養育者との間で形成されるべき「愛着」(attachment)が何らかの事情で障害されることをいう。母子間の愛着の形成は，妊娠期の胎児への話しかけやお腹をさするといった行為，また，生後すぐの乳児への笑いかけや視線のやりとりなどから始まっており(吉田，2006)，その愛着の形成過程で「望まない妊娠」や「産後うつ」など何らかの事情によって障害が生じることにより，母子間で不安定な歪んだ愛着のパターンが形成され，そのことが虐待リスクへとつながるとみなされている。

さらに，この「愛着形成不全」という概念とあわせて虐待に関する理論でより重視されているのが，わが子を虐待する母親はその母親自身がかつて虐待をうけていた経験があるケースが多いという「世代間伝達」説である。「世代間伝達」については，ケンプが初めに「打撲児症候群」について提唱した時点で既に言及しており，その後も，精神分析学や心理学分野を中心に多くの研究者によって支持され理論が発展してきた(遠藤，1993；今野ほか，2001)。そのなかでもとくに重用されてきた理論が，ボウルビィ(Bowlby, J.)による「内的ワーキングモデル(internal working model)」(「人や世界との持続的な交渉を通して形成される世界，他者，自分，そして自分にとって重要な他者との関係性に関

する表象」)である(Bowlby, 1973)。ボウルビィは，早期の被養育経験に由来する「内的ワーキングモデル」が，多くの対人関係に適用され，その関係性の特質を規定すると仮定した(遠藤，1993)。このモデルを児童虐待に適応する研究者らによっては，次のような説明がなされる。虐待をうけた子どもは，一般的に母親に対して不安定でまとまりや方向性のない愛着を示し，母親を回避した後に接近を求めるといった矛盾した行動を示したり，親と再会したときに母親をみないといった行動を示すという(今野ほか，2001)。さらに，自尊感情が低く自分は望まれていないという感情や愛されていないという感情が強く，攻撃傾向や孤立傾向が強く，対人関係が上手くいかない場合がある(今野ほか，2001；久保田，2010；久保田，2013)。そうした子ども自身が親になったとき，子どもに対して怒りや不安の反応を示しやすく，子どもとの愛着形成に障害が生じ，虐待リスクへとつながるというのである(今野ほか，2001；久保田，2010；久保田，2013)。先に示した朝日新聞の2つの事例の記述は，まさに，この母子間の「愛着形成不全」と「世代間伝達」説による説明と適合している。どちらの事例も，母親の子どもの頃の虐待経験にもとづく「内的ワーキングモデル」が後の対人関係に適用され，子どもとの愛着形成に障害が生じて，子どもを愛せない状況へと陥っているのである。

　なお，この記事においては，ほかにも児童虐待の要因とみなされているいくつかの状況が示されている。たとえば，ひとつめの事例では「精神的に不安定」な時期があったこと，2つめの事例では「母子家庭」「生活は貧しく」「『体を提供すれば，男の人が私を大切にしてくれる』と，寂しさから売春を重ね」「覚醒剤に溺れ」と，ひとり親家庭で経済的に困窮していたという家庭の状況や，異性や薬物への依存などの状況が書かれている。こうした状況に対し，この記事では最後に次のような識者のコメントが付されている。「子どもが亡くなるような深刻な虐待では，親の多くが幼少期に虐待されたとみられる。愛された経験がないため異性や薬物に依存して子どもをネグレクト(育児放棄)し，殴られて育ったため『しつけには体罰が必要』と暴力をふるう。貧困や精神疾患などの問題が芋づる式に起きる人も多い。親の問題が根深いと虐待を止めるのは

難しい」。このコメントによっては，精神疾患や貧困，異性への依存や薬物依存といった問題も，「愛された経験がない」ことに由来すると示されている。

　なお，この「世代間伝達」説には否定的である研究者も少なくない。幾つかの研究は虐待者のうち被虐待経験をもつ割合を示しているが，その母数となるケース数の問題などから実際よりも過大視されているという指摘もある（遠藤，1993；山縣，2013）。また，過去の被虐待経験は子どもへの虐待につながりかねないが，その被虐待経験者が社会的に孤立していることや対人関係における認知・行動的歪みを有していることが世代間伝達の媒介要因となっていることが明らかにされており，媒介要因である社会的孤立を防ぐことによって，虐待の「世代間伝達」を防ぎうるという考え方も浸透しつつある。このように，「愛着形成不全」と「世代間伝達」についての言説をめぐっては活発な議論がなされている。しかし，そうした指摘があるにもかかわらず，依然として「愛着形成不全」と「世代間伝達」説は現在においても根強く支持されている。

(2) 母親の「孤立」

　次に，母親の「孤立」に関する言説をみていきたい。ひとつめの事例の記述では，「海外出張の多い夫は虐待に気づかなかった」，「子育ての苦しさを受け止めてくれる人がいたことが，虐待をやめるきっかけとなった」，「頑張っても周囲に認められず，母親は孤独を抱えている」といった記述から読み取れるように，父親が不在であるなかで，母親が孤立し子育てに苦しむ状況が描かれている。

　こうした母親の「孤立」に関する言説は，児童虐待が注目され始めた1990年頃から，日本の虐待をめぐる主要な言説として流布していた。たとえば，先に述べたように，1990年には「児童虐待防止協会」の800件の事例分析結果が朝日新聞で公表されたが，その見出しは「『つい虐待』……母親の相談目立つ　社会的未熟で育児不安　ささいなことから孤立してストレス　まず地域への密着を」となっており，本文には「地域から孤立しストレスを感じながら密室で子育てをするとき，児童虐待に向かう若い母親が少なくない」と書かれてい

る(1990年8月18日付朝日新聞朝刊)。また，1992年には，「子どもの虐待防止センター」の1,200件を超える事例分析の結果が，「孤立の果て『わが子虐待』『愛し方知らない』母たち」という見出しで読売新聞で公表され，本文には「家の中で孤立し，子育てにイライラした母親が虐待に走るケースが多い」と書かれている(1992年11月24日付読売新聞朝刊)。このように，児童虐待が注目されるようになった当初から，母親の「孤立」に関する言説は児童虐待をめぐる言説のなかで重要な位置を占めていた(以上，梅田，2008を参照)。

　個人や家族をとりまく地域社会の関係が希薄化し，人びとが孤立しているという状況は，戦後まもない時期から指摘されてきたことである。戦後近代化論やアーバニズム論といった社会理論においても，近代化や産業化，都市化に伴い，地縁的・血縁的紐帯は弱まり，地域や家族は個人へと解体されていくという認識が共有されてきた。この個人／家族の孤立化論は，育児に関する諸問題をめぐる議論でも適用されてきた。たとえば，1970年代にピークをむかえた子捨て・子殺し・母子心中をめぐっては，多くの論者が社会的つながりの希薄化や個人／家族の孤立化を重要な社会背景のひとつと捉えていた。

　さらに，その子捨て・子殺し・母子心中をめぐる議論のなかでは，孤立し密着した母子関係そのものを問題化する言説があらわれた。この時期，日本では諸外国に比べ「母子心中」の割合が多いことから，共生共死関係ともいえる日本の母子関係の特殊性が，当時流行した日本文化論と絡めながら指摘されるようになった。たとえば，越永重四郎らは「昭和初期の親子心中を『貧困心中』とすれば，昭和40年代の母子心中は核心的生活領域を喪失した母親の『共生共死心中』とでも称することができよう」(越永ほか，1975：15)と述べ，30歳から34歳の母親が産後あるいは育児ノイローゼの状態に陥って子殺しに至るという，当時の子殺しの典型像を提示している。こうした日本の母子関係の特殊性が浮き彫りにされるなかで，フェミニズムの流れを汲む研究者や市民活動家により，それまで母親の内面や意識の問題とされてきた共生共死的な密着した母子関係は，母親が孤立して子どもとだけ向き合う生活に埋没せざるを得ない状況や，育児の負担が母親だけに負わされる状況を生み出している社会の問

題であるという主張がなされるようになった。こうした主張は，個人／家族の孤立化言説と接合され，そこに「父親の不在」が加わった時に母子が孤立し，母子関係の歪みを生じさせる，あるいは，育児困難に陥った時に支援が得られず深刻な事態に至るのだという言説が形成されていった（以上，梅田，2011を参照）。

　これらの言説のパターンは，現在の「児童虐待」をめぐる言説にも引き継がれている。希薄化していく社会の関係性のなかで，母子が孤立して濃密で歪んだ関係性が形成され，適切な時期に支援が得られない状況に陥り，その帰結として「児童虐待」や「育児不安」などの問題が生じているとみなされている。

　また，この母親の「孤立」は，先述の母子間の「愛着形成不全」と「世代間伝達」の言説とも結びつきやすい。子ども時代に虐待経験のある母親は，対人関係において障害が生じやすく，孤立しやすい傾向にあることが指摘されている。また，世代間伝達の媒介要因としても「養育者の社会的孤立」が指摘され，孤立を防ぐことが世代間伝達による虐待リスクを低減させることができると考えられている。こうした背景により，母親の「孤立」に関する言説は，児童虐待をめぐる言説のなかでもとくに重要なものとなっているのである。

第3節　政策的対応における課題

　以上みてきたように，日本においては「母親による虐待」に焦点が当てられ，母子間の「愛着形成不全」と「世代間伝達」，母親の「孤立」といった母子をめぐる関係性についての言説が形成されてきた。政策的対応も，これらの言説に対応したものが柱となっている。2000年以降，虐待防止策は待ちの支援から積極的な支援へと転換され，現在もその方針が引き継がれている。その積極的な支援の柱となる事業が，「地域子育て支援拠点事業」のほか，生後4カ月までの乳児のいるすべての家庭を訪問する「乳児家庭全戸訪問事業（こんにちは赤ちゃん事業）」，育児ストレス，産後うつ病，育児ノイローゼなどの問題によって子育てに対して不安や孤立感などを抱える家庭や，さまざまな原因で養育支援が必要となっている家庭を訪問する「養育支援訪問事業」である。これ

らの事業では，虐待リスクのある家庭を早期に発見して見守り，適切な時期に適切な対応をとれるようにすることが目的とされている。こうした発生予防や早期発見・早期対応の段階において，重要なキーワードとなっているのが「孤立」である。育児不安に至る前に，子育ての負担の軽減やストレスの解消，困ったことや不安なことがある時に相談できる人や交流できる場の整備などが，「孤立」を解消するための支援として行われている。また，虐待リスクを抱える家庭の早期発見のためのひとつの指標としても，「孤立」が用いられている。リスクアセスメントにおいては「社会的孤立」の状況が指標とされているほか，地域の子育てサークルなど子育ての輪に入ってこない孤立した母子についての情報が得られると，その母子は特別な配慮をもって見守るべき対象となる(以上，梅田，2008を参照)。

　さらに，近年の児童虐待への政策的対応においては，母子間の「愛着形成不全」や「孤立」を防ぐために，妊娠期からの支援に力を入れるようになっている。社会保障審議会児童部会による「子ども虐待による死亡事例等の検証」においては，死亡事例などの分析を通じて，実母による虐待が半数を超えもっとも多いことや0歳児が多いことが示されている。この結果をうけて，2015年にまとめられた「児童虐待防止対策のあり方に関する専門委員会報告書」では，妊娠期からの支援が急務であるとし，児童虐待対策の重要課題として，妊娠・出産時から医療機関と行政が連携して母子の支援を強化していくべきことが述べられている。その具体的な方針としては，「特定妊婦のみならず，見守りなど一定の支援が必要な妊婦について，妊婦本人の同意を得た上で，医療機関が直接，妊婦に関する情報を自治体へ提供し，また，自治体から妊婦への支援状況を医療機関へフィードバックする双方向の仕組みを推進」「今後の妊婦健康診査においては，妊婦の家庭環境や精神面等についても配慮しながら，支援の必要な妊婦を確実に把握していくことが重要」(厚生労働省，2015b：3)と記されている。また，家庭での養育状況を把握するため，乳幼児健診などで行政との接点を増やす取り組みを行い，より的確に虐待リスクを発見できるようにすべきことも主張されている。これは，乳児家庭全戸訪問事業とあわせ，明

らかに母親を対象とした事業であり、今後の児童虐待防止策において母親への支援・介入が強化されようとしていることがうかがえる。

　以上のように、日本の児童虐待対策における母親への焦点化は一層強まっており、今後は妊娠期からすべての母子に目配りするシステムが築かれようとしている。上野加代子（2003）の言葉を借りると、まさにすべての家族、とりわけすべての母子が捕獲されようとしているかのようである。こうした政策が進められていくうえで、本章で取り上げた2つの強固な言説—児童虐待に関する理論のなかで国際的にも長年にわたって重要なものとされてきた「愛着形成不全」と「世代間伝達」に関する言説、日本文化論を包含しつつ歴史的に形成されてきた母親の「孤立」に関する言説—は、それらの政策の正当性を示す重要な役割を果たしているといえるだろう。先述のように、1970年代以降、育児問題をめぐっては、それまで母親の内面、意識の問題とされてきた密着した母子関係を、母子を一体とみる日本文化や女性が孤立して子どもとだけ向き合う状況に置かれている社会全体の問題であるとする言説があらわれ、それまでの母子関係を偏重する見方を転換させて、育児に埋没せざるを得ない状況から母親を解放することで、育児問題を解決していこうとする試みがなされた。母親の「孤立」に関する言説は、そうした試みのなかで形成されていったものである。それにもかかわらず、現在においては、母親の「孤立」言説も「愛着形成不全」という精神的・心理的言説と結びつきながら、虐待予防を目的に妊娠時から女性を子育ての担い手として捉えようとする新たな母子関係偏重の動きに貢献しようとしている。今後は、育児問題と母子関係をめぐる言説形成の歴史を十分にふまえたうえで、現在これらの言説が果たしている役割について、より考察を深めていく必要があるだろう。そうすることで、母子関係を一層重視しようとする現在の政策の方向性をより慎重に検証していくこともできるのではないだろうか。

引用・参考文献

Bowlby, J. (1973) *Attachment and Loss, Vol 2: Separation: Anxiety and Anger*, London: Ho-

garth.（黒田実郎・岡田洋子・吉田恒子訳, 1977『母子関係の理論Ⅱ　分離不安』岩崎学術出版社）
遠藤利彦(1993)「内的作業モデルと愛着の世代間伝達」『東京大学教育学部紀要』32：203-220
Kempe, C. H, F. N. Silverman, B. F. Steele, W. Droegemueller and H. K. Silver(1962)*The Battered Child Syndrome,* J. A. M. A., July 7: 105-112.
今野義孝・水谷徹・星野常夫(2001)「わが子虐待の早期発見と早期教育に関する考察　母子の愛着形成とわが子虐待の予防」『文教大学教育学部紀要』35：105-117
越永重四郎・高橋重宏・島村忠義(1975)「戦後における親子心中の実態」『厚生の指標』22(13)：8-17
厚生労働省(2003)「児童虐待の防止等に関する専門委員会報告書」
厚生労働省(2013)「子ども虐待対応の手引き(平成25年8月　改正版)」
厚生労働省(2015a)「児童虐待防止対策のあり方に関する専門委員会報告書」
厚生労働省(2015b)「子ども虐待による死亡事例等の検証結果等について(第11次報告)」
久保田まり(2010)「児童虐待における世代間連鎖の問題と援助的介入の方略　発達臨床心理学的視点から」『季刊社会保障研究』45(4)：373-384
久保田まり(2013)「愛着の"つまずき"及び児童虐待への予防的支援：Healthy Families Americaプログラムを中心に」『人文・社会科学論集』31：47-61
Miller-Perrin, C. L. and R. D. Perrin (1999) *Child maltreatment: An Introduction,* the United States, London and New Delhi: Sage Publications.（伊藤友里訳, 2003『子ども虐待問題の理論と研究』明石書店）
高橋重宏編(2008)『子ども虐待　新版』有斐閣
上野加代子(2003)『〈児童虐待〉の構築　捕獲される家族』世界思想社
上野加代子編(2006)『児童虐待のポリティクス　「こころ」の問題から「社会」の問題へ』明石書店
梅田直美(2008)「『育児の孤立化』問題の形成過程—1990年以降を中心に」『現代の社会病理』23：109-124
梅田直美(2011)「(学位論文)戦後日本における『育児の孤立化』問題の形成過程に関する研究」大阪府立大学
山懸然太朗(2013)「ライフサイクルと虐待の世代間連鎖」『母子保健情報』67：11-13
吉田敬子(2006)「胎児期からの親子の愛着形成」『母子保健情報』54：39-46

お薦め文献
厚生労働省(2013)『子ども虐待対応の手引き(平成25年8月　改正版)』
Miller-Perrin, C. L. and Perrin, R. D. (1999) *Child maltreatment: An Introduction,* the United States, London and New Delhi: Sage Publications.（伊藤友里訳, 2003『子ども虐待問題の理論と研究』明石書店）
高橋重宏編(2008)『子ども虐待　新版』有斐閣
上野加代子編(2006)『児童虐待のポリティクス　「こころ」の問題から「社会」の問題へ』明石書店

第8章

非正規雇用

Keyword

人的資源管理　　雇用・就業形態の多様化
ワーキングプア　　処遇格差

はじめに

　本章は，現代日本社会の主要な社会問題のひとつといえる非正規雇用の拡大または雇用・就業形態の多様化を取り上げて，問題視されるその現実と社会的背景・要因，政策的対応の方向性について論じる。その際，企業・組織と働く人との関係について，組織的な労使関係，職場の指揮命令関係や同僚関係，日常業務での人間関係という複数のレベルの関係性から考える。

　非正規雇用をめぐる諸問題は毎日のようにマスメディアで報じられるが，非正規雇用の実態をトータルにつかもうとすると複雑・多様で，就業者の属性，意識や行動，働き方も異なることが浮かび上がってくる。そうした多様性のなかでも典型的な年齢層，属性，働き方の特徴と問題点を具体的にあげてみよう。

　①若年層について，1990年代以降の「就職氷河期」といわれた時期を経て，新規学卒一括採用の慣行が揺らぎ，失業率の高まりとともに「フリーター」や「若年無業者」の増加が問題視されてきた。②中年男性層は，長期安定雇用と年功制という日本型雇用システムの枠組みに守られてきたが，近年はその枠組

みから離脱したり，若年期から安定雇用から排除されてきた人たち，「中年フリーター」の問題が浮上している。③中高年女性では，「主婦パートタイマー」は非正規雇用のなかで最大の就業者数をもつ代表的存在である。小売業，飲食店などの職場では基幹的人材となり，彼女らがいなければ業務が回らないことが多い。しかし，その中心的な働き方に比べて，処遇・報酬面ではきわめて低いレベルにおかれてきた。④高年齢層でも非正規雇用が増えている。定年などで退職した後，嘱託という形で再雇用されて就業することが多いが，近年は労働行政による65歳雇用延長の政策により非正規雇用がいっそう拡大している。加えて，経済的必要性からアルバイトなどの形態で働く高齢者も少なくない。

第1節　非正規雇用の概念と理論・考え方

(1) 多様な雇用・就業形態の概念と区分

いわゆる正社員（正職員）以外の就業者や雇用・就業形態を表す際に，非正社員（非正規社員），非正規雇用（者），非典型雇用（者），短時間労働者などの用語が用いられる。本章では，一般的・包括的な表現で非正規雇用（non-regular employment）とよぶことにする。非正規雇用に代えて非典型雇用（non-standard employment）という用語もしばしば用いられる。非典型雇用という場合，長期雇用のフルタイム勤務で規則的に就業する人を典型雇用とみなし，それ以外の就業者を指すことが多い。また，アメリカではコンティンジェント・ワーカー（contingent worker）という用語もある。この名称は，労働需要の短期的な変動に応じて必要な時に柔軟に働ける人を表している。

多様な雇用・就業形態の区分と類型化の基準には次の3つがある。
① 雇用関係の有無による区分：直接雇用と間接雇用，独立・自営との違い。
② 労働契約の違いによる区分：雇用期間の定めの有無。期間の定めのない労働契約と有期労働契約（原則3年以内）の2つがある。
③ 労働時間・日数による区分：フルタイム就業とパートタイム・短時間就業との違い。

(2) 雇用・就業形態の類型化

　以上の3つの区分にもとづいて、雇用・就業形態のタイプを整理すると、図8-1のように位置づけられる。各就業形態は、確立した定義はないが、ある程度共通化したイメージを示したものである（田島，2012：29-30）。

　直接雇用の領域では4つのタイプを見出すことができる。

　① 雇用期間の定めのない契約でフルタイム就業という働き方は、典型的な正社員（正職員）の形態である。ただし、正社員とほとんど変わらない働き方でも、非正規の扱いをうけて待遇が低い人たちがおり、「疑似パート」や「フル

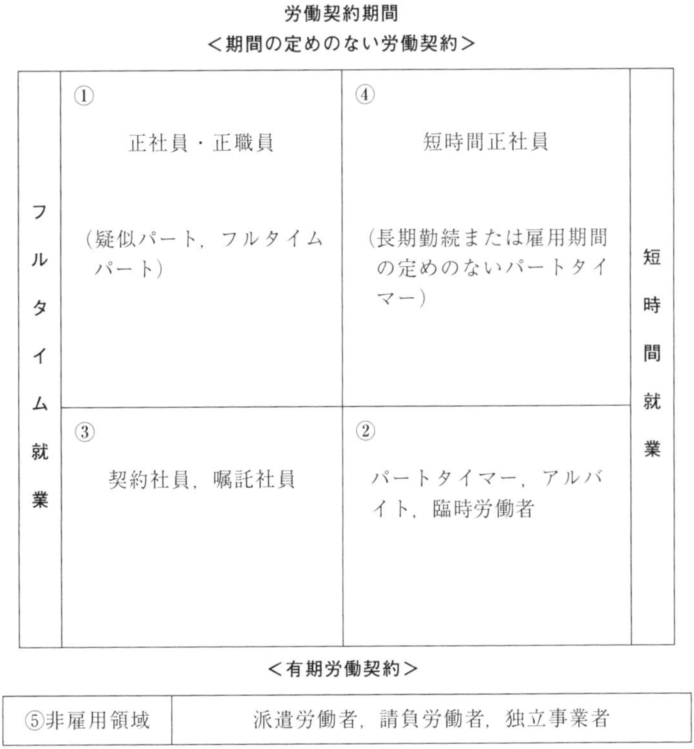

労働契約期間
＜期間の定めのない労働契約＞

	フルタイム就業		短時間就業
	① 正社員・正職員 （疑似パート，フルタイムパート）	④ 短時間正社員 （長期勤続または雇用期間の定めのないパートタイマー）	
	③ 契約社員，嘱託社員	② パートタイマー，アルバイト，臨時労働者	

＜有期労働契約＞

⑤非雇用領域	派遣労働者，請負労働者，独立事業者

図8-1　雇用・就業形態のタイプ（イメージ）
出所）田島（2012：29）の図を一部修正

タイムパート」といわれる。

② 有期労働契約で短時間就業の形態は，非正規雇用の典型的なタイプである。パートタイマーは既婚女性(主婦)，アルバイトは学生というように，働き方と個人属性で分けられることが多い。臨時労働者は臨時的(1カ月以内)または日々雇用される人(日雇い)を指すことが多い。

③ 有期労働契約でフルタイム就業の形態は，一日の労働時間は正社員と同様でも，期間が定められている。契約社員は特定職種で専門的能力を活かして働く人，嘱託社員は定年退職者や高年齢者を再雇用する場合に用いられることが多い。

④ 雇用期間の定めのない契約で短時間就業の形態は，短時間正社員が想定されるが，日本企業ではほとんど導入されていない。最近は，ワーク・ライフ・バランスに資する働き方として注目されつつある。なお，パートタイマーでも事実上長期勤続している人はここに該当するとみられる。

⑤ 以上の4タイプは直接雇用関係のある領域であるが，その他に間接雇用または非雇用の領域がある。ここには，派遣労働者，請負労働者，独立事業者(自営業者)などが含まれる。

(3) 雇用・就業形態の多様化を説明する理論・考え方

非正規雇用の発生・拡大とその機能の説明は，主に労働経済学，産業社会学，人的資源管理論のフレームワークによって行われてきた。

労働経済学の主な考え方では，雇用は産業・事業活動の派生需要ととらえられる。この考え方によれば，まず，企業・事業者による経営・ビジネス活動が企画され，それに必要な人材が求められる。雇用者は経営に対して従属的な位置におかれ，労働力需要は経営や事業展開の動向に左右されざるをえない。

次に，労働市場論の観点からみてみよう。労働力需要において，企業・事業者は必ずしも均質な労働力を求めるわけではなく，事業活動の性格や部門・機能に応じて多様な人材が必要とされる。労働力の需給を調整する労働市場は，人材の多様性と供給源(募集採用ルート)に対応して形成され，内部と外部，一

次と二次という異質の労働市場に分化しているととらえられる。

　内部労働市場論によれば，労働需給と賃金・労働条件を前提として労働者が自由に移動する競争的労働市場を「外部労働市場」とし，企業組織の人事処遇制度という規則と秩序が支配する人材配置のしくみを「内部労働市場」と位置づけている(Doeringer and Piore, 2007, 上林, 2005：252)。多くの場合，非正規雇用は必要に応じて外部労働市場から多様なルートで調達される。ただし，非正規でも雇用契約を更新して事実上の長期継続雇用になり，ある程度の昇給や昇格があることが少なくない。この場合，内部労働市場における処遇に近い原理が適用されるようになる。

　次に，二重労働市場論を取りあげる。これは，労働市場のなかに異質の労働力や雇用機会を区別して扱う働きがあることを示している。第一次労働市場は，大企業の基幹労働力(正社員)を中心に形成され，賃金，労働条件，雇用保障，昇進の点で優れている。第二次労働市場には，非正規雇用，外国人，失業者など，熟練度の低い仕事につく多様な周辺労働者が多く含まれ，良好な条件を欠いている(Doeringer and Piore, 2007, 古郡, 1997：9-10)。非正規雇用は就業形態により細分化した労働市場が形成されているが，正社員と比べると，総じて，雇用の安定性，処遇・報酬の水準，能力開発キャリア形成などの点で劣っている。

　さらに，企業の人的資源戦略をリードしてきた重要な考え方として「雇用ポートフォリオ論」がある。市場の不確実性への対応，迅速な事業展開，総人件費のコントロールなどの経営課題を考慮して，企業の人的資源活用の戦略は，コア人材としての正社員数を抑制し，非正規雇用の拡大，派遣労働者や請負労働者の活用，業務の外部化(アウトソーシング)といった多様な人材活用を進めてきた(今野・佐藤, 2009：306)。このような人的資源戦略の考え方として，日経連(日本経営者団体連盟，現・日本経済団体連合会)による「雇用ポートフォリオ戦略」の提言は，「仕事，人，コストの効果的組み合わせ」を考慮した「自社型雇用ポートフォリオ」を構築するという考え方である(新・日本的経営システム等研究プロジェクト, 1995：7, 33)。人材のタイプとは，①長期蓄積能力活

用型従業員，②高度専門能力活用型従業員，③雇用柔軟型従業員の3つからなる。この提言は，1990年代半ば，低成長が長期化するなかで，雇用システムの抜本的な見直し・再検討に着手していた日本企業に重要な指針を提供することになった。

第2節　非正規雇用の拡大・多様化と要因・背景

(1) 非正規雇用の拡大と多様化

　非正規雇用の活用は最近に始まったことではない。隅谷三喜男によれば，産業の重化学工業化が進んだ1910〜20年代に，特定の大企業で「勤続の長期化」をはかり，同時に非正規雇用も登場してきた。繁忙期に「期限つきの労働者」を雇用するために，「雇用関係もきわめて不安定で，労働条件も劣悪な臨時工の層が形成され」たという（隅谷, 1967：20-22）。その後，戦後の高度経済成長期には安定した正規雇用者が大勢を占めていたが，1970年代前半，高度成長が終焉を迎えてから非正規雇用の拡大が進展してきた。

　統計データ（総務省統計局「労働力調査」）から非正規雇用の就業者数と割合の推移をみると，雇用者全体（役員を除く）のうち，1990年には非正規の従業員数は881万人(20.2%)であったが，2000年に1,313万人(26.2%)で4分の1を超え，2010年に1,763万人(34.4%)と約3分の1に達し，2014年に1,962万人(37.4%)と4割に近づいている。

　表8-1により，非正規雇用者数を性別・年齢階級別にみると，男性は2割強(21.7%)にとどまるが，女性は56.6%と半数を超えている。「15-24歳」の若年層は男女とも4割を超えるが，これは学生アルバイトと学卒後のフリーター化が影響している。男性は35歳から54歳までは非正規の比率がかなり低下し，55歳以降に高まるのは，定年退職などの後に非正規で働く人が多いためである。女性は「25-34」歳で42.1%とやや低くなる以外は，どの年齢層でも5割を超え，55歳以降は7割前後と高い。これは，パートを中心に，契約，派遣などの就業形態が女性でとくに拡大していることを示している。

表 8-1　性別・年齢別雇用者に占める非正規の職員・従業員の割合(%)

	総数	15-24 歳	25-34 歳	35-44 歳	45-54 歳	55-64 歳	65 歳以上
男性	21.7	43.8	16.8	9.7	9.4	32.9	71.4
女性	56.6	52.7	42.1	55.4	59.8	68.1	75.6
全体	37.4	48.2	27.9	29.6	32.7	48.3	73.1

注）2014 年平均の，役員を除く雇用者数に占める非正規の職員・従業員の割合
出所）総務省統計局(2015)『平成 26 年労働力調査年報』日本統計協会

　次に，同じ調査データから非正規雇用の内訳をみると，「パート」が 928 万人(48.7%)ともっとも多く，次いで「アルバイト」392 万人(20.6%)，「契約社員」273 万人(14.3%)，「派遣社員」116 万人(6.1%)，「嘱託」115 万人(6.0%)となっている。パートとアルバイトは 1990 年代に比べてやや割合が低下したが，実人数は増加し続けている。契約社員と嘱託は割合・実数とも増加し，非正規雇用のなかでの多様化の要因となっている。派遣社員は 2000 年代前半は急速に拡大したが，2008 年の世界同時不況で解雇・削減されてからは増えていない。

　非正規雇用の比率のレベルは産業による違いが大きい。主な産業別にみると，建設業(19.9%)，情報通信業(19.8%)，製造業(26.9%)，金融業・保険業(25.0%)で非正規の比率がほぼ 2 割から 3 割未満，運輸業・郵便業(31.1%)，不動産業・物品賃貸業(38.0%)，教育・学習支援業(37.4%)，医療・福祉(38.5%)で 3 割台，卸売業・小売業(48.9%)，その他のサービス業(49.2%)，生活関連サービス業(55.6%)で 5 割前後，もっとも高い宿泊業・飲食サービス業では 7 割(73.5%)に達している(総務省統計局，2015：90-97)。特定の産業では非正規雇用がきわめて高く，労働力の中心になっていることがわかる。

(2)　企業の非正規雇用の活用理由

　企業の人的資源管理において非正規雇用は複数の理由で活用されている。表 8-2 によれば，正社員以外の就業者を活用する理由は，「賃金の節約」(38.6%)，「仕事の繁閑への対応」(32.9%)，「即戦力等の人材確保」(30.7%)，「専門的業務への対応」(28.4%)，「高年齢者の再雇用」(26.8%)などが指摘されている。

表 8-2　正社員以外の労働者を活用する理由(複数回答，上位5位，事業所割合，%)

就業形態	第1位	第2位	第3位	第4位	第5位
全体	賃金の節約 (38.6)	仕事の繁閑への対応 (32.9)	即戦力等の人材確保 (30.7)	専門的業務への対応 (28.4)	高年齢者の再雇用 (26.8)
パートタイム労働者	賃金の節約 (41.1)	仕事の繁閑への対応 (39.2)	正社員を確保できない (24.8)	長時間営業への対応 (24.1)	賃金以外のコスト節約 (23.7)
臨時労働者	業務量変化への対応 (46.2)	仕事の繁閑への対応 (33.0)	賃金の節約 (28.1)	雇用量の調整 (25.0)	正社員を確保できない (23.2)
契約社員	専門的業務への対応 (49.3)	即戦力等の人材確保 (36.0)	賃金の節約 (28.1)	正社員を確保できない (25.1)	正社員を重要業務に特化 (16.0)
派遣労働者	即戦力等の人材確保 (33.9)	正社員を確保できない (32.5)	専門的業務への対応 (28.7)	業務量変化への対応 (28.0)	雇用量の調整 (25.7)

注）表中の活用理由の用語は，調査票のワーディングを一部短縮・変更している。
出所）厚生労働省(2015)「平成26年就業形態の多様化に関する総合実態調査」事業所調査データから筆者作成

　企業の活用理由は非正規の就業形態により大きく異なる。パートタイム労働者（以下，パート）では「賃金の節約」と「仕事の繁閑への対応」，臨時労働者（以下，臨時）では「業務量変化への対応」と「仕事の繁閑への対応」が意図されている。これに対し，契約社員は「専門的業務への対応」と「即戦力等の人材確保」，派遣労働者は「即戦力等の人材確保」と「正社員を確保できない」の割合が高い。全体としてコスト抑制の要請は強いが，パートや臨時ではコストと繁閑変動，需要変動に対する調整の役割が大きく，契約社員や派遣労働者では専門性・即戦力とともに緊急な要員補充など複数のニーズを意識し，多様なタイプの就業形態を使い分けているといえる。

　非正規雇用の拡大にかかわる主な背景・要因には，①国際的な経済環境と競争条件の変化，②産業構造の変化と企業の事業戦略，③低成長経済下での企業の人的資源管理の展開があげられる。需要サイドの要因に着目すると，第1に，経済のグローバル化とデフレ状況のもとで，企業が「減量経営」とコスト競争力の強化を志向して，賃金や福利厚生費を調整しやすい労働力を求めてきた。第2に，脱工業化・サービス経済化に伴い，サービス労働の必要性が高まり，

需要の短期化や繁閑変動に対応しやすいフレキシブルな労働力が要請されてきた(田島, 2012：32)。また, 就業者個人の側にも非正規で働く理由や事情があり, 家計補助・追加収入, 家事・育児との両立, 専門能力・資格の活用, 正社員の就職難などがあげられるが, これは後で調査データを示すことにする。

第3節　非正規雇用をめぐる関係性と社会病理的現実

(1)　労使関係と職場の人間関係

雇用者の働き方や労働条件をフォーマルに規定するのは, 国の法制度, 労使関係, 個別企業の人事制度である。労使関係には複数の異なるレベルがあるが, 本章では3つのレベルでとらえる。

① 産業レベル：使用者・経営者団体と産業別労働組合という組織間の関係
② 企業レベル：経営者(事業主)と企業別労働組合・従業員代表との関係
③ 職場レベル：管理者(上司)と部下という日常業務, 職場運営での関係

まず, ①の産業の組織的制度的レベルでは, 使用者(経営者, 事業主)団体と産業別の労働組合との関係が基本となり, 春闘のような組織的な労使交渉が行われてきた。②の個別の企業レベルでは, 経営者・管理者と企業や事業所の労働組合・従業員代表との関係となり, 通常は定期的に労使協議や職場懇談会, 意見交換が実施される。③は日常的な職場生活における労使関係であり, 企業の第一線管理者(上司)と一般従業員(部下)との関係として展開される。

次に, 企業などの組織・職場における多様な人間関係がみられる。職場は経営方針にしたがい, 業務上の目的達成を志向する機能集団である。一般的に職場集団のマネジメントには, 業務運営や業績達成の統制管理と, 人間関係やチームワークの維持調整という2側面が見出される(山口, 2008：20-22)。これに対応して, 職場の人間関係も, 第1に, フォーマルな管理職と部下を中心とする日常業務の指揮命令と業務遂行にかかわる関係が基本になり, これは上記の③と重なる。第2には, 人間関係を円滑に保って職場集団のまとまりを形成・維持するための相互行為やコミュニケーションがあり, これには上司—部下,

同僚同士，先輩―後輩といった多様な関係性がみられる。また，フォーマルな関係だけでなく，業務を離れたインフォーマルな関係も重要である。

　非正規雇用者も職場の中心的構成メンバーであるが，仕事の役割分担や責任において正社員とは異なる立場におかれることが多い。職場における人間関係の面からみると，管理者（主に正社員）――一般の正社員―非正規従業員という序列と関係が成り立っている。非正規従業員にとっては，仕事の過程で，管理者や一般正社員から指示をうける場面，彼らと協働する場面，同僚の非正規従業員と協働する場面といった多様な関係がみられる。ベテランの非正規従業員になれば，新人や後輩に仕事を教えたり指示したりすることも出てくる。派遣労働者や請負労働者のような間接雇用の場合には，関係性の複雑化が問題を引き起こしたり，解決を難しくしたりすることがあるが，この点は後述する。

(2)　**非正規雇用の労働条件**

　厚生労働省の調査（2015）では，就業者個人に「現在の職場での満足度」を聞いている（数値は満足度 D.I. で，満足と不満の割合の差を示す）。図8-2により，「正社員」と「正社員以外」（非正規雇用）を比較すると，「仕事の内容・やりがい」「正社員との人間関係，コミュニケーション」「正社員以外との人間関係，コミュニケーション」では，正社員・非正規雇用とも同程度に満足度が高い。一方，「職場での指揮命令系統の明確性」「人事評価・処遇のあり方」などでは満足度が低い。正社員と非正規雇用に共通する点は，仕事内容や人間関係，コミュニケーションの面では満足度が高く，職場の運営・マネジメントや人事処遇，労働条件については満足度が低いとみられる。正社員と非正規雇用とで数値の差が大きい項目をみると，「雇用の安定性」「福利厚生」「労働時間・休日等の労働条件」「教育訓練・能力開発のあり方」「賃金」「職業生活全体」があげられる。「労働条件」を除いて，いずれも非正規雇用のほうが満足度が低い。とくに「雇用の安定性」「福利厚生」「教育訓練・能力開発」「賃金」では非正規の満足度の低さが目立っている。

　以下では，これらの問題点を中心に，非正規雇用の社会病理的現実について

第 8 章　非正規雇用　155

項目	正社員	正社員以外
雇用の安定性	59.6	24.7
仕事の内容・やりがい	59.0	58.8
正社員との人間関係, コミュニケーション	50.0	48.3
正社員以外の労働者との人間関係, コミュニケーション	48.0	53.7
職場の環境(照明, 空調, 騒音等)	39.9	37.2
福利厚生	33.6	8.9
労働時間・休日等の労働条件	33.4	43.1
職場での指揮命令系統の明確性	23.1	25.4
教育訓練・能力開発のあり方	19.0	7.1
人事評価・処遇のあり方	17.6	18.6
賃金	15.5	5.6
職業生活全体	39.6	28.4

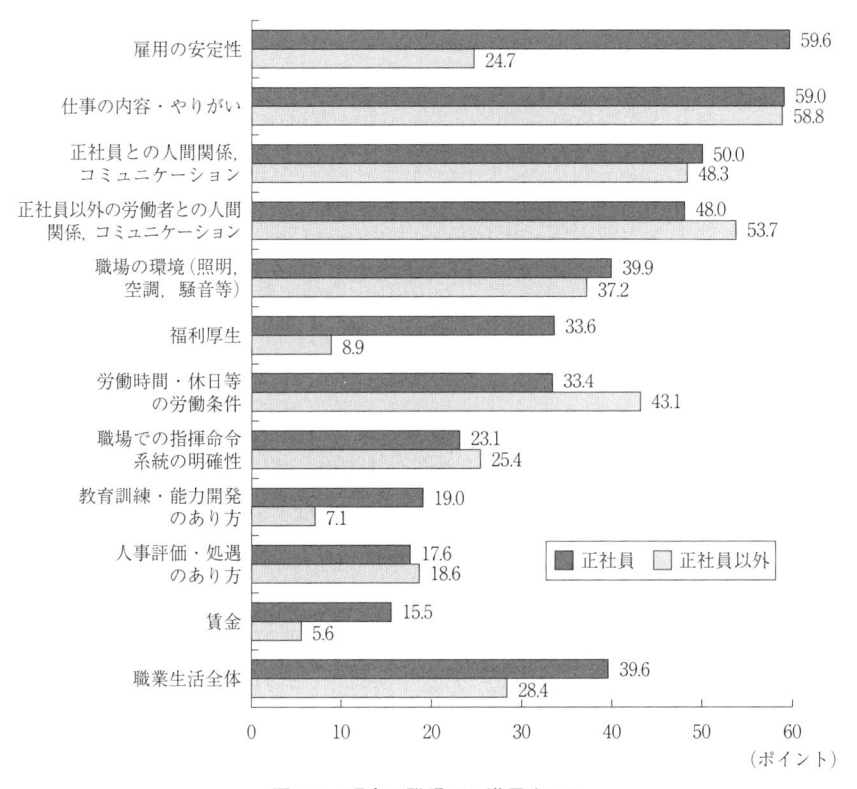

(ポイント)

図 8-2　現在の職場での満足度 D.I.

注 1)　調査実施時期 2014 年 10 月, 回答者数 34,511 人, 有効回答率 65.2%。
注 2)　数値は満足度 D.I. で,「満足」「やや満足」の割合から「不満」「やや不満」の割合を差し引いた値を示す。
出所)　厚生労働省(2015)「平成 26 年就業形態の多様化に関する総合実態調査」

検討する。なお, 統計データをみる際には, 非正規雇用全体(正社員以外の労働者)および各就業形態のなかで, パートタイム労働者(以下, パート), 契約社員(専門職), 派遣労働者(登録型)の 3 タイプを取りあげる。

① 雇用の安定性

雇用の安定性の満足度 D.I. を就業形態別にみると, パート 30.3, 契約社員 4.3, 派遣労働者 −8.7 となり, 契約社員と派遣労働者の満足度がかなり低い。

同調査から雇用契約期間の実態をみると，非正規雇用全体で「雇用期間の定めがある」(有期契約)66.0％,「雇用期間の定めがない」32.2％になる。就業形態別では，パートは「期間の定めがない」が約 4 割(41.8％)とやや高いが，派遣労働者は半数近く(46.8％)が「6 か月未満」で，短期の人がとくに多い。

　次に，実際の勤続年数(現在の会社での在籍期間)をみると，非正規雇用全体では「5 年～10 年未満」(21.2％),「3 年～5 年未満」(16.5％),「10 年～20 年未満」(15.0％)に分散し,「1 年未満」は 16.8％になる。就業形態別では，パートでは 5 年から 20 年未満がほぼ 4 割(41.3％)を占め,「1 年未満」は 13.6％と少ない。契約社員は 3 年から 10 年未満が 3 割台(36.1％)になり,「1 年未満」は 20.3％である。派遣社員は「1 年～2 年未満」(17.8％),「1 年未満」(42.0％)と短期雇用に集中し，うち「3 か月未満」が 1 割(10.2％)を占める。非正規雇用でも実態的には長期勤続化している場合が少なくないが，派遣労働者は明らかに短期の不安定な就労が多くなっている。

② 賃　　金

　賃金の満足度 D.I. を就業形態別にみると，パート 10.8，契約社員 －1.6，派遣労働者 3.1 で，いずれも満足度がかなり低い。実際の賃金水準(月収，2014 年 9 月)は，正社員は「20～30 万円未満」(33.7％)と「30～40 万円未満」(26.8％)を中心に幅広く分布するが，非正規雇用は「10 万円未満」(36.7％)と「10～20 万円未満」(41.5％)に 8 割近くが集中する。就業形態別では，契約社員と派遣社員は「10～20 万円未満」「20～30 万円未満」にほぼ 8 割が集中する。これに対し，パートは「10 万円未満」(55.0％)と「10～20 万円未満」(38.1％)が 9 割以上を占めて，低所得者がとくに多い。

　次いで，労働力調査から 2014 年の年間収入の分布をみると，男性・非正規は「100 万円未満」(25.8％),「100～199 万円」(30.7％),「200～299 万円」(22.0％),「300 万円以上」(21.5％)，女性・非正規は「100 万円未満」(46.2％),「100～199 万円」(39.0％),「200～299 万円」(11.1％),「300 万円以上」(3.7％)となる(総務省統計局，2015)。男性は 300 万円未満がほぼ 8 割，女性は 200 万円未満が 85％を占め，300 万円以上はごく少数である。女性は家計補助的就労のパート

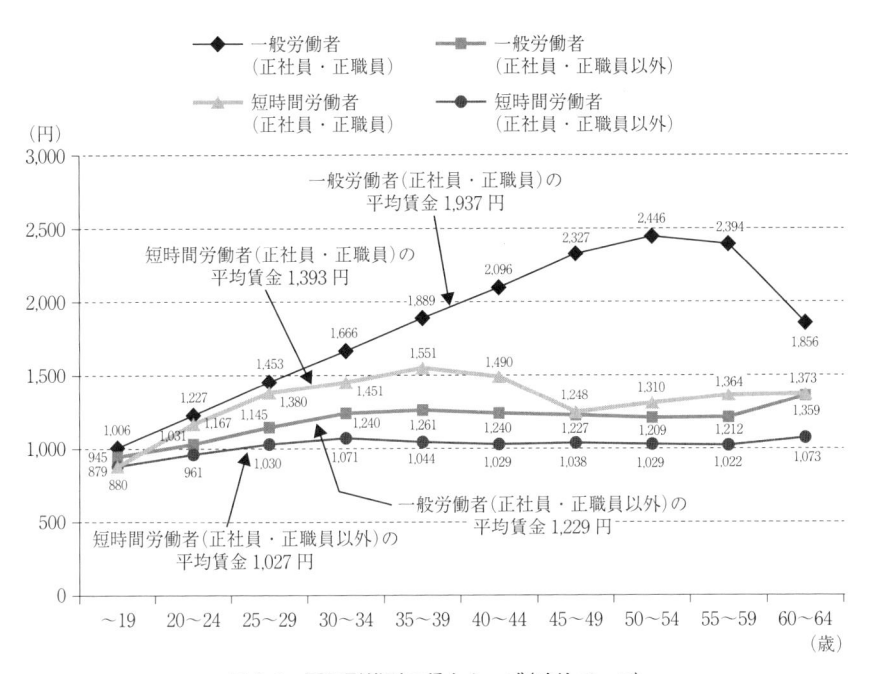

図 8-3　雇用形態別の賃金カーブ（時給ベース）

注）賃金は，2014 年 6 月の所定内給与額
出所）厚生労働省(2014)「賃金構造基本統計調査」

タイム労働者が多いとはいえ，正社員との格差はきわめて大きい。この点を確認するために，厚生労働省の「賃金構造基本統計調査」(2013 年)から雇用形態別の賃金カーブをみると，図 8-3 のようになる。一般労働者(正社員・正職員)は年齢とともに賃金が上がり，50 代前半で 2,446 円になるが，一般労働者(正社員・正職員以外)はやや上昇しても 1,200～1,300 円台で，短時間労働者(正社員・正職員以外)では 1,070 円程度がピークで，ほとんど上昇がみられない。非正規雇用，とくに短時間労働者の場合，中高年になっても賃金カーブがフラットなままであり，いわゆるワーキングプアを生み出す要因となっている。

　これには，非正規雇用の能力開発，キャリア形成の問題が深く関連している。たとえば，教育訓練や研修の機会が少ないこと，勤続年数が短い人が相当数い

表 8-3　福利厚生などの制度の適用状況（労働者割合，％）

就業形態	雇用保険	健康保険	厚生年金	賞与支給	退職金	福利厚生施設等の利用
正社員	92.5	99.3	99.1	86.1	80.6	54.2
正社員以外の労働者	67.7	54.7	52.0	31.0	9.6	23.8
パートタイム	60.6	37.6	35.3	23.9	4.3	17.6
契約社員	83.0	87.6	83.5	42.8	14.2	34.0
派遣労働者	84.8	80.4	75.4	3.8	1.8	24.3

出所）厚生労働省(2015)「平成26年就業形態の多様化に関する総合実態調査」の個人調査データから筆者作成

ること，単純作業や未熟練労働にとどまり上位の仕事や職位へのキャリアアップが望みにくいこと，経験年数や技能の向上があっても処遇に十分に反映されないことが問題点としてあげられる。

③ 福利厚生

表8-3は，福利厚生・社会保険制度などの適用（加入）状況をみたものである。非正規雇用は福利厚生・社会保険などの適用が低くなっているが，就業形態や項目による違いが大きい。非正規全体（正社員以外）では，「雇用保険」が6割台，「健康保険」と「厚生年金」は5割台であるが，「賞与」は約3割，「退職金」は約1割とかなり少ない。就業形態別では，契約社員と派遣労働者は「雇用保険」「健康保険」「厚生年金」には7割から8割以上が加入しているが，「賞与」や「退職金」の割合は低い。パートは「雇用保険」は6割が加入しているものの，「健康保険」「厚生年金」は3割台にとどまる。

社会保険（法定福利）は制度上の適用条件が定められ，雇用保険，厚生年金，健康保険は労働時間・所得・雇用期間により適用対象が限定されている。また，小零細企業で保険料の負担を逃れるために脱退するケースがあり，その従業員は個人で公的保険に加入せざるをえない。社会保険制度は加入資格や受給権を得なければ給付をうけられないため，その条件を満たさない人（多くの場合，非正規雇用）はセーフティーネットから除外されやすいのが現状である。

(3) 非正規雇用をめぐる人間関係・コミュニケーションと職場生活

先の図8-2のとおり，非正規雇用の「人間関係，コミュニケーション」に対する満足度は高いようにみえる。就業形態別に正社員との関係，正社員以外との関係のそれぞれの満足度 D.I. をみると，パートは正社員51.5，正社員以外57.4（以下，正，非正とする），契約社員は正44.5，非正52.8，派遣労働者は正48.1，非正54.5となり，パートがやや高くなる。また，どの形態でも，非正規（正社員以外）同士の関係についての満足度のほうが高い。

一方，「職場での指揮命令系統の明確性」に対する満足度 D.I. は全体的に低く，就業形態別ではパート28.3，契約社員21.6，派遣労働者29.1となっている。職場の上司（管理者）の非正規への対応・かかわり方，マネジメントのあり方について疑問符がつく結果である。この点に関連して，連合総研と連合非正規労働センターによる「非正規労働者の働き方・意識に関する実態調査」（2014年，回答者は20～59歳の民間企業の非正規雇用者1,000名）をみると，過去1年間の職場の問題状況の認識について，「短期間で辞めていく人が多い」（34.6％），「仕事により心身の健康を害した人がいる」（24.7％），「日常的な長時間労働」（17.4％），「（求人や面接で示された内容と）実際の労働条件が違う」（17.1％），「パワーハラスメント」（14.4％）が上位にあげられている。この調査結果でも，労働条件や仕事の負担の大きさとともに，短期の離職，パワハラのような管理者のマネジメントの問題を推察させることが指摘されている。

前田信彦は，日本的雇用の変容のなかでの「企業コミュニティと働く人々の関係性の変化」について，貧困の概念を用いてとらえている。貧困の概念は経済的貧困だけでなく，社会関係の状態も含むと考えられ，「人と人との絆が断たれ，社会的孤立が生み出される状態」を「関係性の貧困」「社会的貧困」とみなす。「日本の労働社会は働き方が個人化する一方，職場の人間関係は希薄化し，…企業コミュニティにいても労働者の相互のコミュニケーションや関係性は貧困化している」という。とくに非正規雇用者のほうがネットワークの孤立化が顕著で，「相談相手がいない」などコミュニケーションの場の獲得が困難であると指摘している（前田，2010：i-ii，64）。先の調査結果では，人間関係

やコミュニケーションの満足度が高いようにみえるが，前田の指摘は，非正規雇用の拡大に伴う働く人たちのネットワークの希薄化，関係性の貧困化について問題提起していると思われる。

(4) 間接雇用と派遣労働の課題

　非正規雇用にかかわる独特な関係性という点では，間接雇用，すなわち直接の雇用関係のない就業者の問題があげられる。派遣労働の場合，派遣会社が介在して，雇用関係と指揮命令関係が異なる点が大きい特徴である。派遣では雇用関係は人材派遣会社と結び，仕事上の指揮命令は派遣（就業）先企業の管理者や社員からうける。請負労働では，業務請負会社と雇用関係を結び，委託元企業の職場で請負会社の管理者の指揮命令のもとで働くが，委託元企業の事業の動向に左右されやすい傾向にある。

　労働者派遣の形態には「常用型」と「登録型」があり，ここでは主に登録型派遣が問題となる。1986年の「労働者派遣法」の施行当初，登録型派遣は特定の専門業務を対象として行われていたが，1999年に対象業務の原則自由化が認められ，2004年に製造業務への派遣が解禁された。1980年代以降の市場経済化と規制緩和政策のもとで，労働者派遣事業の拡大と自由化が進められてきた。ところが，2008年の世界同時不況を契機に，非正規雇用のなかでも派遣労働者が雇用調整の対象にされがちであった。この時は製造業を中心に雇い止めや雇用契約の途中解除が出たが，その多くが派遣労働者であり，増加し続けていた派遣労働者が減少に転じた。

　今野浩一郎・佐藤博樹によれば，労働者派遣のしくみは以下のような特徴およびメリットをもっている。①企業の募集・採用に要する時間やコストの節約，②職場での教育訓練が不要，③社会労働保険などの雇用にかかわる事務管理の手間，コスト負担が不要，④短期的一時的に発生する業務への対応に適合する（今野・佐藤，2009：324）。労働者派遣のしくみの基本的性格は，雇用と人材活用の領域に労働者供給事業における市場原理を導入したことにある。派遣労働者の活用は労働契約ではなく業務委託契約であり，その費用は人件費ではなく

業務費や物件費として扱われ，雇用者への保障や保護よりも，人材供給の迅速性や適合性，コスト競争力が優先されることになる。また，業務請負の場合，委託元企業の事業展開により仕事内容や就業場所が頻繁に変更されることがあり，不安定な就労になりやすい。

第4節　非正規雇用者の意向と展望，政策課題

(1)　就業形態の選択理由と今後の意向，課題

表8-4により，非正規雇用者が現在の就業形態を選んだ理由をみると，全体では，「都合よい時間に働ける」(37.9%)，「家計の補助」(30.6%)，「家庭の事情と両立」(25.4%)などがあげられている。これも就業形態別で大きい違いがあり，契約社員は「専門的資格・技能」と「正社員の勤務先がない」が多く，派遣労働者は「正社員の勤務先がない」がとくに多くなっている。パートタイム労働者は「都合よい時間」「家計の補助」が多く，臨時労働者も「都合よい時間」と「家計の補助」が目立っている。

以上の結果によれば，パートや臨時では都合のよい勤務時間で家庭と両立さ

表8-4　正社員以外の労働者が現在の就業形態を選んだ理由(複数回答，労働者割合，%)

就業形態	第1位	第2位	第3位
全体	都合よい時間に働ける (37.9)	家計の補助，学費等を得たい (30.6)	家庭の事情と両立しやすい (25.4)
パートタイム労働者	都合よい時間に働ける (50.0)	家計の補助，学費等を得たい (36.3)	家庭の事情と両立しやすい (33.7)
臨時労働者	都合よい時間に働ける (55.6)	家計の補助，学費等を得たい (29.6)	自由に使えるお金を得たい (25.0)
契約社員	専門的資格・技能を活かせる (46.0)	正社員の勤務先がない (31.8)	家計の補助，学費等を得たい (17.4)
派遣労働者	正社員の勤務先がない (37.7)	専門的資格・技能を活かせる (23.7)	収入の多い仕事に従事したい (18.5)

注）表中の就業理由の用語は，調査票のワーディングを一部短縮・変更した。
出所）厚生労働省(2015)「平成26年就業形態の多様化に関する総合実態調査」個人調査データから筆者作成

せる働き方の希望が多いのに対し，派遣では正社員の勤務先がないという理由がとくに多い。契約社員でも資格・専門性の活用と正社員の就職難が多くなっている。これらの点を，先にみた企業の非正規雇用の活用理由と照応させると，パートでの賃金節減と仕事の繁閑への対応，臨時での業務量変化や景気変動への対応という活用理由に対して，就業者個人の選択理由では，パート，臨時が都合のよい時間，家庭との両立，家計補助という項目をあげているのは，おおむね適合しているとみられる。一方，企業の契約社員や派遣の活用理由で専門性や即戦力人材の確保が多いのに比べ，個人の選択理由では，専門性・技能の活用とともに，正社員の勤務先がないため不本意な就業をしているという意識が顕著で，企業の活用目的と個人の希望とのミスマッチが目立っている。

総務省「労働力調査」(2015)では，不本意非正規の人数と割合が示され，雇用者全体で331万人(18.1％)，15-24歳33万人(15.1％)，25-34歳80万人(28.4％)，35-44歳70万人(18.7％)，45-54歳65万人(18.3％)，55-64歳66万人(16.9％)，65歳以上19万人(8.8％)にのぼる。実人数では，20代後半から40代前半を中心に幅広い年齢層にわたっている。このような不本意就業者をはじめ，会社で働きたい意向をもつ非正規雇用者の希望を，厚生労働省(2015)からみると，「現在の就業形態を続けたい」(65.6％)が多いが，「正社員に変わりたい」も3割(30.7％)になる。就業形態別では，正社員を希望する人は契約社員(55.5％)と派遣労働者(50.6％)で多くなる。さらに，正社員になりたい理由(正社員を希望する非正規全体)をみると，「より多くの収入を得たい」(78.1％)，「雇用が安定している」(76.9％)がとくに高い。

以上の調査結果をみると，非正規雇用者全体の2割近くが不本意就業の状態にあり，推計すると，およそ全体の26％，契約社員の48％，派遣労働者(登録型)の40％が正社員への転換を望んでいるとみられる。または，非正規雇用の立場でも，雇用の安定と賃金の引き上げへの対応が必要とされている。

(2) 企業の人的資源管理と政策的対応の方向性

非正規雇用をめぐる諸問題への対応については既に多くの議論や提言が出さ

れ，政策的対応が打ち出されてきたが，今日まで非正規雇用の増加には歯止めがかからず，格差是正や処遇改善にも有効な施策が出されたようにはみえない。そこで，行政および民間レベルの対応の方向性にふれておく。

大きい方向性としては，①正社員との雇用格差の是正(賃金・労働条件の改善，雇用の安定化など)，②キャリア形成の充実(能力開発・職業訓練，正社員登用など)，③社会保障の整備・充実(各種社会保険，福利厚生，生活保障など)があげられる。具体的に列挙すると，以下のとおりである。

〈個別企業レベルの対応〉
・処遇・報酬の改善(均等・均衡化，同一労働同一賃金)
・職能資格制度，職務等級制度の導入(職能給，職務給)
・雇用形態の変更(正社員への転換・登用)，限定正社員制度の導入
・労働組合への加入・組織化

〈政府・行政レベルの対応〉
・法規制の強化・見直し(労働基準法，パートタイム労働法，労働者派遣法，労働契約法など)
・最低賃金の引き上げ(最低賃金制度)
・労働需給機能の強化・見直し(職業紹介機関，ハローワークなど)
・職業訓練制度の充実(各種職業訓練機関)
・社会保険制度の充実，税制の見直し(雇用保険，健康保険，厚生年金など)

(3) 積極的労働市場政策と労働組合の役割

最後に，今後の非正規雇用対策における重要な視点を2つあげておこう。

第1は，積極的労働市場政策の考え方である。これは主にヨーロッパの雇用政策で展開されており，社会保障によるセーフティーネットを確保しつつ，企業の競争力を高めるために，柔軟な労働市場の整備と職業訓練の強化により，高度な人材育成を図り産業の成長分野へ労働力を供給しようとする政策のスタンスである。従来の失業者の保護から能力開発と人材移動へとシフトすることを意図している。

第 2 は，労働組合による非正規雇用者の組織化である。日本では，これまで労働組合の組織率が低下し続けており，2015 年に全体で 17.4％（組合員数 988.2 万人）ときわめて低い。企業規模別の違いが大きく，1,000 人以上 45.3％，100〜999 人 12.4％，99 人以下 1.0％である。しかも，多くの企業別労働組合は正社員だけを構成員としてきたため，非正規雇用の組織化はほとんど取り組みがなく，非正規や中小企業の従業員は，必要ならば個人加盟のユニオンに参加していた。近年になってようやく，パートタイム労働者や契約社員の組織化が急速に進められ，パートなどの組織率は，2000 年 2.6％，2010 年 5.6％，2015 年 7.0％（組合員数 102.5 万人）と徐々に高まってきた（厚生労働省「労働組合基礎調査」）。非正規雇用でも，労働組合に加入していれば組合員としての支援や相談をうけられ，労使交渉などの場で非正規の労働条件の改善が協議される。非正規雇用にかかわる労使交渉はこれからの課題とされる部分が大きいが，当面の問題解決の突破口としての役割が期待される。

引用・参考文献

Doeringer, P. B. and M. J. Piore 著，白木三秀監訳（2007）『内部労働市場とマンパワー分析』早稲田大学出版部
古郡鞆子（1997）『非正規労働の経済分析』東洋経済新報社
今野浩一郎・佐藤博樹（2009）『人事管理入門（第 2 版）』日本経済新聞社
上林千恵子（2005）「現代の労働と労働市場」宮島喬編『現代社会学〔改訂版〕』有斐閣
厚生労働省（2015）「平成 26 年就業形態の多様化に関する総合実態調査」
前田信彦（2010）『仕事と生活—労働生活の変容』ミネルヴァ書房
みずほ総合研究所（2009）『「雇用断層」の研究』東洋経済新報社
中野麻美（2006）『労働ダンピング—雇用の多様化の果てに』岩波書店
中野麻美（2010）「労働における貧困と差別」我孫子誠男・水島治郎編著『持続可能な福祉社会へ　第 3 巻　労働　公共性と労働—福祉ネクサス』勁草書房
尾高邦雄（1981）『産業社会学講義』岩波書店
大沢真知子（2006）『ワークライフバランス社会へ』岩波書店
労働政策研究・研修機構編（2012）『非正規就業の実態とその政策課題—非正規雇用とキャリア形成，均衡・均等処遇を中心に』労働政策研究・研修機構
佐藤博樹・小泉静子（2007）『不安定雇用という虚像　パート・フリーター・派遣の実像』勁草書房
新・日本的経営システム等研究プロジェクト編著（1995）『新時代の「日本的経営」—挑戦す

べき方向とその具体策―』日本経営者団体連盟
総務省統計局(2015)『平成 26 年労働力調査年報』日本統計協会
隅谷三喜男(1967)『日本の労働問題』東京大学出版会
田島博実(2012)「非正規雇用の拡大と企業組織における階層化」日本社会病理学会編『現代の社会病理』第 27 号
山口裕幸(2008)『チームワークの心理学』サイエンス社

お薦め文献
伍賀一道(2014)『「非正規大国」日本の雇用と労働』新日本出版社
小林良暢(2009)『なぜ雇用格差はなくならないのか』日本経済新聞出版社
鶴光太郎・樋口美雄・水町勇一郎編著(2011)『非正規雇用改革』日本評論社
濱口桂一郎(2009)『新しい労働社会』岩波新書
本田一成(2010)『主婦パート　最大の非正規雇用』集英社新書
森岡孝二(2015)『雇用身分社会』岩波新書

第9章

ホームレス

Keyword
寄せ場　自業自得　自己責任　社会的排除

はじめに

「怖い」「汚い」「臭い」「怠け者」「迷惑」「孤独」「自業自得」「自己責任」，さらには「気持ち悪い」「狂人」……。これらは，筆者が担当している人権論という講義の受講生が「ホームレス」と聞いて思い浮かべた言葉の一部である。人権尊重が少なくともタテマエのレベルでは共有されている現代日本社会にあって，他者を表象する際に通常はさけられる言葉が並ぶ。この講義の受講生がとくに差別的ということではない。いくつかの意識調査が明らかにしているように，ホームレスに対する同様のイメージは，多くの人びとに共有されている。

たとえば，1998年に大阪で実施された市民対象の調査（有効回答1,643人）によると，ホームレスの人びとについてのイメージ（複数選択）は，「不健康」「汚い」が7割，「怠け者」5割，「無気力」「孤独」4割，「怖い」「みじめ」「酔っ払い」「自業自得」「気楽」3割などとなっており，「正直」「頑張っている」「苦労してきた」といった肯定的，あるいは共感的なイメージをもつ人は，1割に満たなかった（大阪市立大学都市環境問題研究会，2001）。

学生たちによると，「汚い」「臭い」といった言葉は，見かけたり，すれ違っ

たりしたホームレスについての事実の描写であるという。街で見かけたある人について、「汚く」「臭い」ことをもってホームレスと同定し、その出会いを根拠にホームレスを「汚く」「臭い」存在とする循環論法に陥っていないかという疑問も浮かぶが、ひとまず出会った人が事実ホームレスであり、事実汚く臭かったとしよう。それにしても、それらの言葉がいささかの躊躇もなくホームレスに向けられるのはなぜか。また、「迷惑」について、公園などの公共空間を占有する彼らは、どう考えても迷惑であるという。しかし、たとえば震災被災者が避難生活のために同じように公園にテントを張っていたとしたら、迷惑という言葉は果たして浮かぶだろうか。清潔さを保つことが困難な避難生活で、汚く臭くなってしまった被災者がいたとして、それをそのまま表現することははばかられはしないだろうか。同じように公共空間を占有し、テント生活をし、汚く臭いにもかかわらず生じるこの違いは何なのか。

　このような違いは、ホームレスは怠け者で、ホームレス状態に至ったのは自業自得・自己責任であるという認識がかかわっているようである。震災被災者は地震という本人の責に帰すことができない事情によって住居を失った人びとである一方、ホームレスは怠け者の自業自得で野宿に至ったのであり、それゆえ彼らの公共空間の占有は自分勝手な迷惑以外の何物でもなく、汚く臭いという表現もまた許容されるのだという。平川茂（1986）が論じたように、ホームレスへの差別は、自業自得観念、つまり「自分でホームレスになったのだから、差別されても当然である」とする観念に支えられ、タテマエのレベルでも差別が合理化されてしまうのである。

　こうした自業自得観念もまた、先の意識調査においてホームレスの原因は「本人が働くのがいやだから」「本人が望んだから」と7割が回答しているように、多くの人びとに共有されている。一方で、対象者の9割は、「不景気で仕事がないから」など、ホームレスになった原因としてやむを得ない事情があるとも回答している。ホームレスには「やむを得ず」型と「自業自得」型の両方がいると推測している人びとが多数を占めるのである。しかし、いずれにせよ、このような推測はあくまで根拠のない推測に過ぎない。学生にせよ、調査対象と

なった大阪市民にせよ，そのほとんどはホームレスについて見かけた程度のかかわりしかないのである。「現実の野宿者(ホームレス：引用者注)はその存在を徹底的に無化され，観念化されて，ただイメージとしてのみ語られ，処理され，あるいは単に無視される」(島，1999：240)のである。

本章では，自己責任・自業自得といったホームレス認識の妥当性とその帰結について，ホームレスの人びとの析出過程や生活実態を記述することを通して考えていく。

第1節 ホームレスと寄せ場

1990年代後半，都市部を中心にホームレスの存在が急速に顕在化し，ホームレス問題は社会問題化した。都市に顕在化した大量のホームレスは，雇用不安の象徴となった。他方で，1990年代は不況期であっただけでなく，それをテコに新自由主義の流れが一段と強まった時期でもあり，ホームレスは，「まさに『自己責任』の時代における無責任の典型として位置づけられた」(岩田，2007：109)。彼らは意欲・意志の欠如を問い続けられ，その不安定な生のあり方は自己責任の問題系に真っ先に回収されることになった。

ここで，ホームレスとはどのような人びとを指しているのかをまず確認しておこう。日本において「ホームレス」という言葉は，かつて「浮浪者」や「こじき」などとよばれていた人びとの呼称の「スマート」な言い換えとして，欧米の「homeless」をカタカナ語化し，1990年代頃からマスメディアなどで用いられるようになった。その後，2002年に施行された「ホームレスの自立の支援等に関する特別措置法」(以下，「ホームレス特別措置法」と記す)にみられるように，行政も公式にホームレスという言葉を用いるようになり定着した。

しかし，欧米で用いられるhomeless概念が「何らかの理由で住居を失い，シェルターや寮，病院，知人宅などですごしている状態」，つまり，不安定な居住状態を広く指すのに対して，日本で用いられるホームレス概念は，ホームレス特別措置法で「都市公園，河川，道路，駅舎その他の施設を故なく起居の

第 9 章 ホームレス　169

場所とし，日常生活を営んでいる者」と定義されているように，その概念が指し示す人びとは，野宿する人びとだけに限定されることになった。ホームレス問題は，都市に出現した野宿する人びとに対する市民の不安や怒り，迷惑感をテコとして社会問題化したこともあり，このような限定された用語法が定着した。問題の対象は，市民の眼前に出現した「得体の知れない」野宿する人びとだったのである。

　2007年頃，ネットカフェなどの本来住居としては想定されていなかった都市の隙間的空間で起居する「ネットカフェ難民」が，「隠れたホームレス」として社会問題化した。彼／彼女らは，欧米的用語法によれば，まぎれもなくhomeless peopleであるが，日本的なホームレス概念には含まれてこなかった。そこで，本章では，さしあたり，日本で用いられているホームレス概念によって指し示される野宿状態にある人びとを対象とすることにしよう。

　では，この日本版ホームレスはなぜ1990年代後半頃から都市住民の目の前に突然出現したのだろうか。ホームレス特別措置法は，震災被災者などをそのカテゴリーから除外するために，ホームレスを「故なく」野宿している人びととしているが，ここではその「故」についてみていくことにする。

　ホームレスの急増・可視化を「新たな都市問題」ととらえた東京都企画審議室の報告書「新たな都市問題と対応の方向──『路上生活者』をめぐって」(1995)では，大量のホームレスの出現について，「都市社会の変容によって生じる個人と社会の関係の変化や，そこから生じる都市社会のひずみ」，すなわち，「都市社会における多様化・分化」によって人びとの社会的なネットワーク諸関係（たとえば家族，親族，近隣，友人などの諸関係）が希薄化し，人びとのあいだの相互扶助機能が弱体化したことをその重要な背景として指摘している。同様の指摘は，内閣府経済社会総合研究所の「安全・安心な社会を目指して」(2004)など少なくない。

　このような「きわめて『社会学的』ともいえる問題のとらえ方」について，島和博は，「(1998年に大阪市で確認された：引用者注)8,500人以上もの野宿者(ホームレス：引用者注)の存在や，その急激な増大という現実を『個人と社会のつ

ながりのありかた』の変容といった説明図式によってとらえることができるのだろうか。問題があまりに抽象化，一般化されて，問われるべき現実が見逃されてしまっているように思われる」と批判する（島，1999：27）。ここで「問われるべき現実」とされるのは，日雇労働市場としての寄せ場・釜ヶ崎の現実とその変容である。

　寄せ場とは何か。「寄せ場とは，日雇労働者が手配師や人夫出しから日雇仕事を斡旋されて労働現場に送り出される場所を言う」（青木，2000：29）。斡旋されているのは，もっぱら建設や土木の仕事である。主な寄せ場としては，大阪の釜ヶ崎，東京の山谷，横浜の寿町，名古屋の笹島がある。

　ホームレス問題が社会問題化する以前の1990年頃，大阪市西成区に位置する日本最大の寄せ場・釜ヶ崎は，0.62平方kmという狭い空間に，日雇労働者を主要な顧客とする簡易な旅館である簡易宿泊所（ドヤ）が200軒程度建ち並び，多くの日雇労働者が暮らしていた。早朝ドヤを出た彼らは，地区内で手配師・人夫出しを通じて日雇仕事を探し，首尾良く仕事が見つかれば夕方まで各地の建設現場で働き，日当を手にして釜ヶ崎に戻って来る。あるいは，1週間や30日といった契約で，飯場とよばれる宿舎で寝泊まりしながら働き，釜ヶ崎に戻ってくる。およそ2万人，近隣でアパートを借り，釜ヶ崎経由で日雇労働に従事していた人を含めると，3万人程度がこのようにして暮らしていた。1980年代末の最盛期の釜ヶ崎の年間求人数は，日々就労・日々解雇の就労形態の求人数だけで187万人に達した。

　寄せ場は，必要な時に必要な人数の日雇労働者を容易に調達できる，単身男性日雇労働者のプールとして政策的に作り上げられてきた。「現代日本の階層化された労働市場の『最底辺』」（島，1999：53）に位置づけられた寄せ場と寄せ場の日雇労働者は，短期的にも長期的にも激しく変動する労働需要の調整弁としての役割を担わされた。建設工事が少ない季節や工事ができない雨の日には求人数は減る。多くの労働者が必然的に仕事にあぶれる。あぶれは日常である。必要な時に必要な労働力を容易に調達できる寄せ場労働者とは，不要になれば自由に使い捨てられる存在である。彼らの生活を手厚く守ってくれる仕組みも

ない。あぶれが続き，持ち金が尽きて宿代が払えなくなれば，ドヤを出て野宿する。仕事に就くことができるまで野宿して一時をしのぐ。それは，ドヤ生活との往還が可能な限りにおいて寄せ場労働者の普通の生活の一部であった。やがて高齢になり，あるいは障がい・疾病により労働力とは見なされず，恒常的に仕事に就けなくなれば，一時しのぎではない長期に渡る野宿状態に至る。それは寄せ場労働者にとってさけがたい運命であった。

　ホームレス問題が社会問題化する以前から，野宿を余儀なくされる人びとが寄せ場には常に存在していた。多くの人たちにはその存在や寄せ場労働者の現実がみえていなかっただけである。

　1990年代に入ると，バブル経済崩壊による建設産業の景気後退の影響を真っ先に受ける形で，寄せ場への求人は激減した。さらに寄せ場は，その労働市場としての機能を解体しかねない構造的変容に直面しているといわれている（島，1999）。寄せ場以外からの労働力調達ルートの拡大などによって，労働市場としての寄せ場が無用化されつつあるである。1980年代末には187万人であった釜ヶ崎の年間求人数は，1998年には58万人にまで激減した。必然的帰結として，日雇仕事に就けなくなった大量の寄せ場労働者がドヤから路上へと押し出され，寄せ場は野宿する人びとであふれかえることになった。やがて，一時しのぎでは済まない長期の野宿を覚悟した彼らは，よりましな生活空間を求め，寄せ場を離れ，都市の公園や河川敷などへと移動していく。こうして，寄せ場に隠蔽され，多くの都市住民に不可視化されていた寄せ場労働者の現実は，寄せ場からまたたく間に溢れ出し，都市住民の眼前へと拡がっていくことになった。

第2節　ホームレス人口と属性

　1990年代後半，都市部を中心にホームレスの存在が急速に顕在化した。この時期，ホームレス人口の推移について全国的な把握はなされていないが，たとえば大阪市の公園におけるホームレスのテント数をみると，1996年374→

1997年704→1998年1,252→1999年2,152→2000年2,593と，わずか4年の間に7倍程度にまで急増している。実際には，公園以外の河川敷や高架下にテントを立てる人や，テントなどを張らずダンボールを敷くだけで野宿する人びとも多い。1998年8月，大阪市においてホームレス人口に関する徹底した調査がはじめて実施され，大阪市内だけでテントなどを立てて野宿する人びとが2,253人，テントなどなしに野宿する人びとが6,407人，合計8,660人のホームレスが確認された（大阪市立大学都市環境問題研究会，2001）。

1999年10月末時点で厚生省（現，厚生労働省）が全国132市区町村の報告を集計する形で実施したホームレス概数調査では，全国で20,451人のホームレスが確認された。市区町村別では，最多は大阪市の8,660人であり，以下，東京23区5,800人，名古屋市1,019人，川崎市901人，横浜市794人と続く。いずれも寄せ場のある都市である。人口規模では東京23区は大阪市の5倍近いが，ホームレス人口では日本最大の寄せ場を抱える大阪市が大きく上回った。

こうした大量のホームレスの顕在化は，ホームレスの実態を把握しようとする調査を促すことになった。もっとも早い時期に行われた大規模調査のひとつ，1999年に大阪市の672人のホームレスを対象に行われた実態調査から，その基本属性についてみることにする（大阪市立大学都市環境問題研究会，2001）。性別は，男性97%，女性3%と圧倒的に男性に偏っている。50歳以上が80%，60歳以上が35%で，40歳未満は4%と少ない。平均年齢は55.8歳であった。また，90%が一人で野宿している。このような「男性・中高年・単身」という属性的特徴は全国規模の調査でも確認されており，日本のホームレスの人びとのきわだった特徴となっている。ここにも，寄せ場労働者の属性との連続性を見出すことができる。

また，野宿に至る直前の仕事をみると，産業では建設業が8割，職業では生産工程・労務作業が9割，雇用形態では日雇・臨時が9割を占める。つまり，その大部分は（元）建設日雇労働者であった。さらに，この調査は釜ヶ崎とその周辺を調査対象外としていたにもかかわらず，55%に寄せ場・釜ヶ崎での日雇労働の経験があった。

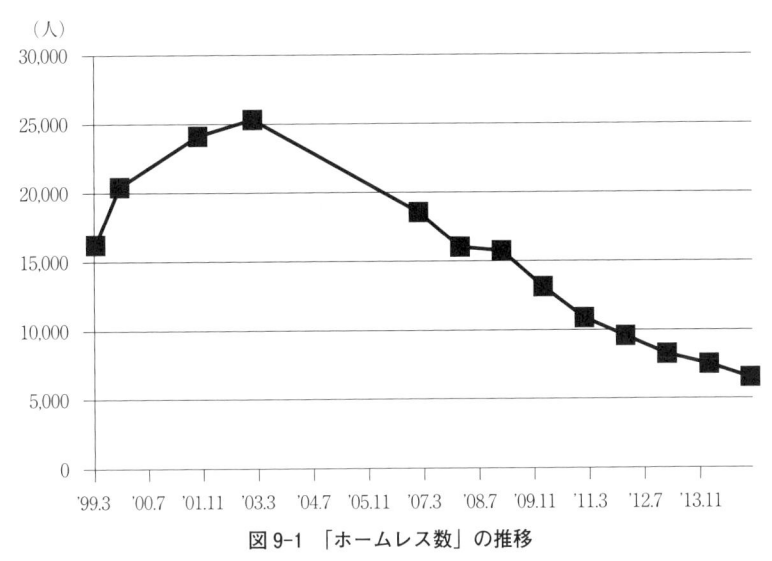

図 9-1 「ホームレス数」の推移
出所）厚生労働省「ホームレスの実態に関する全国調査（概数調査）」（各年）

　2003年9月に全国420市区町村の報告を集計した概数調査では，全国で25,296人のホームレスが確認され，日本のホームレス人口はピークに達する。概数調査の後，初の全国規模の実態調査「ホームレスの実態に関する全国調査」（2003年，調査対象者2,163人）が行われたが，大阪市調査と同様の属性的特徴が確認できる。性別は，男性95％，女性5％，年齢は50歳以上が81％，60歳以上が35％，40歳未満が9％，平均年齢55.9歳，また，77％が一人で生活・移動をしている。野宿に至る直前の仕事は，生産工程・労務職が7割近くを占め，その大部分が建設関係であった。雇用形態では日雇・臨時が5割と，1999年の大阪市調査に比べて低くなっているが，4割を占める「常勤職員・従事者（正社員）」のなかには，日給月給のような一般的には正社員とはみなされない人びとがかなり含まれていると考えられる。

　たとえば，大阪府立大学の調査によれば，直前職は「常雇」が3割強を占めたが，その半数近くは健康保険・厚生年金などの社会保険に加入しておらず，

国民健康保険・国民年金に加入していない人も少なくなかったのである(大阪府立大学都市福祉研究会, 2002)。このような「正社員」の内実に関する疑問をとりあえずかっこに入れておくとしても, 全国調査においてもホームレスの主要な供給源が不安定就業階層の建設労働者であることがわかる。

次節では, 全国調査より詳細な検討が可能な 1999 年大阪市調査の結果を参照しつつ, ホームレスの人びとが野宿という環境をどのように生きているのかをみていく。

第3節　野宿状態への固定化と野宿生活

「いくら不況といっても, 必死に探せば野宿をしないで済む仕事は何かあるはず」と信じている人びとからは, 野宿に至り, 抜け出せないでいる彼らは怠け者とみなされ, その生活は排除されてしかるべきものと判断されがちである。必死になって仕事を探せば, あるいは適切に行政施策を利用すれば, 野宿からの脱出は可能なのか。

1999 年大阪市調査によると, 彼らの 8 割以上は現在の仕事とは別の仕事に就きたいと考えている。そのなかには, かなりの高齢や健康をひどく損なっているなど, 現実的には就労は不可能であると考えられる人も少なくない。ここに表現されているのは, 単なる転職希望ではなく, 現在の野宿状況を抜け出したいという切実な願いである。しかし, 実際に求職活動をしている割合は 46％と, 脱出を願う割合と比べるとかなり低い。なぜだろうか。

そもそも, 「最底辺の労働市場」においても労働力とみなされなかったがゆえに野宿している彼らが, 新たな仕事に就き, 野宿から脱出できる可能性はほとんどない。たとえアルバイト求人があふれていたとしても, 中高年で保証人も住所も連絡を待つ電話すらないホームレスが採用されるだろうか。それでも就労による野宿からの脱出を実現するために, 求職活動を繰り返す野宿者は少なくない。しかし, その無駄足を覚悟した求職の試みが, 結局無駄足に終わる経験を積み重ねるなかで, 彼らは就労による野宿からの脱出がきわめて困難で

あることを知っていく。合理的な判断として求職活動の頻度は下がり，やがてなされなくなっていく。

　自力での野宿からの脱出が困難であるだけでなく，行政施策を利用した脱出もまた困難であった。大阪市では「就労による自立」を支援する中核的施設として，自立支援センターが2000年以降に順次開所されていった。原則3カ月，最長6カ月の間，ホームレスの人びとを収容し，宿所・食事を提供するとともに，生活・心身の健康などの相談指導，公共職業安定所との連携のもとで，職業相談・職業紹介などが行われる施設である。しかし，自立支援センターを通したとしても，彼らが仕事を見つけるのは容易ではないことに加えて，そもそも施設規模がホームレス人口に見合ったものではなく，脱出ルートとしては限定的な意味しかもちえなかった。280人定員で入所期間が平均半年であった自立支援センターで，2000年当時1万人程度いたと考えられる大阪市内のホームレスの人びと全員が「自立」するには，一体何年かかるのか。また，生活保護による脱出も容易ではない。大阪市では，ホームレスに対しては，65歳以上の高齢か，重篤な疾病・障がいがなければ保護を受けさせないという運用を長らく続けてきた。生活保護法が掲げる「無差別平等の原理」にもかかわらず，実施機関である福祉事務所は，「住所がない」「稼働年齢である」という理由で申請さえ受け付けないなど，運用に際してホームレスへの適用を厳しく制限してきた。

　こうして，いったん野宿へと至った人びとは脱出のルートが閉ざされ，野宿状態に留まらざるを得なくなった人びとが大量に蓄積されていったのである。

　「西成区では，寒さなどで路上で死んだり路上から病院に運ばれて死んだりしたホームレスが絶えない。その数は一昨年，300人を上回った」（『朝日新聞』2000年12月10日）。彼らが投げ出されたのは，「死なないためには生き抜かなければならない環境」である。彼らは自らの肉体を駆使し，知恵と工夫を積み重ねることで，野宿を生き抜くための生活を確立していく。

　野宿状況に固定化された人びとの一部は，公園のベンチにダンボールを敷いて眠るという不定型なスタイルから，テントを立てた野宿へと移行していく。

テントという薄いビニールシートで区切られた空間は，雨，寒さ，他者のまなざしなどから彼らをささやかながら解放する空間であり，野宿生活における基盤ともなる。改良と改築が重ねられ，テントは本格化し，そこには粗大ゴミから調達されたさまざまな日用品が蓄積されていく。野宿を生き延びることをより可能とする，あるいは，よりましな「住居」が形成されていく。実際，テントを立てない層では野宿期間の長期化が健康状態の悪化と顕著に結びついているが，テント居住層ではその結びつきは抑えられている。

　野宿生活を維持するためには，何らかの収入も少なからず必要である。8 割はここ 1 カ月間に収入を伴う仕事をしている。その大部分は廃品回収である。アルミ缶などを回収し換金する廃品回収は，「まともな」仕事に就くことがほとんど不可能である彼らが，収入を得ることができる数少ない仕事のひとつである。廃品回収をする者のおよそ 8 割は 1 カ月に 20 日以上働いているが，廃品回収を中心とした仕事で得られる収入は，平均月 3 万円余りにすぎない。月に 20 日間アルミ缶を回収して 3 万円の収入を得るためには，毎日およそ千個ものアルミ缶を集め続けなければならない。

　わずかな収入しか得ていない彼らが，日々欠かすことのできない食事を確保するには，食堂を利用したり，弁当を買ってばかりはいられない。それらのみでまかなっている割合は，野宿が長期化すると低くなっていく。その代わりに，比較的多くの収入を得ている層では自炊が，収入がより低い層では廃棄食品や残飯が中心的な食事の形になっていく。加齢や疾病，長期の野宿で肉体がすり減り，廃品回収で充分な収入を得ることができない人びとは，廃棄食品や残飯を集めざるを得ない。「ホームレスが集まると印象が悪くなる」と厳重に管理されがちなそれらを，首尾良く集めるのはそれほど容易ではない。

　廃品回収にせよ，食事の確保にせよ，さまざまな知識・ノウハウ・工夫・経験が積み重ねられていく。野宿が長期化していくなかで，野宿生活の諸側面は相互に密接に連関しながら，野宿を生き延びることをより可能とする，あるいは，よりましなものにする生活の形が作り上げられていく。それは，「死への圧力」に満ちた空間を生き抜かなければならないという困難な課題に対して，

ホームレスの人びとが自ら導き出し実践するひとつの解決策である。立ち並ぶブルーシートで作られたテントの急増は，その集合的現れであった。

第4節 生育家族からホームレスへ至る析出過程

　野宿に至ることを必然化され，野宿に固定化されたホームレスの人びとの生き抜くための必死の営みは，しかし，「そもそも寄せ場労働者といった不安定な生活を選び取った本人の責任，自業自得ではないのか」という声によって一蹴されてしまうのかもしれない。

　そこで前提とされているのは，「業績をめぐる競争の公正さ」への人びとの信念，つまり，ホームレスは"同じスタートライン"から出発した競争の落伍者という認識である（平川，1986：79-80）。ホームレスの人びとの生育家族からホームレスに至るプロセスを辿ることによって，「自業自得」観念とそれを正当化する「公正なスタートラインからの競争」という認識の妥当性について検討する。

　1999年大阪市調査によると，1945年前後から始まる彼らの生活史は，その出発点から困難さを伴いがちであった。たとえば，57歳男性は1942年に生まれた。底引網漁師だった父親は第2次世界大戦で戦死したため，幼い頃から母と兄と3人暮らしで，遺族給付金で暮らす毎日は，決して裕福ではなく苦労続きだったという。また，44歳男性は1954年に7人きょうだいの6番目として生まれた。大学まで進学したかったが，自転車屋を営む実家は裕福でなく，中学卒業後就職し，会社の寮で暮らすことになった。

　こうした事例だけでなく，彼らの生育家族が相対的に低い社会階層であったことを示唆する統計的データもある。彼らが18歳未満で未婚の時期について，生育家族の構成について集計すると，家族構成について何らかの記述がなされていた415人中，少なくとも1割強は母子世帯であった。これに父子世帯や両親共にいなかったケースを加えると2割を超える。どんなに低く見積もっても，彼らの2割強はひとり親とそれに連なる世帯で生まれ育っており，同世代と比

較しても顕著に高い出現率である(妻木，2003b)。親の職業やその経済状況などから生育家族の階層的背景について直接検討できる充分なデータはない。しかし，ひとり親という家族構成が貧困をはじめとするさまざまな社会的不平等と強く結びついていることは，繰り返し確認されてきたのであり，彼らの生育家族が相対的に低い社会階層であったことは十分予想される。

　生育家族の抱える困難は，学歴達成に影響を及ぼす。彼らの58％は最終学歴が中学卒以下であった。彼らの8割弱は調査時に50・60歳代であったが，同時期の2000年国勢調査によると，50・60歳代で最終学歴が中学卒以下の割合は29％である。彼らの最終学歴は同世代の男性よりもかなり低い。

　低い学歴達成により，彼らは同世代の若者よりも早い段階で労働市場へ参入することになるが，学歴達成の低さは学校から職業への移行に大きな影響を及ぼすことになる。彼らが学卒後に初めて就いた仕事の4割は臨時・日雇であり，その職業生活はスタート時点から不安定さをはらみがちだった。その後，同世代よりも多くの転職を重ねるが，転職を重ねるにつれて，建設業，ブルーカラー労働，そして臨時・日雇という雇用形態が多くなっていく。その結果，先述の通り，野宿直前には，産業では建設業が8割，職業では生産工程・労務作業が9割，雇用形態では日雇・臨時が9割を占めることになる。彼らの職業的キャリアとは，不安定就業階層，とりわけ，その下層部へと収斂されていく過程である。また，野宿直前の居住形態をみると，職住丸抱えの飯場・住み込みやドヤ(簡易宿泊所)など，失職が同時にその喪失をもたらすような不安定な居住形態が7割を占める。不安定就業へと至る過程は同時に，不安定居住へと至る過程でもある。

　こうした過程のなかで，彼らは自らの家族を形成することの困難，家族としてあることの困難も経験する。彼らの大部分は学卒直後，あるいは比較的短期間の内に，就業に伴って生育家族を離れ，単身での生活を始めているが，彼らの3割はその後一度の結婚・同棲もすることなく，単身で過ごしている。一方，結婚(58％)，同棲(12％)によって7割は家族を形成し，その内の7割(全体の5割)には子どもがいた。しかし，このようにして形成された家族も，離婚や死

別，それに伴う子どもとの別れを通して解体している。不安定就業，不安定居住は，それが原因であれ結果であれ，家族を形成・維持することの困難と結びついている。野宿に至った現在，離婚も死別もしていないという意味で婚姻関係を継続している割合は，9％弱に過ぎない。その多くは，法律的な婚姻関係はありつつも，単身で野宿している。不安定就業，不安定居住へと収斂されていく過程は，「安定した家族」の不在，つまり，単身者の生活へと収斂されていく過程でもある。さらに，そうした過程のなかで，親きょうだいとの関係も疎遠になっていく。

「公正なスタートラインからの競争」という認識は幻想に過ぎない。出発点から困難さを伴いがちであった彼らの生活史とは，不安定就業，不安定居住，そして，「安定した家族」を形成・維持できず，生育家族からも切り離された結果としての単身へと，それらが相互に結びつきながら収斂されていく過程である。彼らが辿り着いた野宿直前の生活とは，排除されつつ労働市場に接合された「都市下層」(西澤，2000)としてのそれであり，その典型が寄せ場労働者としての生活である。寄せ場・釜ヶ崎で彼らが日雇労働者として生活してきた期間は平均14.9年に及ぶ。困難を抱えた家族に生まれ育ち，貧困・不安定な生活へと至る，「社会的不平等の世代間再生産」というべきこうした過程の末に，彼らはバブル経済の崩壊が加速させた労働市場の再編により労働市場から切り捨てられ，ついには極限の貧困である野宿へと至ったのである。

第5節　「健全な社会通念」と寄せ場化する日本社会

2006年1月27日，大阪地裁は大阪市北区の扇町公園で野宿生活をしていた男性Yさんに対し，公園のテントでの住民登録を認める判決を下した。

原告Yさんは1999年頃から扇町公園で野宿しており，住民票はホームレス支援活動をしているAさん宅に置かせてもらっていた。2004年，自分の住所地を虚偽の住民登録に提供したとしてAさんが逮捕された。その後，「実際に住んでいないから」と，A方でのYさんの住民登録を抹消する旨が区役所から

通知され，それではと実際に住んでいる公園のテントでの住民登録を届け出たが，区役所は受理しなかった。
　住民登録が抹消され住民票がなくなると，選挙権が行使できず，国民年金も受け取れない。運転免許証や国民健康保険証もない。憲法上・法律上のさまざまな権利が奪われてしまう。さらに，免許証などで身分証明ができなければ，携帯電話も買えない。日雇仕事に就くために携帯電話が必要だったＹさんは，公園での住民登録を求め，裁判をおこさざるをえなくなった。
　こうしておこされた裁判において，「同所在地は客観的にみて……生活の本拠たる実体を具備している」と，公園での住民登録を認めるＹさん勝訴の判決が出されたのである。しかし，認められたのは住民登録だけであり，占有権ではない。したがって，Ｙさんのテントを強制撤去することも，「法律的には可能」である。判決は，「公園に定住するホームレスがいる」という事実を事実として認めたに過ぎない。同月末，大阪市は地裁判決を不服として控訴した。同日，市は市内の2つの公園でテントの強制撤去を行った。
　「浮浪者に住民票を与えるという判決には非常に憤りを感じています」「無職で家がないのは，自分の責任だと思います」「早く追い出してください」——住民登録を認めないことを正当化する証拠として，大阪市が控訴審で提出した「市民の声」である。ホームレスの人びとが生きる現実とは乖離した，イメージ空間上のホームレス像から生まれた「市民の声」が，実際に野宿を生きるＹさんの生を左右する根拠として動員されたのである。
　2007年1月の高裁判決は，公園のテントは「健全な社会通念に基礎付けられた住所としての定型性」をもっておらず，住所としては認められないという，Ｙさんの逆転敗訴の判決であった。最高裁への上告は棄却され，高裁判決が確定した。
　これまでみてきたように，大量のホームレスの存在は，個人の意欲や意識などには還元できない社会構造とその変化の結果である。「健全な社会通念に沿わない」とみなされる野宿生活を，Ｙさんや多くの人びとが生きているのは，彼らがそれを望んだからではなく，それ以外に生きていく方法がないからであ

る。しかし、そのような極限の貧困である野宿を生き抜くために築き上げられた生活は、「健全な社会通念に沿わない」として、さまざまな権利の剥奪が法的にも正当化されることになった。ホームレスの人びとは「健全な社会通念」からの逸脱とみなされる生活を生きていることをもって、さらにさまざまな権利を奪われ、その結果、「健全な社会通念に沿わない」生活にいっそう強固に縛り付けられることになる。

　この裁判は、ホームレスの人びとが直面する社会的排除状態を生きていること自体を根拠に、さらに徹底的な排除が正当化されるという、底なし沼的な排除の連鎖の具体例であり、「健全な社会通念」を脅かす存在を大量に蓄積させているのが（少なくともその一因であるのが）、「健全な社会通念」それ自体であることを浮かび上がらせることになった。

　ホームレス人口は、図表9-1に示されるように、2000年代初めにピークを迎えた後、支援団体の努力によって生活保護の適正な運用が促され、路上からアパートなどへの移行が進むなどした結果、一貫して減少傾向にある。ホームレス問題を、市民の眼前に出現した「得体の知れない」野宿する人びとの存在そのものであるととらえるならば、近年、ホームレス問題は解決に向かいつつあると評価できる。しかし、ホームレスの人びとを生み出し、ホームレス状態に固定化させることになった日本社会が抱える諸問題・諸現実が等閑視され続けるならば、それらの諸問題・諸現実は、再び路上のホームレス人口が増加するという形であれ、それとは異なる形であれ、私たちの社会に現れることになるだろう。第1節で述べた、2007年頃にその存在が社会問題化することになったネットカフェ難民などの「隠れたホームレス」の社会問題化は、そのひとつの例であり、たとえば彼らの析出過程には、前節と同様の「社会的不平等の世代間再生産」の側面が強くみられたのである（妻木・堤，2010）。

　また、ホームレスにせよネットカフェ難民にせよ、そうした人びとを生み出した諸問題・諸現実は、「例外」や「一部」の範囲を超えて拡がりつつある。バブル経済の崩壊以降、非正規雇用の急増、正社員の「名ばかり」化などのさまざまな形で、雇用のフレキシブル化が加速した。その結果、寄せ場労働者が

抱え込まされてきた不安定就労や不安定居住の現実は，寄せ場を超えて日本社会の至るところに拡がり，日本社会全体の「寄せ場化」(生田，2007)ともいえる状況が現れた。「『不安定就労から野宿へ』という社会問題の主役が，かつての日雇労働者からフリーターなどへと移っていく」(生田，2007：195)という見通しは，2008年のリーマンショック後の「派遣切り」で多くの人びとが野宿化した出来事などを通して，そのリアリティを増している。

ホームレスの人びとについてイメージのみで語り，処理し，あるいは無視し続けること，また，そうした人びとを生み出して固定化する背景にある社会的な諸問題・諸現実から目をそらすことは，多くの若者にとって自分自身の現在と未来を等閑視することに他ならない状況になりつつあるのである。

本章は，妻木(2001，2003a，2003b，2010)，妻木・堤(2010)の妻木分担分に加筆・修正を加え，再構成したものである。

引用・参考文献
青木秀男(2000)『現代日本の都市下層─寄せ場と野宿者と外国人労働者』明石書店
平川茂(1986)「『浮浪者』差別と『自業自得』観念」『解放社会学研究』1
生田武志(2007)『ルポ最底辺』ちくま新書
岩田正美(2007)『現代の貧困─ワーキングプア／ホームレス／生活保護』筑摩書房
内閣府経済社会総合研究所(2004)「安全・安心な社会を目指して」
西澤晃彦(2000)「都市下層の可視化と変容─野宿者をめぐって」日本寄せ場学会編『寄せ場』13号
大阪市立大学都市環境問題研究会(2001)『野宿生活者(ホームレス)に関する総合的調査研究報告書』
大阪府立大学都市福祉研究会(2002)「大阪府野宿生活者実態調査報告書」
島和博(1999)『現代日本の野宿生活者』学文社
妻木進吾(2001)「生きる」森田洋司編『落層─野宿に生きる』日経大阪PR
妻木進吾(2003a)「野宿生活：『社会生活の拒否』という選択」『ソシオロジ』第147号
妻木進吾(2003b)「野宿者の析出に見られる社会的不平等の世代間再生産─野宿者の生育家族からの検討」『部落解放研究』155号
妻木進吾・堤圭史郎(2010)「家族規範とホームレス─扶助か桎梏か」青木秀男編『ホームレス・スタディーズ─排除と包摂のリアリティ』ミネルヴァ書房
東京都企画審議室(1995)「新たな都市問題と対応の方向─『路上生活者』をめぐって」

お薦め文献
岩田正美(2008)『社会的排除―参加の欠如・不確かな帰属』有斐閣
西澤晃彦(2010)『貧者の領域―誰が排除されているのか』河出書房新社
原口剛他(2011)『釜ヶ崎のススメ』洛北出版
丸山里美(2013)『女性ホームレスとして生きる―貧困と排除の社会学』世界思想社

第10章

自　殺

Keyword
孤立化　無力感　社会関係　自死
ソーシャル・キャピタル

はじめに

　たとえばやり直しができない人生の道筋を唯一のものであると考えている人が，そこに乗れない，転落したと感じると，「自分は無力で孤立し，生きる価値がない」「死ぬしかない」という考えに捉われてしまうという。そして，自殺を考える人はうつ病などの結果，家族，知人，同僚などの多くの人びとに囲まれていても，自分はたった一人で，誰も頼りにできる人がいないという思い込みをもっているという。

　深刻な悩みや問題を抱えた時に，配偶者や恋人などパートナーがいる場合には，相談相手として真っ先にサポートを求めているということが，調査の結果わかってきた。調査の対象となったある女性は，夫は「何でも相談できる相手」であり，悩みの程度が浅ければ両親や友人にも相談することはあるが，深い悩みの時には「夫以外には相談できない」という。

　しかし一方で，悩みが深刻になればなるほど親しい人には相談しづらくなる可能性もあることが示唆された。より親しい関係の人からのサポートを期待す

る一方で，深刻な悩みを抱える本人は親密な間柄だからこそ相談しづらくなる場合もあると考えられる。悩みが深刻なのに「相談しない」という選択，誰かに話をするのはもっと前の段階であり，悩みの深刻度があるレベルを超えると，相手が誰であっても相談できないと感じているのである。

しかし，誰も頼りにできる人がいないと思い込み，絶望的なまでの孤立を感じていた人の自殺であっても，自殺には背後で悲しむ人の存在がある。一人の自殺によって5，6人以上の人が深刻な心理的影響をうけ，一生それを背負って生きていくことになる。ある日突然，家族の自殺に遭遇し，悲嘆だけではなく，受け入れるにはあまりにも不条理な体験をする。そして多くの場合，遺族は周囲からの理解もなく，孤独で辛い思いを胸に抱えながら，その後の人生を歩み続けなければならない。

自殺者の遺族支援を中心に，自殺にかえて「自死」が一般に使われている。そして遺された人の苦痛を和らげる取り組みとして，自死者の遺族のための活動がある。自死した者について臆することなく悲しむ，語ることを通じ，故人との関係を想起し，再確認し，故人がなぜ自らいのちを終えたのか，改めて故人をより深く受容する。悲しみと懐かしさが交錯する故人について語る体験を通して，故人と自身の関係を再確認し，不条理と思われた自死のおぼろげな意味の輪郭が少しずつ形をあらわしだすのである。

第1節 デュルケムとシュナイドマン

近年体系化が進んでいる自殺学は，自殺防止を目的とした包括的かつ実践的な学問といえ，その特徴は学際性にあるが，自殺の原因や背景には社会文化的な要因が深く影を落としている。そのため，自殺者数は経済不況，戦時体制，戦後の混乱期などの時代背景によって大きな差異を示す。また，うつ病やアルコール依存症など精神疾患を有する者に自殺の多いことが知られているが，自殺が急増した時代に突然うつ病が増えたとみる個体要因説では，自殺死亡率の年次推移は理解されず，社会的背景要因を視野に入れて考えていくのが自然で

ある。

　自殺と社会的要因を実証的に考察したのはフランスのデュルケム(Durkheim, E.)で，彼は社会的な要因がもとで起こる自殺について体系化を行い，各要因についてヨーロッパ各国のデータをもとに記述している。その後の社会的要因による自殺の分析は，この研究における体系・分析を基にして行われているといってよいだろう。

　デュルケムはまず社会の統合性と人びとの連帯性に注目した。たとえば，社会における宗教的統合や家族的統合，政治的統合が弱まると自殺は増加する。集団主義的傾向の強いカトリック社会は個人主義的傾向の強いプロテスタント社会よりも自殺率は低く，家族的世界で日常生活を送っている人びとの自殺率は単身生活者(未婚，離別，死別者など)より低く自殺しにくいといった仮説を検証した。つまり個人の社会的な孤立が自殺につながる。社会的な連帯感が失われてくると，自殺という行動をとりやすくなるというものである(自己本位的自殺)。

　しかし，デュルケムは単純に社会的統合性が強ければ自殺は少なく，統合性が弱ければ自殺が増えるとしたのではない。「人はあまりに強く社会に統合されていると同じく自殺をはかる」。たとえば，社会集団の利益のために，構成員である個人が犠牲になって自殺することがある(集団本位的自殺)。国のため命を捧げる特攻隊や自爆テロなどが例として考えられる。社会もしくは自身が属している集団に対する強い帰属意識から起こる自殺である。

　また，「社会は個人を規制するひとつの力でもある。社会の行使するその規制作用の様式と，自殺率のあいだには，ある種の関係が認められる」。われわれは自身の際限ない欲望に対して，信頼できる社会がそれを規制することをむしろ望んでいるといえ，しかし，社会の急激な変動期などでは人びとを規制していた社会的規範が衰微し，欲望や行動に規範的指針を提示できなくなるという無規制状態になると，人びとはコントロールを失った飛行機のように迷走状態に陥りやすく，自殺が発生する。社会的な規制の崩壊が自殺につながる(アノミー的自殺)。

デュルケムによる研究以降も自殺を社会的な現象として捉える研究が積み重ねられてきている。そして，社会的な要因による自殺の社会学的研究では統計データや調査をもとにした実証的な分析が重視されるようになってきている。近年の社会的背景要因を自殺に関連するものと捉えた研究では，所得，負債・破産などの変数を自殺に関連する経済的な要因の指標として取り上げ，年齢，離婚（婚姻状況），出生，世帯，社会関係などの変数を社会的な要因の指標として取り上げている。このうち個人をとりまく環境，外的要因を考えていくうえで最初に考慮されるべきなのは「社会関係」であろう。

ところで自殺とは何かについての正確な定義に関する議論には，デュルケムや過去の研究者の定義を紹介したアメリカの *Comprehensive Textbook of Suicidology* によるものがあるが，1985年に *Definition of Suicide* を著したシュナイドマン（Shneidman, E.）によるものが普遍性があり，臨床においても実用性のあるものとされている。シュナイドマンは suicidology の語を用いて学問体系としての方法論を示し，世界的に普及させたアメリカのロサンゼルス自殺予防センターの所長である。前述した自殺学が自殺についての専門的知見を提示する学問分野「suicidology」の和訳である。自殺学では自殺予防や企図者への治療など臨床的側面を重要な部分とみなしている。

自殺の問題には，ある自殺が原因となってさらなる自殺やうつ症状や心理的ディストレスをもたらす局面がある。ある一人の自殺が周囲に与えるインパクトはとても大きい。シュナイドマンはこのことを自死遺族支援の必要性につなげて次のように指摘している。「人の死は終わりを意味しない。それはまた始まりでもあるのだ。とくに遺族や友人にとっては…。実のところ，自死問題の場合，最大の公衆衛生的問題は自死の防止でもなく，自死企図の取り扱いでもない。むしろ問題なのは，以後生涯自死による影響を受けることになる遺族や友人のストレスを低減させることにある」（Shneidman, 1980：48）。

第2節　わが国の自殺の現状と研究動向

　自殺に関する公的な統計として，日本では警察庁生活安全局「自殺の概要」と厚生労働省大臣官房統計情報部「人口動態統計」が毎年公表されている。人口動態統計は日本における日本人を対象とし，警察庁の自殺統計は日本における外国人も含む総人口を対象としている。自殺に関する統計にはこのほか総務省や内閣府の調査によるものがある。わが国は保健統計の充実という意味では世界に類をみないほどであるとされるが，自殺判定に関する制度や文化の異なる外国と自殺率を比較する場合には注意を要する。また自殺者統計では，自殺とは決めてしまえない，自殺とは判定されていないが自殺だったかもしれないといった不明確なものは含まれていないことを踏まえ，実態について考えなければならない。以下，とくに記さない数値については内閣府の『自殺対策白書』によるものである。

　2013年における自殺者数は27,283人（警察庁自殺統計）である。1998年に32,863人と3万人を超えて以降，15年ぶりに年間の自殺者数が3万人を下回った2012年の自殺者数からさらに減少している（図11-1「戦後の自殺死亡率の推移」）。しかし，とくに中高年は減少している一方，若い世代の自殺死亡率は上昇傾向がみられる。人口10万人あたりの自殺者数である自殺死亡率をみると，警察庁では総数21.4，男性30.3，女性13.0で，厚生労働省では総数21.0，男性30.1，女性12.3（2012年）である。

　2013年の自殺の状況を概観すると，年齢階級別では60歳代がもっとも多く（17.3％），さらに性別でみると40歳～60歳代の男性で全体の4割近くを占めている。なお，男女別の自殺者数は男性が7割弱であり，20歳～50歳代では7割を超えている（警察庁自殺統計）。

　職業別にみると，無職者が全体の6割を占め，次いで被雇用者・勤め人（26.7％），自営業・家族従業者（7.8％）となっている。原因・動機をみると，健康問題がもっとも多く，経済・生活問題，家庭問題，勤務問題，男女問題，学校問題の順となるが，健康問題は60歳代と70歳代が多く，経済・生活問題は男性

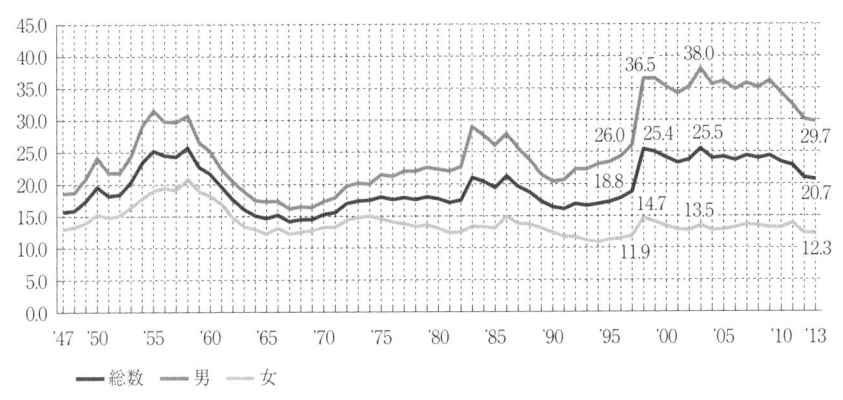

図 11-1　戦後の自殺死亡率の推移
出所）内閣府『平成 27 年版　自殺対策白書』：6 より

の方が女性よりもいちじるしく多い。

　自殺は男性に多く，また高齢者を別とすると，経済・生活問題に繋がる無職者に多いことがわかるが，この傾向は 2013 年に限らず概ね一定している。このほか配偶関係別の自殺死亡率についても，未婚，死別，離別が有配偶者よりも高く，とくに男性離別者の自殺率が高くなっている。一方，自殺者の自殺未遂歴については女性に多く，女性の 20 歳〜40 歳代において 4 割以上となっている。

　参考までに国際的な状況をみると，主要国の自殺死亡率はロシア 26.5（2009），日本 24.2（2009），フランス 16.7（2008），ドイツ 12.3（2010），米国 11.5（2007），カナダ 11.3（2004），英国 6.8（2010）で，WHO（世界保健機構）によると，自殺は深刻な公衆衛生上の問題「自殺を予防する世界の優先課題（2014）」であり，毎年 80 万人以上，15〜29 歳の死因の第 2 位となっている。自殺の 75％は低中所得の国々であるが，高所得の国々においては自殺と精神障がい，とくにうつ病やアルコール使用障がいとの関係性が確立しているといわれる。

　わが国の 1998 年以降の年間 3 万人超という自殺者の急増は，経済状況の悪化との関係を指摘する見方が多い。わが国の自殺対策は 2006（平成 18）年の自

殺対策基本法施行により生活の問題へと視野が拡げられ，多重債務の相談や就労支援といった施策がとられてきた。ただし，多重債務や失業といった社会的困難を抱えた人はうつ的状態に陥っている可能性が高いことから，医学的観点からうつ病の早期発見といった対策も重要である。多くの自殺者は直前に何らかの精神科診断が認められることが明らかになっており，精神医学的にみれば，うつ病などの精神疾患の影響により正常な判断を行うことができない状態にあったとされる（内閣府，2010：67）。

さて，わが国の自殺は国際的にみても高い比率を示し，自殺は社会経済的損失の大きな要因であり，社会全体で自殺防止に取り組み，多角的な検討と包括的な対策が必要といえる。

厚生労働省は 2002（平成 14）年，自殺防止対策有識者懇談会を設置，報告書「自殺防止に向けての提言」で，現代日本に蔓延する「生きる不安」や「ひとりぼっち（孤独感）」について指摘し，加えて自殺には，うつ病対策などの精神医学的観点のみならず，心理学的観点，社会的，文化的，経済的観点などからの「多角的な検討と包括的な対策」が必要だと述べている。また厚生労働省は社会関係（社会的つながり：Social Cohesion）を，わが国の国民の社会参加の程度，日常生活から得る満足度などを反映する指標と捉え，生活や社会への満足度が低い，自殺率が極めて高いなど，多くの課題を抱えているとしている（厚生労働省，2012：120）。

社会病理学を含めた他の分野では，ソーシャル・ネットワーク（Social Network），ソーシャル・サポート（Social Support）に着目し，また，社会，政治，経済学の分野において発展してきたソーシャル・キャピタル（Social Capital）という概念と自殺との関連を見出そうとする研究がある。社会的統合度が人間の生活に影響するという考え方を推し進め，人と社会のつながりに着目したもので，政治学者パットナム（Putnam, R.）はこの概念を社会的ネットワークとそのネットワークから生じる互酬関係，および信頼性の規範というように説明している。

第3節　人が人生を終わらせようと思うとき

　自殺の現実を自殺防止現場の活動を通してみてみよう。自殺をはじめ精神的危機にある人に対して，電話などの手段で対話することを目的とする団体がある。このような団体の活動は英国などにおいて50年以上の歴史を有しているが，そのなかで「いのちの電話」は日本において1971(昭和46)年に発足した。以下は，「いのちの電話」という電話相談における事例と，そこからみえてくる「人が自らの意思で人生を終わらせようと思うとき」「追い込まれた死」を理解する手がかりの記録である。

　「ないないづくしのこの人生，終わってしまったほうがいいのかなあ…」。本人が語るところによると28歳，地方から大都市にある大学に入学したこの男性は，バブル景気のなか，人並みに学生生活を送っていれば，卒業後の就職の心配もないだろうと思っていた。しかしバブルは崩壊し，そして就職氷河期へ。何社か回ったがことごとく断られる。「大学で勉強してきたことを活かせる仕事と思って，就職先を絞ったのが間違いでした」と後悔の毎日。「こんなことを言ったら怒られるかもしれないけれど…」「高校のとき，勉強もしないで遊んでいたやつら」が，高卒で就職し，中には結婚して子どもがいる者もいる。「あんなやつらに負けるとはね」就職や結婚ができないことを負けと表現する。(奈良いのちの電話協会，2012：50)。

　男性の希死念慮の多くは，「思い描いていた人生を歩めなかったので死にたい」という訴えであるという。そのような相談者が思い描いている人生の道筋とは，学校を卒業し，安定した職業に就くことであり，家庭をもち，キャリアを積み出世しながら定年まで働き，家族を養う。定年後は悠々自適に暮らし，妻子や孫に看取られて人生を終わるというものである。相談者にとって「思い描く人生の道筋」は特別なものではなく，人並みにしていれば実現できるものなのである。

　また，40，50代の相談者の言葉には「この歳ではやり直しをするには遅い」というのがあるという。戦後の高度経済成長期をみてきた男性の「思い描く人

生の道筋」は,仕事でキャリアを積む,結婚して家庭をもち,子どもが自立するまで養育するという,人生の大半を費やすほどの時間がかかるものである。40,50代でもう一度やり直そうとしても,キャリアを積んだり,子どもを養育したりする体力と時間は残されていないため,「やり直しができない。私の人生は失敗だった」と思うようになる。

　自殺防止現場での活動を通してみても,自殺に追い込まれる人の多くは,うつ病またはうつ的症状を呈するまで追い込まれていることが理解できるという。うつ病の特徴のひとつに心理的視野狭窄があげられる。これはひとつの考えにかたくなに捉われてしまうことであり,やり直しができない人生の道筋を唯一のものであると考えている人が,そこに乗れない,転落したと感じると,「自分は男として失格,社会とも家族ともつながれない」「自分は無力で孤立し,生きる価値がない」という思考に捉われてしまう。心理的な負荷が長く続いた場合,ふだん考えられることが考えられなくなり,苦しい状態を終わらせる手段として「自殺」しかみえなくなるという。

　うつ病の初期は身体症状がまず出現してくる。全身倦怠感,頭重感などさまざまな症状があるが,とくに多いのが不眠（90％以上）であり,うつ病に特徴的な不眠のタイプは早朝覚醒といわれる。自殺とうつ病の関連は強く,WHOもうつ病の早期治療が自殺予防に結び付くと指摘している。うつ病で出現する意欲・興味の減退や抑うつ気分などの精神症状は,患者が自ら訴えることは少なく,不眠などの身体症状は自ら訴える割合が高いことが報告されている。うつ病患者はまず内科などの身体科を受診するため,精神科や診療内科などの専門医との連携が重要となる。

絶望的なまでの孤立感

　「ここが大都会の真ん中かと思うぐらい静かですよ。一人で部屋の中にいてもお腹もすきません。いっそのこと,食べないでそのまま…,とも考えますね」

　「最近,朝早くに目が覚めてしまって,涙が止まらなくなることがあります」とうつ症状のようなことを語る。「久しぶりに人と話しました。もう,一週間以上誰とも話してなかったですね。今日は電話をしてよかったです」

「こちらもつながってよかったです。奥さんが亡くなってから気持ちも沈んでいるようですので，今度病院に行ったときは今の様子をお医者さんにお話し下さい」と伝えて電話を置いた(奈良いのちの電話協会，2012：76)。

　自殺に追い込まれる人に共通の心理とはどのようなものか。まず，絶望的なまでの孤立感というものが考えられる。うつ病などの結果，最近になって孤立感が急激に増した人もいれば，強い孤独感を幼い時から抱き続けてきた人の場合も考えられる。家族，知人，同僚などの多くの人びとに囲まれていても，自分はたった一人で，誰も頼りにできる人がいないという思い込みをもっているという。また，このような人は「私は何の価値もない」「生きているだけで皆に迷惑をかけてしまう」といった自己の存在を否定する気持ちも強いという。そして，ふだんから不安・焦燥感が強かった人がこのような状態になっても，まわりの人の目には，むしろ落ち着いたように映るという。

　「今，仕事先からの帰り，駅のホームにいます。つらくてたまらなくなって…このまま家に帰れなくて。家に帰ると元気そうに明るい顔で舅や姑の世話をして，夕食の準備をしなければならないのに…できない」
　「私は，職場では有能で包容力があり理想のキャリア・ウーマンと思われています。その期待に応えようとずっと頑張ってきて管理職にもなりました。…でも最近，思うように仕事ができなくて…がんばろうと思うけれど気力がわかない…」
　(中略)
　「がんばろうとしてもがんばれなくなってきている。そんな私に価値があるのだろうかと考え始めたら，つらくて苦しくて…」と話は続いた。1時間近く話をするうちに，少し落ち着かれたのか「主人に話をしてみようかな…受け入れてくれるかな…」という電話のむこうの声にホッとする(奈良いのちの電話協会，2012：62)。

　悩みやストレスを感じた時にどのように対処するか，そのプロセスには人間関係や相談機関に対する相談のしやすさ／しにくさが大きな影響を及ぼすが，配偶者や恋人などパートナーがいる場合には，相談相手として真っ先にサポー

トを求めるということが大阪府人権協会（自死相談研究会）の調査でわかってきた（清水・高梨他，2013）。

　一方で，悩みが深刻になればなるほど親しい人には相談しづらくなる可能性がある。この調査で実際に相談機関を利用した経験があるという人は少ない。そのなかで相談機関を利用した経験をもつ人は，配偶者や友人・知人などのインフォーマルな人間関係からサポートを得ることを期待できない状況にあったという。悩みの深刻度があるレベルを超えると，相手が誰であっても相談できないと感じていることがわかる。

　また，自殺防止現場の活動では，女性の場合「死にたい」と訴える理由で多いのは家族問題であるという。親子の問題，夫婦間の問題，あるいは離婚の悩み，過去の被虐待などが大きな割合を占め，家族など「人とのつながり」のなかで追い詰められているという。

　　「結婚後は，姑にも夫にも従順につかえて，仕事をしながら家をきちんと守ってきたんです。よくできた嫁だと言ってもらって。子どもはいないけれど，夫は紳士然とした人で，暴力をふるったり大声をあげることもなく，子どものいないことを責めるわけでもない。結婚して以来，ただの一度もけんかしたこともない。いつも静かに書斎で本を読んでいるような人。でも，夫にこんな私の気持ちを話したことはない。そんなことできない」（同上事例：63）。

　女性は人とのつながりのなかで自身の存在を見出す，他者との関係のなかで生きていたいとする傾向が相談活動のなかで感じられるという。人とのつながりが悪い方向に向かった時，それは心の病などのさらなる悪い要因と重なりあいながら，「死にたい」という訴えに向かっていくと考えられる。

　第2節で記したように，自殺者の男女比はおよそ男性7に対し女性3であるが，いのちの電話に「死にたい」と電話をかけてくる人の男女比は男性4に対して女性が6と，女性の方が上回っている。女性は「死にたい」という気持ちを誰かに聴いてもらおうと考える人が多いといえる。男性は誰に話すこともなく死を選びやすいが，女性は誰かに話すことで自殺への衝動を抑えられる傾向

があるのかもしれない。

　紹介した奈良いのちの電話の報告は，自殺が生きにくさの究極の出来事である「追い込まれた死」という理解を深める貴重な記録である。本書のタイトルである「関係性の社会病理」は，『社会病理学講座第3巻病める関係性』において，現代社会の諸状況を，「希薄化」を基調とし，そこから「浮遊，濃密化，歪み」の各方向にブレ，複雑に絡む状況として特徴づけた（高原正興他編，2004：213）ことを前提としている。自殺が関わりをもつことに疲れて関わりを放棄するものであり，希薄化・浮遊する関係性による青少年の自殺や，濃密化・歪む関係性から離脱する中高年の自殺などが，そこに象徴的にみてとれる（高原正興他編，2004：214）のである。

さよならのない別れ

　「僕は今，奨学金を借りて大学に通っています。今日は，自殺に対しての認識を皆さんに持って欲しいと思ってきました。…小学校の高学年ぐらいの頃，僕はあまり家庭に愛情を感じられなくなりました。でも僕は，父の愛情が欲しかったから，構って欲しくて不真面目になってみたり，逆に試験を頑張って100点を取ってみたりしたんですが，愛情をもらうことが出来ませんでした。仕事は仕事で忙しかったと思うし，お父さん自身もすごく余裕がなかったと思います。

　中学2年生の時に，親戚が倒れて，危篤状態になりました。僕とお母さんだけお父さんを残して，親戚のお見舞いに行きました。夜遅かったのでその日は現地に泊まることにしました。その夜に，父から電話がかかってきました。『さみしいから，帰っておいでよ』という電話でした。僕は，父のことが大嫌いだったし，『やだ，やめとく』と言って電話を切りました。

　次の朝，僕と母は自宅に帰りました。家の前にスーツ姿の大人の人が2人いました。父の職場の人で，お父さんが無断欠勤をしているということでした。

　僕と母は，家の中に入って父を捜したんですが，皆で探しても父を見つけられず，とりあえず，自分の部屋に帰り，クローゼットを開けました。そこで…，父が首を吊って，亡くなっていました。

　その時僕は，無意識のうちに大きい声を出していて，父の職場の人が急いで来て，僕の目をぱっと隠して『見ちゃだめだ』と言われました。でも，首を吊っている父の姿は今でも忘れられません。

　あれだけ嫌っていた父のはずなんですが，いざ死なれると，自分にとってかけ

がえのない人だったのだなと痛感しました。大嫌いだったはずなのに，涙が出てきて，冷たくなっている父の体を触ったり，棺桶に入っている父を見ると，あれだけ憎かった父なのに，涙が出てきました。父を失って自分の価値観を失って，住む場所も社宅だから失って，何もかもどうでもよくなりました」(内閣府，2010：77)。

　自殺には背後で悲しむ人の存在があり，一人の自殺によって5，6人以上の人が深刻な心理的影響をうけ，一生それを背負って生きていくことになる。「なぜ一人で先に逝ってしまった…」「もしあの時，私が気づいてあげられていたら…」。
　自死は「さよならのない別れ」である(清水，2009：14，2014：202)。ある日突然，家族の自死に遭遇し，悲嘆だけではなく受け入れるにはあまりにも不条理な体験をする。そして，永遠に解のない疑問に捉われ，強い自責感を伴う自問を繰り返さざるを得なくなる。突然の別れは自動車事故や自然災害などにおいても起こることであるが，自死遺族の体験する苦悩は，他の突然の死とは別の要素をもっている。自分が気づかなかったゆえに，至らなかったゆえになど，いつ果てるやもしれぬ自責の念や，自らの無力に対する怒り，そして，一人で先だってしまった故人や助けてくれなかった人たちへの恨み。そして，問題はこうした感情や思いを周囲に吐露することもできないことである。多くの場合，遺された遺族は周囲からの理解もなく，孤独で辛い思いを胸に抱えながら，その後の人生を歩み続けなければならない。
　厚生労働省では，2008(平成20)年に「自殺未遂者・自殺者親族等のケアに関する検討会」の報告書を取りまとめ，それを踏まえて「自死遺族ケアに関するガイドライン」を作成している。「自殺」という言葉が基本的には行政用語から出発して，社会全体に浸透しているが，「自死」は主に当事者とその支援者の間で使われ始め，今では行政でも遺族の支援問題を中心に「自死」が一般に使われている。大切な人を自死で喪った場合の深い悲嘆と自責感に苦しむ遺族をはじめとする当事者にとって，「自らを殺す」という表現はあまりにもつらい，とうてい受け入れられないとの思いから，「自死」の言葉への置き換えが望ま

れた。最近では「自殺」用語に内包される「自死」に対する"死(因)の序列化"という，社会的なまなざしに異議申立てをする「自死」用語への"切り替え"を主張する立場もある。遺族からの要望に寄り添うだけでなく，自死に対する社会的偏見，非難的無理解といった，むしろ社会の側の問題として問うもので，それは言葉の「置き換え」でなく「切り替え」なのであり，この切り替えによって私たち社会の側における事象の見方，理解の枠組みを変えることだと論じられている(清水，2015)。

しかし，それだけではなく，別な意味がある。遺族にとっては「自死」への置き換えは，再び歩き始める転換点において影響をもつ重要な事柄で，遺族の悲嘆回復や新たな歩みへ，自殺よりも自死の言葉によって遺族は先だった故人へのよりよい喪の作業ができる。遺族と故人の関係性も変わっていく可能性がある。先立ってしまった故人と自分の関係性を見直し，大切な人の自死という事実を胸に抱えながらも自分が改めて生きていこうとするとき，よくも悪くも長い時間と想い出を共有した故人との関係性を意味あるものと受け入れることは重要な課題と考えられる。

「どのご遺族の方も，亡くなられた方のエピソードを話されるときのお顔はとてもやわらかく，穏やかな笑顔を見せてくださる」(奈良いのちの電話協会，2012：21)。遺された人の苦痛を和らげる取り組みとして自殺者の遺族ための活動がある。本節で事例を紹介した奈良いのちの電話協会では，2007年に自死遺族支援のために立ち上げられた「よりそいの会あかり」で，電話だけではなく実際の分かち合いの場を設けている。「死を選ばざるを得なかった方の生き方を一緒に聴かせていただくこと」，これが遺族にとって必要なことであり，周囲の者に希求され社会に期待されていることと考えられる。

第4節　ストレスとソーシャル・サポート，メンタルヘルスとソーシャル・キャピタル

自殺対策にはうつ病に対する理解や受診率の向上への取り組みが重要とされ

るが，うつ病のようなメンタルヘルスに関連してくるものとして，現代は人間関係やこころにまつわるストレスの多い社会であり，自らのストレスを予防，軽減し，対処することが求められてくる。こころの健康問題の重要性を認識し，メンタルヘルスから自殺予防・防止を論じる自殺とうつ病の関連を検討した研究には，たとえば職場における自殺関連うつ病，児童・思春期におけるうつ病と自殺行動，高齢者のうつ病と自殺予防といったものがある。失業，倒産した経営者，望んでも正規雇用につけない若者，社会的に孤立しがちな高齢者などは，住宅，医療，福祉サービスが十分いきわたらず，親族や地域社会との関係も希薄になりがちである。そして，周囲の人びとからの支援をうけにくい状況となり，メンタルヘルスも悪くなる。地域での社会的孤立はうつ状態を引き起こし，結果として自殺のリスクとなることが考えられる。

　自殺を防いで，良好なメンタルヘルスを保つストレスへの対処資源としては，ソーシャル・サポートが考えられ，家族や友人など周囲からの支援や，市町村の保健所，保健師による地域におけるうつ病対策，職場においてはカウンセリングの実施などが重要となる。ソーシャル・サポート(以下，サポート)とは個人をとりまく社会関係の機能的側面を表しており(これに対して，配偶者の有無や家族構成，友人の数などは構造的側面のソーシャル・ネットワークとよばれる)，他者との間でとり交わされるさまざまな支援，援助をさしている。ところで，サポートが健康に及ぼす影響については，直接効果と緩衝効果の2つの種類の効果が知られており，直接効果としては，サポートの多寡によって心身の健康状態が規定されるということがある。たとえば，サポートが少ない高齢者は多い者と比較して抑うつ状態を発症しやすいという研究がある。これに対して，サポートの緩衝効果とは，ライフイベントや疾病罹患が健康状態へ及ぼす悪影響を，サポートが緩衝するというものである。直接効果と異なるのは，ストレス体験下にない場合にはサポートが健康状態に及ぼす影響がないということである。

　ところで，いくつかの自治体が行った自殺対策関連の調査の結果をみると，標準化されている自記式尺度で測定したメンタルヘルス状況は決して良いとは

いえず，自殺者増の背景にうつ病，あるいはうつ的傾向のあることが支持されている。同様にメンタルヘルスにはサポートが関連し，職場や家族のサポートがメンタルヘルスに良いという結果である。ところで，第2節で記したとおり，自殺者数は圧倒的に男性が多く，自殺死亡率をみると男性30.3，女性13.0（2013年）である。自殺とうつとの関連を前提に考えると，男性のメンタルヘルスは女性に比べて悪いことが考えられる。しかし，上記のいくつかの調査でみたメンタルヘルスはいずれも女性のほうが男性より悪いという結果であった。

　うつ的傾向の強い女性よりも男性の自殺のほうが多いことは，精神科や専門家では経験的に知られている事柄でもある。たとえば，うつ病やうつ的傾向，PTSD罹患率，各種の不定愁訴やリストカットなどの自傷行為は女性により顕著である。女性に自殺者数が少ないのは，自殺未遂が多いことが考えられる。

　自殺に関するジェンダーパラドクス（高梨・清水，2012）ともいえる，うつ的傾向の強い女性よりも男性の自殺の方が多い現象について，未遂歴については女性に多くなっていることで，ある程度説明がつきそうであるが，前述したように，大きなストレスがかかった場合，普段からのサポートがストレスを和らげて緩衝する作用が考えられる。この緩衝効果によって，女性に強くみられたうつ的傾向にもかかわらず，自殺既遂の段階では男女が逆転して，不整合な結果をもたらすと考えることができる。ただし，サポートには直接効果も考えられる。サポートがメンタルヘルスと関連するのであれば，そもそも通常のメンタルヘルスは男性より女性の方が良好となるはずである。しかしうつ的傾向は女性の方が高いことから，直接効果はより強く男性にあらわれているとみるしかない。女性の自殺者数が男性に比べ少ないことをストレス緩衝効果で説明するのは，確証ある視点とはいい切れない。

　これに対しては，家族社会学における家族ストレス論をヒントにひとつの考え方の可能性を検討することができる。家族ストレス論では災害や経済環境の急変など，同じようなライフイベントを経験しながら，ある家族はなんとかストレッサー・イベントを乗り越えてゆくのに対して，別の家族はなぜ危機に陥ってしまうのかを問題にしている。そして，危機に至るプロセスに資源や認知

(状況定義)などによって個々に異なる対処様式が存在し，それによってある家族は危機に陥り，別の家族は危機を回避するという。この異なる対処様式をもつ家族は脆弱性と回復力の2つの次元で分類され，たとえば脆弱性が高く回復力が高い場合，つまりストレスに対する耐性が低いにもかかわらず，回復力が高いタイプを考えることができる。

　以上は家族の危機対処の説明であるが，個人においても同様に，ストレスに対する耐性が低いにもかかわらず回復力が高いタイプ，「しなやか」なタイプの個人と，ストレスに対する耐性が高いにもかかわらず回復力が低いタイプ，打たれ強いのにある時突然ぽきりと折れてしまう「剛直」なタイプがあることを想像するのは容易であろう。個人はさまざまな社会・文化に属して，それぞれの社会・文化的な脈絡のなかでその影響をうける。男性と女性の基本的特性（社会・文化的なジェンダー特性）として，男性に剛直タイプが，女性にしなやかタイプが多く認められると考えるなら，メンタルヘルス・うつ的傾向の健康水準は男性が女性より良好であっても，自殺者数においては男性の方が女性より多くなることが考えられる。ジェンダーパラドクスに関するいくつか可能な解釈を紹介したが，さらなる実証的検討が必要と思われる。

　さて，自殺には多様かつ複合的な原因・背景がある。そのため心身の健康維持のみならずサポートが重要であるといえるが，ソーシャル・キャピタルという概念が，社会疫学，公衆衛生学の分野へと取り入れられ，健康との関係を探求する研究が進んでいる。第2節でも触れたように，パットナムはこのソーシャル・キャピタルと健康との関連について，精神的健康に影響を及ぼすとしている(Putnam, R., 2003：401)。

　これに関して，地域での交流や地域への信頼感がソーシャル・キャピタルの質と大いに関係があることから，とくにソーシャル・キャピタルとして地域生活への思い（地域に対する広くかつ間接的で薄い信頼性）に着目し，奈良県と大阪府のメンタルヘルスをみた2つの調査がある。これらの調査はメンタルヘルスをKessler(K6)というこころの健康状態を測定するための6つの質問項目を使ってみている。

この質問項目は国民生活基礎調査においても2007年より3年ごとに使用されており、たとえば、「（過去1か月の間）神経過敏に感じましたか」、「絶望的と感じましたか」…に対して、「まったくない」〜「いつも」の5段階で尋ねている。そして、メンタルヘルスおよび自殺念慮、地域生活への思いについて大阪府と奈良県の比較をみると、メンタルヘルスは奈良県の方が良く、生涯自殺念慮、1年以内自殺念慮の両者とも奈良県で少なく、地域生活への思いは奈良県で強くなっていた。そして、奈良県の自殺率は大阪府に比べ、明らかに低位で推移している。

ソーシャル・キャピタルと位置づけた「地域生活への思い」を軸に、奈良県の自殺の低位傾向について考察してみると、大阪府より「地域生活への思い」の強い奈良県が、大阪府よりメンタルヘルスが良いことは理屈にあっており、自殺念慮が少なく、実際の自殺率の低いのも同様に理解できる。そうであるなら、自殺にメンタルヘルスが関連する以上、自殺および自殺念慮に関する抑止効果を考えて、「地域生活への思い」に着目することは意義があるといえそうである。

ソーシャル・キャピタルについて詳細に論じたパットナムによれば、貨幣や物財と異なり社会資本には直接的な問題解決により適した「厚く狭い信頼」関係と、人びとの人間関係を通じて橋渡しが生じる機会提供的な「薄く広い信頼」があるとする（Putnam, R., 2003：159）。前者は、家族や友人、自助グループ仲間などの直接的・具体的で強固なソーシャル・サポートであり、後者は、より漠然とした間接的な互酬的人間関係への信頼性およびそうあるべきと考える信頼性規範がその中核にあるという。このソーシャル・キャピタルの議論を踏まえて奈良県の場合についていえば「地域生活への思い」、すなわち橋渡し型の「薄く広い信頼」に基づく地域特性は大阪府よりも強く観察されたといえる。このことは、大阪府に比べて奈良県でソーシャル・キャピタルが豊かであることを示唆していると考えられる。

また、奈良県と大阪府の調査に限らずいくつかの調査結果を通じて、一貫して住民のメンタルヘルスに有意な要因として作用している「暮らし向き」にも

注視が必要である。暮らし向きが安定すること，派手で華やかな暮らし向きでなくとも，「地域生活への思い」を含めて穏やかで安定した日々の暮らしが地域に広がりを見せることの大切さを，奈良県の調査（奈良県自殺対策連絡協議会，2012b）は示しているといえそうである。

第5節　遺族の気持ちに寄り添うならば

　2006（平成18）年の「自殺対策基本法」に基づき，政府は「自殺総合対策大綱」を策定し，自殺対策を総合的に推進してきた。政府のみならず地方公共団体，関係団体，民間団体などによるさまざまな取り組みの結果，近年自殺者数は減少している。自殺総合対策の文脈でもうつ病の早期発見，治療のための取り組み，地域住民を対象にしたメンタルヘルスにかかる普及・啓発の取り組みがなされるようになっており，地域住民の心の健康づくりは国の重要課題と位置づけられている（桑原・河西，2008：20）。

　わが国は1990年代のバブル経済の破たんにより，人件費削減やリストラ，成果主義の導入など労働環境が大きく変化した。企業においては，うつ病や自殺は種々の要因が絡み合い生じるものであるため，個々には限界があるが，職場における自殺予防では，うつ病を疑わせる労働者をいかに確実に医療機関への受診につなげるかがポイントといえ，2015年12月から，医師，保健師などによる心理的負担の程度を把握するための検査（ストレスチェック）を実施することなどを事業者の義務とする「労働安全衛生法」上の新たな制度が実施されるようになった。厚生労働省はこの法に基づいてマニュアルなどを公表している。

　また，第3節で取り上げたように，「いのちの電話」をはじめボランティアなどで先駆的・試行的な自殺対策の取り組みを行ういくつかの民間団体において，自殺を防止するための電話相談活動が行われているが，厚生労働省ではこうした活動について「自殺防止対策事業」のなかで財政的支援を行っており，2009（平成21）年度には相談員に対する研修，フリーダイヤル電話相談の実施な

どの事業を行う複数の団体が対象となっている(内閣府，2010：141)。加えて，内閣府では地域自殺対策緊急強化基金を通じて，民間団体の人材育成に対する支援を実施している(内閣府，2014：153)。

ところで，自死遺族支援の活動について，自死遺族支援は予防・防止対策の一環としてなされるものという考え方がある。しかし，遺族の方々からは自死遺族支援を予防対策として位置付けてほしくないという要望がある。先立ってしまった故人と自分の関係性を見直し，大切な人の自死という事実を胸に抱えながらも自分が改めて生きていこうとするとき，いろいろな思い出に彩られた故人との時間と関係性が否定されて予防の対象とされることは，遺族にとって違和感が伴うだろうことは容易に理解できる。

自死遺族支援活動に自死の予防・防止効果があるとすれば，それは丁寧な自死遺族ケアの副次的効果であり，この副次的効果がある場合もあればない場合もあると捉え，援助者がそうした遺族の気持ちに寄り添うならば，自死遺族支援が自殺予防と連動して論じられ，対策が講じられることも理解できるとする別の遺族のとらえ方もあるという。

「自殺は防げると言わないで，という遺族の気持ちには寄り添いつつ社会に対してはやはり…自殺の予防のためにと発信し続けてほしい」という(奈良いのちの電話協会，2012：30)。今後わが国でも，自死予防・防止と自死遺族の支援は，議論も実践もゆっくりと，次第に社会的に支持され浸透していくことが期待される。

引用・参考文献

石原明子(2003)「自殺学とは何か—自殺研究の方法と題材—」『精神保健研究』49，精神保健研究所

桑原寛・河西千秋(2008)「メンタルヘルス対策の重要性」『自殺未遂者および自殺者遺族等へのケアに関する研究　自殺に傾いた人を支えるために—相談担当者のための指針—』(平成20年度厚生労働科学研究費補助金こころの健康科学研究事業)

厚生労働省(2012)『平成24年版 厚生労働白書—社会保障を考える—』

厚生労働統計協会編(2013)『国民衛生の動向 2013/2014』厚生労働統計協会

内閣府「平成14年度　ソーシャル・キャピタル：豊かな人間関係と市民活動の好循環を求め

て」内閣府国民生活局市民活動促進課
内閣府(2010)『平成 22 年版　自殺対策白書』
奈良県自殺対策連絡協議会(2012a)「平成 24 年度自殺対策意識調査［3 県比較・分析編］報告書」奈良県
奈良県自殺対策連絡協議会(2012b)「奈良県の自殺死亡率低位検証について(報告書)」奈良県
奈良いのちの電話協会編，清水新二監修(2012)『死にたい声に寄り添って』創元社
Putnam, R. (2000) *Bowling Alone The collapse and Revival of American Community*, Simon & Schuster, New York.（柴内康文訳，2003『孤独なボウリング―米国コミュニティーの崩壊と再生―』柏書房）
Shneidman, E. S. 著, 白井徳満・白井幸子・本間修訳(1980)『死にゆく時　そして残されるもの』誠信書房
清水新二(2007)「わが国戦後の自殺動向とその時代的，世代的背景」『アディクションと家族』23(4)，至文堂
清水新二・高梨薫・吉原千賀他(2013)「自死と相談活動に関する調査報告書」大阪府人権協会・自死相談研究会(平成 24 年度大阪府補助事業)
清水新二編(2009)『封印された死と自死遺族の社会的支援』(現代のエスプリ)至文堂
清水新二(2014)「自死遺族の困惑と苦境」清水新二編『臨床家族社会学』放送大学教育振興会：184-203
清水新二(2015)島根県自死遺族支援職員研修会講演
高原正興他編(2004)『社会病理学講座第 3 巻　病める関係性』学文社
高梨薫・吉原千賀・清水新二(2011)「大都市圏住民のメンタルヘルス，生活ストレスと自殺関連体験―大阪市『市政モニター質問書』調査結果を中心に―」『厚生の指標』58(5)：22-29
高梨薫・清水新二(2012)「大都市圏住民のメンタルヘルスと自殺念慮―自殺に関するジェンダーパラドクス―」『現代の社会病理』27，日本社会病理学会：75-91
渡部良一・小倉義明・齋藤隆志・古川雅一・中村良太(2006)「自殺の経済社会的要因に関する調査研究報告書」京都大学　平成 17 年度内閣府経済社会総合研究所委託調査

お薦め文献

内閣府(2015)『平成 27 年版　自殺対策白書』
Putnam, R. (2000) *Bowling Alone The collapse and Revival of American Community*, Simon & Schuster, New York.（柴内康文訳，2003『孤独なボウリング―米国コミュニティーの崩壊と再生―』柏書房）
清水新二編(2009)『封印された死と自死遺族の社会的支援』(現代のエスプリ)至文堂
清水新二(2014)「自死遺族の困惑と苦境」清水新二編『臨床家族社会学』放送大学教育振興会：184-203

終章

時代の社会病理から関係の社会病理への基本認識

Keyword

時代・社会　ミクロ・マクロ　社会化
孤立・関係性の貧困　定義・観，診断・処方

はじめに

　終章は，第1章から第10章までの個別具体的な事象の記述・考察をひとつに束ねる，という役割を担っている。どのように束ねるかは研究者の立ち位置に規定される。私の社会病理研究における立ち位置は，〈社会病理学とは時代をみる学問である〉という，実に古風なものである。言い換えれば〈社会病理学とは時代・社会を診断・処方する学問である〉という立場である。なぜこれが古風かといえば，社会学の祖といわれているコント(Comte, A.)の立場だったからである。

　たとえを出してみよう。リースマン(Riesman, D.)というアメリカの研究者が「他人指向型人間」という現代社会の社会的性格を提示した(Riesman, 1961 = 1964)。1961年のことである。この他人指向型人間の典型は大企業に勤めるエリートホワイトカラーである。彼らエリートホワイトカラーは，今でいえば高性能のレーダーとコンピュータをもち，当社の経営動向・上司やライバル社員

の戦略動向を正確に，かついち早くキャッチし，職場内での適切な対応をとる，という社会的性格である。

　この性格が現在の日本の子どもに実に当てはまる。今学校では何がはやっているのか，何が人気か，先生はなんと思っているのか，そして友達は自分のことをどう思っているのか，どんな話をしたらうけるのかなど，すでに小学生の段階から子どもたちは高性能のレーダーとコンピュータをもち，情報をキャッチし分析し，適切な対応を求められている。

　半世紀という歳月は，アメリカの大企業のエリート社員の性格と企業内人間関係が日本の子どもたちの性格と学校内仲間関係にまで浸透した，という時代推移として描けるのである。これが診断である。

　この研究の立ち位置から終章を展開していきたい。具体的には，マクロ次元の時代・社会―メゾ次元の地域・集団(学校・家族など)―ミクロ次元の個人(性格・個別関係)を連続させて，現代日本社会の関係性の病理を描いていく。

　その際，「社会化(socialization)」という概念を用いると，説明しやすいので，まずはじめにこの社会化について解説する。その後，時代・社会，関係，観へと論を進めていく。

第1節　社会化

(1)　社会化の概念

　社会化とは，『新教育社会学辞典』では「個人がその所属する社会や集団のメンバーになっていく過程，例えば子どもが大人になり，社会的存在になっていく過程を指す」と概念定義している。『新社会学辞典』では，「個人が他者との相互作用のなかで，彼が生活する社会，あるいは将来生活しようとする社会に，適切に参加することが可能になるような価値や知識や技術や行動などを習得する過程」と概念定義している。『犯罪・非行事典』では，「社会化とは，生まれたばかりの生物学的存在である人間を社会的存在に至らしめる，あらゆる過程と作用のことである。言い換えれば，社会化とは，個人が所属するさまざ

まな集団での人間関係を通して，個人の成長の過程で，社会の成人として生きていくための知識，技術，価値，規範，役割などを内面化していく過程であり，またその作用である」となっている。

　要するに，社会化とは，生物学的存在として生み出された「ヒト」が，人間社会のなかでさまざまな人間関係を通して，社会的存在としての「人」になる過程であり，またその作用であるといえる。しかし，これだけではよくわからない。そこで次に，社会化とはどのようなことなのか，基本的なことを押さえておく。

(2) 社会化を考える

　社会化は，人間だけでなく哺乳類や鳥類にもあり，適切に社会化されなかった哺乳類や鳥類は野生の生活ができなくなる。逆に，動物によって育てられた人間は，動物によって社会化されてしまうので，動物化してしまい，人間になれない。生物学的にはヒトではあるが社会的な存在としての人とはいえなくなる。オオカミ少女のカマラとアラマがその例である(Singh, 1942＝1977)。彼女たちは，生肉を好み，食べる前に必ず匂いを嗅ぎ，二足歩行ができず，四足で歩き走り，脚は完全に伸ばすことも完全に曲げることもできず，人では見えないような暗闇のなかでも物を見ることができ，遠いところの肉の匂いを嗅ぎつけたという。

　社会化は時代を超えて，あらゆる社会に存在する。「社会」があれば「社会化」がある，ということである。社会化は時代と社会によって異なる。時代が変われば(もしくは社会が変われば)，社会化の内容だけでなく，社会化の様式も担い手(agent)も変わる。ということは，時代変動の激しい社会では社会化の変容も激しいということになる。

　また，社会化は幼少期・青年期のみならず生涯に渡るものである。生まれてから死ぬまで社会化し続けるのが人間である。しかも，時代変動の激しい社会では社会化の変容も激しいので，幼少期・青年期に社会化によって得た意識・能力がその後の時代では通用しなくなることが多分におこる。

社会化は，社会にとっては社会成員の再生産であり，文化の継続・伝承という機能・意味をもつ。また，個人にとっては文化の内面化であり，役割取得過程であり，人格の形成であり，成長発達課題の達成であり，アイデンティティの確立である。したがって，社会化機能が不全に陥るということは，社会にとっては社会成員再生産機能不全・文化継承不全に陥るということであり，社会崩壊への路をたどることになる。また，個人にとっては役割取得不全・人格形成不全・成長発達課題未達成・アイデンティティ混乱ということであり，人格崩壊・生活崩壊への途をたどるということになる。

　人は，理性のみならず感情までも社会化される。好き・嫌い，快・不快までもが社会化の産物である。毎日風呂に入り，毎日下着を取り替えないといられないというのは，個人的な心の問題であると同時に，時代・社会によって社会化された結果でもある。

　当該社会にあっても，階層・性・年齢・地域・集団などによって，社会化は異なる。ここから，同一の時代社会にあっても多様な社会化が出現する。低階層家族の社会化は富裕層家族の社会化と同じではない。こうして社会化は家族のもつ社会関係資本・文化資本とつながる。

　「教育」と「しつけ」は社会化の一形態であり，意図的な社会化，方法的社会化である。つまり教育は社会化の下位概念ということになる。それゆえ，社会化には意図しない社会化が含まれる。「子どもはほっといても育つ」「子どもは親の背中をみて育つ」「地域のなかで子どもは育つ」「きょうだいやガキ大将集団のなかで子どもは育つ」などといわれているが，これらは教育ではなく社会化である。「自然のもつ教育力」も教育ではなく社会化，テレビ・ネットの影響力も多分に教育ではなく社会化である。

(3) 時代変容と社会化の変容

　時代の変容は社会化の変容をもたらす。伝統的な行動基準（たとえば世間体）を崩壊させた戦後日本社会は，それまで自明視されていた関係の具体的な型を喪失させた。村落や下町の近隣での人間関係には一定の型があり，その型を会

得しさえすれば、そして、その型から逸脱しなければ、ほぼ自動的に関係を構築することが叶った。しかし、今の子どもたちにそのような固定的な型はない。子どもたちはレーダーを駆使し、コンピュータで解析し、クラスの人間関係を日々構築せざるを得ないのである。これでは疲れるはずである。

　また、しつけは漢字で「躾」と書くように、日本の行儀作法は「善」であると同時に「美」でもあるのだが、現在のしつけに美の要素はほとんどない。現代の社会がしつけに美を求めていないからである。

　戦後日本社会において、社会化の担い手も変容している。自然、地域、親族の社会化機能は著しく衰退した。人びとを社会化させるのは、必ずしも人というわけではない。人は自然からも多くのことを学習する。自然は人びとにとって豊かで美しいだけではなく、不便で不快で危険なものである。子どもたちはこうした自然から耐えること、克服しなければ生きていけないことなど、多くのことを学んだ。今では、こうした自然の社会化機能はほとんど喪失し、自然は美しいだけのものとなってしまっている。

　地域も同じように社会化機能を著しく衰退させている。半世紀以上前の子どもたちは、地域の大人たちとの関わりや子どもたちどうしの関わりのなかで社会化されていったのである。こうした地域共同体のなかには親族がいて、互助の関係が成立していた。この親族関係では、子どもに親（父親・母親）関係、きょうだい（兄弟姉妹）関係だけでなく、祖父母（父方祖父祖母・母方祖父祖母）関係、おじ（伯父・叔父）・おば（伯母・叔母）関係、いとこ（従兄弟・従姉妹）関係という多彩な人間関係をもたらせていた。

　こうした社会化の衰退は1950年代から1960年代にかけて徐々に進行していき、それに代わって登場してきた社会化の担い手の代表が、家族・学校・マスメディアであった。

　核家族化、都市化、産業化（第一次産業から第二次・第三次産業への変動）は、社会化の担い手を親族から核家族へと移行させた。従来、親族集団が行っていた子どもの社会化を核家族が行うことになっていった。とくに子育ては母親の専業と化していったのである。また、関係も親族関係から親子・きょうだい関

係へと縮小化していった。

　登場してきた2つ目の担い手は学校である。地域共同体の担っていた社会化機能の多くを学校が教育で担うことになった。大人との関係は，地域の大人（小父さん・小母さん・おにいさん・おねえさん）との関係から学校の大人（教師）との関係となっていった。また，子どもたちどうしの関係は地域の仲間たちとの関係から学校（主に学級）の仲間たちとの関係へと移行していった。

　3つ目の担い手は巨大化したマスメディアである。既に戦前から子どもたちの社会化の担い手として活字（小説など）メディア，絵画（漫画・絵本など）メディア，映像（映画など）メディアは存在していたし，戦後では漫画・映画メディアは子どもたちの社会化に大きく影響を与えた。しかし，なんといっても社会化の担い手としてのテレビとインターネットの登場は，子どもたちの性格と人間関係に大きな影響を与えた。

　このように，戦後わずか70年という時代推移のなかで，社会化の中身も担い手も大きく変わり，その変容が人間関係や問題現象の変容にも影響を与えているのである（以上，矢島，2014：107-135）。

(4)　小　　括

　以上の論考をまとめるかたちで，時代―関係―個人を考えてみる。

　社会化によりヒトは人となる。社会化は時代と社会によって異なる。ということは，ヒトは時代・社会を内面化させて人となるということである。役割取得，人格形成，成長発達，アイデンティティ確立，喜怒哀楽を含む意識形成などが，時代・社会から社会化をとおして子どもたちに内面化されていく。

　社会化の内容の時代変容だけでなく，社会化の担い手の時代変容は子どもたちの関係性を変容させる。それだけでなく，階層・性・年齢・地域・集団などによって社会化は異なる。ここに至り，社会化は多様性をもち，個人の多様性を生み出す。どのような階層で，どのような地域で，どのような家庭で，どのような学校で，どのような仲間たちの間で生育したか，ということで個人は多様な生活と人生を生きることになる。たとえば，〈貧しい時代⇒低階層の家庭

⇒子どもの生育〉と〈豊かな時代⇒低階層の家庭⇒子どもの生育〉では大きく異なるし，〈豊かな時代⇒低階層の家庭⇒子どもの生育〉と〈豊かな時代⇒中階層の家庭⇒子どもの生育〉でも大きく異なるのである。

　以上，社会化という視点から時代・社会と関係性・子どもの成長をみてきたわけであるが，補足が必要である。そこで次節では，再度，時代・関係・個人をごく簡単にではあるが素描していく。

第2節　孤立化社会

　今の日本社会をどのように位置づけ，どのように描くか。これは社会病理学的思考の基礎である。グローバル化，情報化，個人化，少子高齢化，脱産業化など，さまざまな視点から描くことができるが，ここでは「孤立化」という視点から描いてみたい。

(1) 関係性の貧困

　地域社会の崩壊は「世間」（人びとの秩序化された関係性の空間）を崩壊させ，「世間体」（世間の行動基準）を弱体化させた。近隣地域は今では町内会費を払い，回覧板を回し，ゴミ出し規則を守り，年に数回の募金に応じれば，それで事足りる。塩・味噌・醤油の貸し借り，手作り料理や自家製漬物のおすそ分け，近所の子どもの面倒などの互助関係は極端なほど希薄化している。地域の子ども会も衰退化の途をたどっている。

　都市化・核家族化・世間の崩壊・給与所得者の増加などの社会変動は個人で生きることを可能にした。関係性のしがらみから個人を解放させた。残るのは，大人では職場関係，子どもでは学校集団関係程度である。しかし，それゆえに個人は自己努力により関係性を築かない限り，一人（独り）だけの存在となる。孤立した存在となる。地域とは無関係，親族とは無関係，親・きょうだい（ないしは子ども）との関係も断絶，かつての仲間たちとも関係がなくなり，非正規雇用の職場では仕事だけの関係，こうした関係の希薄化・喪失化が多出してい

るのが現在なのである。

近年，新たに出現した「貧しさ」を「社会的排除(social exclusion)」という概念で把握しているが，その貧しさを深刻化させているのは「孤立」(関係性の喪失)である。従来の経済的貧困だけでない，関係性の貧困(関係性の喪失)も同時併発しているのがあらたな貧しさなのである。

(2) 多様な孤立①―若者

1980年代の若者は，一人だけで暮らすのであれば，アルバイトで稼いだ収入で十分生活し得た。わずかな気の合った仲間とだけ付き合っていれば，それで人間関係は十分であった。こうして「フリーター」という和製英語が成立した。仕事に拘束されない，自分の時間を自由に使える，カッコイイ青春の生き方として流行した。

しかし，その後の時代はそうさせなかった。バブル経済崩壊後，経済的欠乏は，友達付き合いを希薄化させて，多数の孤立する若者を出現させた。しかし，都合よくケータイ・ネットの時代がやってくる。若者はそれにしがみついた。一部の若者はしがみつかずにおれなかった。その典型としての凶悪事件が秋葉原通り魔殺人事件であろう。現実の人間関係を喪失させ，最後のよりどころとして期待したネットでの人間関係にも挫折し，犯行に及ぶのである(中島，2011)。

本書「ストーカー(第5章)」の加害者も親密な関係がなくなることの恐怖を抱いている。たったひとつの関係にすがりつき，自分を捨てた相手を恨むのである。関係性の貧困ゆえの犯罪である。

(3) 多様な孤立②―高齢者

2011年2月11日「NHKスペシャル『無縁社会〜新たなつながりを求めて〜』」が放映された。社会との関係性を絶たれた一人暮らし高齢者の孤立・孤独を描いた番組として，大きな話題を呼んだ。

一人暮らし高齢者が高齢者人口に占める割合は，2010年には男性11.1％，

女性 20.3% となっており，また，2013 年の 65 歳以上の高齢者世帯のうち夫婦のみの世帯は 38.5%，単独世帯は 17.7% となっている（『平成 27 年版　高齢社会白書』）。これだけの比率の一人暮らし高齢者がいるのだから，きょうだい・子・孫との関係が途絶え，近隣との関係もなく，一人だけの孤立生活を送る高齢者が百万単位でいたとしてもおかしくない。孤独死などでマスコミが騒ぐのはその氷山の一角であり，ミクロ次元で考えれば，巨大な数の孤立高齢者の社会病理が潜んでいるのである。

　さらに，高齢の親（たとえば 90 歳代前半の母親）と高齢の子ども（たとえば 60 歳代後半の息子）の 2 人だけの孤立生活を考えると，関係性の社会病理はさらに拡大・深化する。こうしたマクロ次元の時代状況が，ミクロ次元では親の死亡を隠しての年金不正受給問題，介護疲れからの親殺しなどとなって，社会問題を顕在化させていくのである。

　本書「高齢者犯罪（第 4 章）」で論考された高齢者の窃盗を中心とした犯罪も，高齢者の関係性の貧困というマクロな社会病理のミクロな問題化として把握することができる。

(4)　多様な孤立③――家族

　孤立は個人とは限らない。小集団単位での孤立もある。その典型が家族の孤立である。本書「ドメスティック・バイオレンス（第 6 章）」「児童虐待（第 7 章）」がそれである。DV の家族，児童虐待の家族の多くは関係性の貧困に陥っている。

　2 人だけの愛の世界の構築は近代の恋愛社会では理想とされているが，そして美化されているが，同時に危険を伴うものである。愛の世界は多分に閉鎖性を伴う。「2 人だけ」という他を寄せ付けない世界を創る。しかし，その世界が，親・きょうだい・親類との関係性を喪失させ，児童生徒・学生時代の友達関係を喪失させ，近隣関係を喪失させた世界であるならば，愛の生活が破たんした途端，突然悲劇が襲ってくる。その悲劇の一部では，2 人だけの関係世界のなかで暴力が日常化する。

子どもが生まれ，夫婦がこうした他の世界との関係を閉ざした生活のなかで子どもを育てた場合には，児童虐待の可能性を導く。それはときとしてDVと虐待をセットとして導く。

町内会費を払わない自由，子どもを子ども会に入れさせない自由，近隣と付き合わない自由，親との関係を断つ自由，そして，一人で・夫婦2人だけで・親子だけで生きる自由，こうした人生行路の生き方の自由には，不安・孤立・孤独という代償が伴うのである。

(5) 小　括

伝統的な統制的な(つまり規範的な)地域・親族関係を希薄化させていった現代日本社会にあって，さらに，単一的・単色的で，心地良い親密な関係を求めていった現代日本社会にあって，多くの人たちが親密で閉じた関係での安住を求め，一人だけの自由性を求めた。

しかし，一人だけの自由は独りだけの孤立と表裏一体の関係であり，親密で閉じた関係は親密だけが頼りの不安定な関係への閉塞である。こうした関係性のなかで，その帰結として，自己統制・管理に失敗した一部の個人・家族(夫婦・親子関係)は関係性の貧困を招き，さらにその一部では悲劇を発生させた。人とのしがらみの不自由さからの解放という歴史は，関係性の貧困という歴史でもあったのである。

第3節　観の変容

以上，第1節では「社会化」という視点から，第2節では「孤立(関係性の貧困)」という視点から，時代・集団・個人・事象を統合的に把握し得ることが，いやそれどころか，把握する必要があることが，ある程度理解できたことと思う。しかし，これらの関連は今少し複雑である。なぜならば，状況や事象に変化がないにもかかわらず，社会問題としては大きく変化することがあるからである。結論から述べるならば，同じ状況，同じ事象でも，「観」が変われ

(1) 呼称と定義

　本書「不登校(第1章)」では，「呼称」の変化が述べられている。時代が変われば呼称も変わるのである。呼称が変わるということは，その対象に対しての人びとのまなざし・捉え方が変化したということである。ある事象に対する人びとのまなざしは，その事象の原因・善悪・イメージ・問題性・解決性を規定する。したがって，呼称は社会学にとって重要な意味をもつ。

　呼称と同様に，「定義」も重要な意味をもつ。本書「いじめ(第2章)」の場合，主観的定義でも客観的定義でも不十分であり，問題性をもつ。客観的定義と主観的定義の重なった部分に限定すれば，最狭義の定義(いじめの主観的かつ客観的定義)となり，客観的定義と主観的定義のすべてを含めれば，最広義の定義(いじめの主観的ないし客観的定義)となる。今現在(2016年)，いじめの定義は最広義の定義へと向かっている。2006年に改訂された定義では，いじめられた側の主観が以前の定義よりも重視されている。これも時代の変容である。

(2) 定義の成立

　本書「少年非行(第3章)」では非行の定義が問題視されているが，近年の少年法改正では厳罰化の方向が明確に示されている。将来，非行少年は現在(2016年)の20歳未満から18歳未満になるかもしれない。

　ところで，犯罪少年・触法少年は行為次元では成人の犯罪と同じである。にもかかわらず，20歳未満は「犯罪少年」，14歳未満は「触法少年」とするのは，成人の犯罪者とは異なった「非行少年観」があるからであり，さらにその背後には「子ども観」があるからである。

　こうした観は普遍的なものではなく，歴史のなかで，その時代・社会の人びとの集合意識(conscience collective)によって形成されたものである。よって集合意識の非行少年観が変われば，「非行少年」という定義も変わることになるし，子ども観が変われば，おのずと少年非行観も変わる。

本書「ストーカー(第5章)」では,「ストーカー」という概念そのものが生み出されたものであると述べている。いつの時代でも男と女の別れ話はある。一方がもう一方を捨てるという展開はおそらく普遍的な出来事であろう。しかし,そのストーリーをどのように解釈するかというのは時代により異なる。

日本では,少なくとも1960年頃まで,捨てる方(大半は男性)が加害者であり,捨てられる方(大半が女性)が被害者であった。あきらめきれない被害者は自殺というさらなる被害を引き起こすことさえあった。それがストーカーでは逆転している。まさに180度の変化がここ30年ほどでおこったのである。

(3) 当事者主義

今現在,社会問題事象に対しての「観」は当事者主義へと向かっている。同性愛の当事者は同性愛者であり,性同一性障害の当事者は性同一性障害者である。不登校の当事者は不登校児童生徒であり,ひきこもりの当事者はひきこもりの若者である。これらの当事者主義は,同性愛と性同一性障害の場合は「異常」という観から「正常」という観への移行をもたらした。不登校では,問題の所在が子どもと親から学校教育へと移行した。

非行の当事者は非行の加害者(非行少年)と被害者であり,ストーカーの当事者はストーカーの加害者と被害者であり,いじめの当事者はいじめた子といじめられた子でありと,ここでは当事者が両極に存在する。この場合,時代は当事者主義に向かっているだけでなく,被害者主義に向かっている。かつて,非行少年は社会の犠牲者という観を基底として,犯罪学理論(アノミー論を典型とする緊張理論や分化的接触論を典型とする学習理論)も福祉・司法政策(児童福祉法の理念や少年法の理念)も構成されていた。ところが今では,社会の犠牲者という非行少年観は希薄化し,犯罪の加害者という非行少年観が強化されている。ストーカーは,未練を断ち切れない加害者の視点からではなく,恐怖に震えおののく被害者の視点から構成されている。そして,いじめは腕白でボス格のいじめっ子観では構成されていない。

(4) 小　　括

　人びとは地位と役割を得て日常生活を過ごしている。その地位・役割は価値・規範・制度などとともに構成要素として社会システムのなかに位置づけられている。ミクロな個々人の生活世界はマクロな全体世界と密接に結びついて営まれている。そして時代とともに変容する。価値も規範も制度も変容する。同じ行為が別の意味に変わる。悲劇が喜劇に，喜劇が悲劇に変わり，快が不快に，不快が快に変わり，正常が異常に，異常が正常に変わるのである。

第4節　処方──関係の構築を求めて

　〈社会病理学とは時代・社会を診断・処方する学問である〉と冒頭で述べた。「診断」はここで終了とし，ここからは「処方」に移りたい。ただし，既に各章にて，さまざまな政策・治療が論じられている。法の制定・改正，制度の制定・改正，政策の変更・見直し，民間団体の育成・活用，治療マニュアルの作成・改訂など，具体的な提言がなされている。そこで，この「終章」では，こうした政策・対策・治療の根底としてスケールの大きな2つのことを提言して，章を閉じることにする。

　ひとつは，利他性の復活である。個人主義という時代を逆戻りさせることは不可能である。個人主義という大きな歴史の流れから出てきた現代の「個人化」「私事化」も，変更不能であろう。しかし，今まで通りに，それらを賛美し，促進させることもなかろう。今現在の日本は，老若男女とも自己を主張し，自己存在を確認することに明け暮れている。しかし，そうすればするほど自己存在証明の不安にかられる。

　自分勝手に生きてきた非行少年が，あるボランティア活動に参加して，「ありがとう」といわれたという。その少年は未だかつて人に感謝されたことがなかった。少年はこのとき，自分でも人のためになれるんだということを知った。「情けは人のためならず」という。「利他」は「利己」なのである。自分の利益のことばかり，快・不快のことばかり考えていては，自己存在を認識すること

はできない。私利私欲の達成は満足をもたらすが,存在意義はもたらさない。自己存在の認識には,自己存在の追求と同時に利他存在の追求が必要である。オンリーワンだけ求めていても,オンリーワンにはなれないのである。

いまひとつは,「共」の復活である。クーリー(Cooley, C. H.)の概念でいうならば,「われわれ感情／われわれ意識(we feeling／we consciousness)」(Cooley, 1909, 1962＝1970)の復活・発展である。世間,近隣という集団を崩壊させた日本は,何かにつけてお上にすがるようになった。これではお上に対して弱くなるはずである。このなくした「共」の新たな復活である。「公」と「私」の重なり合う領域での「共」の構築であり,「公―私」という二極化関係から「公―共―私」の三角関係への構築である。言い換えれば,「自助―共助―公助」のシステム化である。

最後にひと言付け加えておこう。

本書「不登校(第1章)」では,ようやく定着した「不登校」という呼称にも問題がないわけではないことが論じられる。学校教育の問題という集約化は,福祉との分離をもたらし,福祉の介入を必要とする低階層の不登校児童生徒,不良行為を伴う不登校児童生徒の問題をみえにくくしてしまうのである。問題解決への努力と解決策が予期せぬ新たな問題を生み出す。言い換えれば,「機能不全」への改革が「逆機能」を生み出すのである(矢島,2011)。子どもの生き方への多様な対応が必要である。

また,本書「児童虐待(第7章)」では,児童虐待防止対策での母子関係偏重化の問題性が指摘されている。それは「公」が母子という「私」に介入するという対策の帰結であり,この対策が成功すればするほど母子一体観は強化される。やはり子育ての「共」がほしい。

引用・参考文献

Cooley, C. H. (1909, 1962) *Social Organization; a study of the larger mind*, first schocken paperback.(大橋幸・菊池美代志訳,1970『社会組織論―拡大する意識の研究―』(現代社会学体系4)青木書店)
星野周弘他編(1995)『犯罪・非行事典』大成出版社

森岡清美他編(1993)『新社会学辞典』有斐閣
内閣府(2015)『平成27年版　高齢社会白書』
中島岳志(2011)『秋葉原事件―加藤智大の軌跡』朝日新聞出版
日本教育社会学会編(1986)『新教育社会学辞典』東洋館出版社
Riesman, D. (1961) *The Lonely Crowd*, Yale University Press: New Haven. (加藤秀俊訳, 1964『孤独な群衆』みすず書房)
Singh, J. A. L. and Zingg, R. M. (1942) *Wolf-Children and Feral Man*, Harper & Brothers. (中野善達・清水智子訳, 1977『狼に育てられた子―カマラとアマラの養育日記』福村出版)
矢島正見(2011)『社会病理学的想像力―「社会問題の社会学」論考』学文社
矢島正見(2014)「社会化と逸脱」耳塚寛明編『教育格差の社会学』有斐閣

お薦め文献

矢島正見(2012)『改訂版　戦後日本青少年問題考』青少年問題研究会(発行), 学文社(発売)
高原正興・矢島正見・森田洋司・井出裕久編(2004)『社会病理学講座第3巻　病める関係性―ミクロ社会の病理―』学文社

索　引

あ行

愛着　58, 79, 132
愛着形成不全　136
愛着理論　137
秋葉原通り魔殺人事件　212
アスペルガー　47
「新しい」社会問題　87
アドボカシー　95
アノミー　56
アノミー的自殺　186
アノミー論　56
アルバイト　148
暗数　59, 92
異議申し立て　16
育児不安　127
いじめ　2-6, 9, 25, 32
いじめ自殺事件　1
いじめの定義　33
一般家庭化　9
いのちの電話　191
インフォーマル集団　38
ヴァルネラビリティ　114
請負労働者　148
うつ病　192
恨みの中毒症状　97
ADHD　47
親子の関係理論　132
親の会　22

か行

街頭犯罪　1
街頭補導　52
加害者支援　8, 95
加害者臨床　123
過覚醒　113
格差社会　4, 6
学習理論　51
学歴達成　178
ガスライティング　112
風の子学園事件　22
家族機能の縮小化　5
家族システム　111

家族ストレス論　199
学校基本調査　15, 16
学校ぎらい　15, 16, 18, 20, 21, 24
学校不適応　64
家庭裁判所　54
家庭内暴力　109
釜ヶ崎　2, 170, 179
下流階層　56
過労死　7
過労自殺　1
過労死等防止対策推進法　11
簡易宿泊所　170, 178
関係性の希薄化　4, 7, 10, 78
関係性の社会病理　2, 4, 8, 10, 12
関係性の喪失　212
関係性の濃密化　5, 7
関係性の貧困　212
関係性の貧困化　160
関係性の浮遊化　5
関係性の歪み　5, 36, 95
関係の非対称性　106
間接雇用　160
企業別労働組合　164
希死念慮　191
起訴猶予　72
虐待相談対応件数　127
虐待的パーソナリティ　115
凶悪犯　60
共助　84, 218
強制撤去　180
協力雇用主　81
儀礼的無関心　41
禁止命令　88
緊張理論　51, 132
虞犯少年　52
刑務所出所者　70
契約社員　148
検挙件数　59
公式統計　51
公助　84, 218
更生　67
更生保護施設　80
更生保護制度　71

構築主義　12, 93
高齢者犯罪　3, 4, 11, 69
高齢人口比　71
高齢者ストーカー　101
コーエン，A. K.　57
個人主義化　7
子育て不安　9
孤独感　193
寿町　170
子どもの貧困　2, 26, 66, 84
雇用・就業形態の多様化　145
雇用ポートフォリオ　149
孤立　129, 212
コントロール行動　105
コントロール理論　51

さ行

再体験　113
再統合　45
再非行化　65
サザランド，E. H.　57
差別　167
山谷　170
ジェンダー意識　5, 7
ジェンダー規範　111
ジェンダーパラドクス　199
シカゴ学派　55
自業自得　166-168, 177
自己申告　54
「自己責任」論　8
自己存在証明　217
自己本位的自殺　186
自殺　1, 4-8
自殺学　185
自殺死亡率　188
自殺総合対策大綱　202
自殺対策基本法　11, 202
自殺未遂　189
自死　185
自死遺族支援　197
私事化　6, 9, 10, 25, 45
自助　218
施設内処遇　66
執行猶予　72
実証主義　12
児童虐待　1-4, 6, 8, 9, 12, 127

児童虐待防止法　93, 128
児童自立支援施設　66
児童相談所　127
児童の不当な扱い　130
自罰性　111
島　170
社会化　206
社会解体　56
社会関係　190
社会的学習理論　132
社会的性格　7, 205
社会的排除　181, 212
社会的反作用　58
社会的包摂　66, 84
社会的ボンド（絆）　58
社会的結びつき理論　132
社会内処遇　66
社会病理学　32
社会病理の定義　10
社会問題化　11, 12, 20, 32, 55, 130, 168, 169, 170
若年無業者　145
集合意識　215
集合的感情　40
集団本位的自殺　186
就労継続　81
シュナイドマン，E.　187
主婦パートタイマー　146
ショウ，C. R.　55
状況適合性ルール　39
少年院　50
少年犯罪　50
少年非行　3, 5, 6, 9
少年非行の凶悪化　50
少年非行の定義　51
職業的キャリア　178
嘱託社員　148
触法少年　52
初発型非行　60
自立支援センター　175
人口動態統計　188
新自由主義　168
身体的虐待　128
人的資源管理　148
信念　58
親密圏　93

索　引　223

親密な関係性　104
心理的虐待　128
心理的視野狭窄　192
スティグマ　27
ステイタス・オフェンス　54
ストーカー　1, 3, 5, 7, 12, 86
ストーカー規制法　11, 86, 93, 100
ストーカー行為　86
生育家族　177, 178
生活モデル　94
制裁　39
精神病理学　132
性的虐待　128
性別役割分業　7
世間　211
世間体　211
世代間再生産　179
世代間伝達　136
積極的労働市場政策　163
セレクティブ・サンクション　59
相互扶助　78, 169
相対的貧困率　2
ソーシャル・サポート　198
ソーシャル・キャピタル　190
粗暴犯　61

た行

第三者委員会　43
対面的相互作用　36
脱暴力　116
他人指向型　205
他罰性　107
打撲児症候群　130
男性性　112
男性優位　7
チャレンジスクール　20
中流階層　57
長期欠席　15-17, 19-21, 24, 25, 28
つきまとい等　87
DV　5-7, 9, 12, 41, 104
DV防止法　93
定義づけ　38
適応指導教室　19, 22, 24, 28
デュルケム, E.　186
転倒　110
東京シューレ　19, 22, 23

登校拒否　15, 17, 22
登校拒否運動　16, 21-23, 25, 27
投資　58
「当事者」学　23
当事者主義　216
ドメスティック・バイオレンス　3, 104
トラウマ　121

な行

内的ワーキングモデル　137
仲間集団　36
二重労働市場論　149
日常性の病理　8, 9
日本型雇用システム　145
認知件数　59
ネグレクト　128
ネットいじめ　42
ネットカフェ難民　169
野宿　167-169, 171-181
野宿者　169

は行

配偶者暴力相談支援センター　118
廃品回収　176
派遣労働　160
派遣労働者　148
ハーシ, T.　58, 79
バタードウーマン症候群　120
パットナム, R.　190
パートタイマー　148
ハラスメント　104
犯罪化　86
犯罪学　55
犯罪少年　52
犯罪白書　70
反ストーキング法　89
被害者支援　95
被害者主義　216
被虐待経験　115
非行　9, 23, 24, 28
非行サブカルチャー　57
非行サブカルチャー論　57
「非行の一般化」論　63
非行の増幅　58
非行の偏在性　65
非行文化　55

微罪処分　72
微視的攻撃性　114
非正規雇用　2, 4, 6-9, 145
PTSD　121
非典型雇用　146
日雇労働　170, 172, 179
貧困　159
貧困の社会病理　4
不安定居住　178, 179
不安定就業　174, 178, 179
不作為命令　118
父子世帯　177
「普通の子」論　64
不登校　1, 3, 4, 8, 9, 11, 14-29
不登校トラック　27
ブラック企業　6
フリースクール　19, 22, 23, 25
フリーター　145
不良行為少年　52
分化的接触理論　57
文化的目標　56
ベッカー, H. S.　58
包括的要因説　133
傍観　40
傍観者　32, 41
暴力のサイクル理論　120
ボウルビィ, J.　137
保護観察　67, 70
保護司　67
保護命令　116
母子関係　129
母子心中　140
母子世帯　177
ホームレス　2, 4, 9, 166-169, 171-177, 179-181
ホームレス特別措置法　168, 169
ボンド理論　58, 79

ま行

巻き込み　58

マクロ理論　131
貧しい関係性　51
マッケイ, H. D.　55
マートン, R. K.　56
ミクロ理論　131
未就学児童　20
ミラー・ペリン, C. L. とペリン, R. D.　131
民事不介入　93
無職者　79
面前DV　108
メンタルヘルス　198
モデリング　132

や行

ユニオン　164
抑止理論　132
寄せ場　9, 77, 170, 172, 177, 179

ら行

ラベリング　58
ラベリング論　51, 92
リースマン, D.　205
リスク社会　93
リスク社会化　93
リスクの個人化　9
リスクファクター　51
リスク要因　133
利他性　217
臨床社会学　124
臨時労働者　148
労災　1
労働市場論　148
労働者　177
路上生活　77

わ行

ワーキングプア　2, 9, 157
われわれ感情／われわれ意識　218

関係性の社会病理

2016年3月20日　第1版第1刷発行

監　修　日本社会病理学会

編著者　高　原　正　興
　　　　矢　島　正　見

発行者　田中　千津子　　〒153-0064　東京都目黒区下目黒3-6-1
　　　　　　　　　　　　電話　03（3715）1501 ㈹
発行所　株式会社 学文社　FAX　03（3715）2012
　　　　　　　　　　　　http://www.gakubunsha.com

©2016 Takahara Masaoki & Yajima Masami Printed in Japan
乱丁・落丁の場合は本社でお取替えします。
定価は売上カード，カバーに表示。　　　　　印刷　新灯印刷

ISBN 978-4-7620-2633-1